허브 코헨의
협상의 기술

1

YOU CAN NEGOTIATE ANYTHING

허브 코헨의 협상의 기술 1

1판 1쇄 발행 2021. 1. 8.
1판 13쇄 발행 2023. 10. 16.

지은이 허브 코헨
옮긴이 양진성

발행인 고세규
편집 임여진 디자인 유상현   마케팅 백선미   홍보 이한솔
발행처 김영사
등록 1979년 5월 17일(제406-2003-036호)
주소 경기도 파주시 문발로 197(문발동) 우편번호 10881
전화 마케팅부 031)955-3100, 편집부 031)955-3200 | 팩스 031)955-3111

값은 뒤표지에 있습니다.
ISBN 978-89-349-8973-8 04320 | 978-89-349-8972-1 (세트)

홈페이지 www.gimmyoung.com   블로그 blog.naver.com/gybook
인스타그램 instagram.com/gimmyoung   이메일 bestbook@gimmyoung.com

좋은 독자가 좋은 책을 만듭니다.
김영사는 독자 여러분의 의견에 항상 귀 기울이고 있습니다.

허브 코헨 지음 | 양진성 옮김

허브 코헨의

협상의 기술

1

You Can Negotiate Anything

김영사

나의 아버지 모리스 코헨의 협상 전략은
항상 받은 것보다 더 많이 주는 것이었다.
아버지는 자신의 삶을 통해 그 전략을 몸소 보여주셨다.

You Can Negotiate Anything

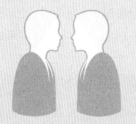

협상, 원하는 것을 얻는 기술

최고의 생각은
다른 사람들로부터 나온다.

랄프 왈도 에머슨

어느 책이나 마찬가지지만 이 책도 만들어지기까지 오랜 기간이 걸렸다. 여러 해 동안 나의 생각은 많은 사람들과 경험들을 통해 구체화되었다. 그런 의미에서 이 책은 아주 오래전부터 시작되었다고 말하는 게 솔직하고 정확한 것 같다.

무엇보다 이 책은 지난 30년간 내가 직접 참여한 수천 건의 협상을 바탕으로 만들어졌다. 이 기간 동안 나는 운 좋게도 정부 부처와 민간 분야의 수많은 뛰어난 사상가와 실천가들과 함께 일할 수 있었다.

하지만 내가 성장하는 데 도움을 준 사람들을 특별히 언급하고 넘어가야 할 것 같다. 내가 쓴 내용에 대해서는 아무 책임도 질 수 없지만 어쨌든 그들의 이름을 열거해보겠다. 로버트 앨버츠, 솔 앨린스키, 르네 블루멘탈, 할란 클리블랜드, 마이클 디눈지오, 빅터 프랭클, 제이 할리, 에릭 호퍼, 유진 에머슨 제닝스,

조지 케넌, 마리아 매니스, 노먼 포드호레츠, 빌 로젠, 버트런드 러셀, 아서 사바스, 프랜시스 시나트라, 그리고 에스더 그린스펀.

이 책에 발자취를 남겨준 이들에게도 특별히 감사를 표한다. 조지 엘릭, 엘레노어 하비, 애니타 루리, 그리고 나의 가장 친한 친구 래리 킹. 내게 조언을 아끼지 않은 캐롤 리빙스턴과 위험을 무릅쓰고, 또 인내를 감수하면서 이 책을 출판해준 라일 스튜어트에게도 감사한다.

무엇보다 내 삶의 동반자이자 아내인 엘렌의 헌신과 지지에도 고마움을 전하고 싶다. 이 프로젝트는 아내가 아니었다면 완성은커녕 시작도 하지 못했을 것이다.

본론으로 들어가기 전에 여러분이 책을 읽으면서 알게 될 3가지에 대해 이야기해보겠다.

첫째, 이 책에서 독자를 남성으로 간주하는 것에 다른 의도가 전혀 없음을 확실히 해두고 싶다. 나는 이 책을 쓰면서 영어에서 사용하는 의미적 편견을 없애려고 큰 노력을 기울였다. 하지만 대명사 문제를 없애려고 해보니 문장이 복잡해지고 어설퍼졌다. 그러다 보니 가끔은 약간의 언어적 성차별로 여길 만한 부분이 있을 수도 있다. 그런 부분이 있더라도 너그럽게 넘어가주길 바란다.

나는 이브가 아담의 갈비뼈에서 만들어졌으니(성경에 나오는 이야기이다) 여성이 부차적인 존재라는 생각은 절대 하지 않는다. 이 해방의 시대에 이런 잘못은 근본적으로 우리의 언어에 있다.

둘째, 나는 이 책에 나온 개념이나 아이디어에 관한 각주와 참고 문헌, 기술 문서를 제공하지 않기로 했다. 나는 전문가를 만들어내기 위해서가 아니라 일반인들이 실용적이고 쉽게 읽을 수 있는 안내서를 만들기 위해 이 책을 썼다. 그러므로 여기에 나온 관념과 예시는 스스로 이해해야 한다. 그렇지 않다면 신이 내린 각주라도 그들을 구원할 수 없을 것이다.

셋째, 나는 "큰 붓으로 그림을 그렸다." 기술적이나 법률적으로 어려운 내용도 없고, 폭넓은 기본 개념은 이해하기 쉬울 것이다. 다만 어떤 예시에서는 농담조의 내용도 있는데, 어디까지나 비유적인 것이니 글자 그대로 이해하지 않도록 한다.

나는 여러분이 원하는 것을 말해주거나 어떤 행동을 취하라고 처방해주지 않는다. 대신에 이 책을 통해 여러분의 현실과 기회를 보여주려고 한다. 그렇게 함으로써 여러분에게 제약이 되는 사고와 행동, 여러분이 선택할 수 있는 기회와 대안을 알려주려고 한다. 여러분 각자 자신의 자리와 신념의 체계 안에서 자신만의 고유한 요구를 바탕으로 자신이 원하는 것을 얻는 방법을 깨닫기 바란다.

1 협상으로 이루어진 세상

2 협상을 좌우하는 3가지 변수

YOU CAN NEGOTIATE ANYTHING

협상으로
이루어진 세상

1 협상이란 무엇인가

약속의 땅에 도달하려면
황무지를 통과해야 한다.

세계는 거대한 협상 테이블이다. 여러분은 좋든 싫든 협상에 참여한다. 우리는 개인적으로 타인과 갈등을 겪는다. 그 타인은 식구들이나 판매원, 경쟁자일 수도 있고, '기관'이나 '권력 기구' 등으로 불리는 큰 단체일 수도 있다. 그 만남을 어떻게 다루느냐에 따라 성공 가도를 달릴지, 또 온전하고 즐겁고 만족스러운 삶을 누릴지가 결정된다.

협상은 지식과 노력의 영역이다. 우리는 어떤 사람에게서 무언가를 얻어내려고 할 때 그 사람의 지지를 얻는 데 집중한다. 협상은 그만큼 단순하다.

우리는 무엇을 원하는가?

권위, 자유, 돈, 정의, 지위, 사랑, 안전, 인정… 뭐든 해당된다. 어떤 사람들은 자기가 원하는 것을 얻어낼 방법을 다른 사람들보다 더 잘 안다. 그리고 누구라도 그렇게 될 수 있다.

예전에는 대단한 능력이 있거나 헌신적이거나 교육을 많이 받은 사람들에게만 보상이 주어진다고 여겼다. 하지만 살다 보면 좋은 환경에서 태어나 열심히 일하는 사람들만 승리하지는 않는다는 사실을 알 수 있다. 결국 '승자'는 능력도 있으면서 자신이 원하는 것을 얻기 위해 '협상'할 줄 아는 사람이다.

협상이란 무엇인가? 다소 폭넓게 정의해보면 협상은 '팽팽한 긴장감' 속에서 행동에 영향을 미치기 위해 정보와 힘을 사용하는 것을 말한다. 실제로 여러분은 일과 개인 생활 모두에서 늘 협상을 하고 있다.

여러분은 일 외에 행동에 영향을 미치는 정보와 힘을 누구에게 사용하는가? 남편은 아내에게, 아내는 남편에게 사용할 것이다(여러분의 결혼 생활이 서로에게 원원하는 협상이기를 바란다). 또, 친구들과 친척들에게도 정보와 힘을 사용한다.

그 밖에 교통 위반 딱지를 떼러 온 경찰관이나 카드를 받지 않으려는 상점, 필요한 옵션을 제공하지 않거나 월세를 2배로 올려 받으려는 임대인, 수강료를 청구하는 전문 강사, 속임수를 써서 차를 팔려는 자동차 중개인, 분명히 예약을 했는데도 "방이 없다"고 말하는 호텔 직원과도 협상한다.

가장 빈번하고 실망스러운 협상은 가족 간에 일어난다. 부모와 아이들도 종종 깨닫지 못하는 사이에 협상이라는 활동을 한다. 나의 개인적인 경험을 예로 들려주겠다.

나와 아내는 세 아이를 두었다. 아홉 살인 막내는 몸무게가 약 23킬로그램으로 또래 중에서도 특히 마른 편이다. 사실, 막내는 우리 가족 전체에게 애물단지였다. 아내와 나는 먹는 것을 좋아하고 첫째와 둘째도 엄청난 식욕을 가졌는데 셋째만 그렇지 않았기 때문이다. 사람들은 "얘는 도대체 어디서 나온 거니!" "얘만 다른 데서 낳아온 거 아냐?" 하고 묻는다.

막내아들은 음식이 나오는 곳이라면 모조리 피하기 시작하면서 점점 수척해졌다. 아들에게 '식사', '부엌', '저녁', '음식'은 불경한 단어들이 되었다.

몇 년 전에 나는 출장과 강연으로 고된 한 주를 보내고 금요일 저녁에 집으로 돌아왔다. 외로운 출장길(그렇게 느끼는 사람들도 있다)에서 돌아오는 길에 나는 저녁 늦게 아내와 할 것들을 기대했다. 그러나 집 안으로 들어갔을 때, 소파에 쭈그리고 앉아 잔뜩 웅크린 채 엄지손가락을 물어뜯고 있는 아내를 보면서 실망하지 않을 수 없었다. 뭔가 문제가 있는 게 분명했다. 아내가 중얼거리며 말했다.

"오늘 정말 힘들었어요."

나는 우울한 아내를 달래주려고 말했다.

"우리 다 같이 저녁 먹으러 나갈까요?"

아내와 첫째, 둘째 녀석들은 입을 모아 말했다.

"좋은 생각이에요."

아홉 살 난 막내는 반대했다.

"난 식당 안 갈래요! 거긴 음식이 나오는 곳이잖아요!"

그래서 나는 막내를 들쳐 안고 자동차에 실었다. 그것도 협상의 일종이니까.

식당 안으로 들어가면서도 막내는 계속해서 불평해댔다.

"아빠, 왜 다 같이 식탁에 빙 둘러앉아 있어야 해요? 난 그냥 식탁 밑에 들어가 있으면 안 돼요?"

나는 아내를 돌아보았다.

"뭐, 누가 알겠어요? 4명은 식탁에 앉고 1명은 식탁 밑에 앉는 거예요. 1인분 밥값도 줄일 수 있잖아요!"

아내는 처음엔 반대했지만 내가 좋은 점도 있을 거라고 설득했다.

식사가 시작되었고 처음 10분 동안은 아무 일도 없었다. 두 번째 코스 요리가 나오기 전, 나는 내 다리를 쓸어올리는 축축한 손을 느꼈다. 잠시 후, 아내가 소름이 끼친다는 듯 자리에서 벌떡 일어섰다.

나는 화가 나서 식탁 아래에 있는 범인의 어깨를 붙잡아 내 옆자리에 쾅 주저앉혔다. 그리고 작은 소리로 말했다.

"꼼짝 말고 앉아 있어. 아빠한테도, 엄마한테도, 형이랑 누나한테도 아무 말도 하지 마!"

막내가 대답했다.

"알았어요. 그런데 의자에서 일어나면 안 돼요?"

나는 허락해주었다.

"좋아. 우리 식사하는 거 방해하지만 마!"

약 20초쯤 지나서 빼빼 마른 막내는 느닷없이 손을 입가에 대고 소리쳤다.

"이 식당 진짜 후졌다!"

나는 깜짝 놀랐지만, 간신히 마음을 가라앉히고 막내의 뒷덜미를 잡아 식탁 아래로 쑤셔 넣은 뒤, 계산해달라고 했다.

집으로 돌아오는 길에 아내가 말했다.

"여보, 오늘 일로 배운 게 있어요. 다시는 저 꼬마 괴물을 식당에 데려가지 맙시다."

고백하자면 그 이후에는 정말로 말라깽이 막내를 식당에 데려가지 않았다. 그 난처한 상황에서, 아홉 살 막내는 정보와 힘을 이용하여 우리의 행동에 영향을 행사했다. 우리 막내가 그랬듯 요즘 아이들은 대부분 협상가다. 적어도 자기 부모들한테는 그렇다.

늘 인지하지는 못하더라도, 여러분은 일터에서도 끊임없이 협상한다. 부하 직원이나 종업원들은 정보와 힘을 이용해 상사의 행동에 영향을 미친다. 여러분의 아이디어나 제안을 윗사람이 채택하게 하고 싶다면? 이때는 상사와 조직이 필요로 하고 우선시하는 점을 충족시킬 수 있도록 여러분의 아이디어를 포장해야 한다. 기술적으로는 훌륭하지만 자신의 아이디어를 판매하는 데 필요한 협상 기술이 부족한 사람들도 많다. 그 결과는 실패로 이어진다.

오늘날, 현명한 상사는 직원들의 책무에 관해 항상 협상한다. 상사란 무엇인가? 해야 하는 일을 자발적으로 하게 만드는 공식적 권위를 갖는 사람이다. 여러분이나 나나 잘 알다시피, 오늘날 상사를 괴롭히는 가장 좋은 방법(여러분이 괴롭히는 입장이 되고 상사는 괴롭힘을 당하는 입장으로 바꾸는 방법)은 상사가 말한 것을 정확히 그대로 행하는 것이다.

할 일을 받아 적으면서 묻는다.

"이렇게 하라는 말씀이시죠?"

그러고 나서 상사의 말을 그대로 따른다.

2주 후, 상사가 달려와 불쑥 말한다.

"어떻게 된 거야?"

여러분은 대답한다.

"모르겠어요. 저는 말씀하신 그대로 했을 뿐인데요."

요즘에는 이런 현상을 가리켜 '악의적인 복종'이라고 부른다. 그리고 많은 사람은 연습을 통해 이런 기술을 갈고 닦는다. 여러분이 상사라면 부하 직원이 정확히 시킨 대로만 하기를 바라지는 않을 것이다. 때로는 여러분이 시키지 않은 것, 흔히 시킬 수 없는 것까지 해내기를 바란다. 예측할 수 없는 일이 많기 때문이다.

꼭 상사나 부하 직원과만 협상하는 것은 아니다. 동료들과도 협상한다. 업무를 완수하려면 회사 조직도에서 여러분의 아랫사람이 아닌 다른 많은 이들의 협력과 도움, 지원이 필요하다. 그들은 또 다른 업무 능력이나 다른 분야의 지식을 갖고 있을 수 있다. 다른 동네에 위치한 사무실 근무자일 수도 있다. 그들의 도움과 지원을 받으려면 협상 기술이 필요하다.

여러분은 손님이나 고객, 은행원, 판매원, 공급자, 심지어는 국세청에서 산업통상자원부까지 여러 정부 기관과도 협상한다. 예산 증가, 사무공간 확대, 자율성 확보, 퇴근 시간, 전근, 그 밖의 여러 요구를 충족하기 위해 협상을 벌인다. 생각보다 훨씬 더 자주 협상하게 된다는 말이다.

그러므로 협상을 잘하는 법을 배워야 한다. 직장에서든 직장 밖에서든 효과적으로 협상하는 방법을 배워서 삶의 질을 높일 수 있다.

우리가 관여하는 모든 협상, 즉 외교 분야의 지정학적 협상에서부터 주택 구입에 이르기까지 전 세계에서 이루어지는 모든 협상 과정에는 항상 중요한 3가지 요소가 있다.

1. **정보**   내가 상대방에 대해, 상대가 필요로 하는 것에 대해 알고 있는 것보다 상대방이 나에 대해, 내가 필요로 하는 것에 대해 더 많은 정보를 아는 것 같다.

2. **시간**   상대방은 내가 지금 느끼는 것처럼 조직적 압박과 시간제한, 촉박한 마감 시한에 부담을 느끼지 않는 것 같다.

3. **힘**   상대방은 나보다 항상 더 많은 힘과 권한을 갖고 있는 것 같다.

힘은 참 대단한 것이다. 힘이란 사람이나 사건, 상황, 혹은 자신에게 통제력을 행사하여 어떤 일을 완수해낼 수 있는 역량이나 능력을 말한다. 하지만 모든 힘은 인식을 기반으로 한다. 스스로 힘을 갖고 있다고 생각한다면, 여러분에게는 힘이 있다. 하지만 자신에게 힘이 없다고 생각한다면, 실제로 힘을 갖고 있더라도 없는 것이나 마찬가지다. 간단히 말해, 자신이 힘을 가지고 있다고 믿고, 살면서 만나는 이들을 협상의 상대로 여길 때 더 많은 힘을 갖게 된다.

협상 능력에 따라 자신의 환경에 영향을 미칠 수 있는지 없는지가 결정된다. 협상 능력이 있으면 자신의 삶의 주체가 된 느낌을 갖게 된다. 협상 능력이 있다면 끌려다니지 않으며 수상한

낌새를 알아채 위협에서 벗어날 수 있다. 협상 능력이란 행동에 영향을 미치는 정보, 시간, 힘을 분석하여 (자신 혹은 상대의) 요구가 자신이 원하는 방식대로 이루어지도록 만드는 것이다.

훌륭한 협상 기술은 오래된 개념이다. 내 나름대로 정의하면, 역사상 가장 위대한 두 협상가는 약 2천 년 전에 살았다. 두 사람 모두 당대에 기득권층은 아니었다. 공적인 권위도 갖고 있지 않았다. 하지만 두 사람 모두 힘을 발휘했다.

두 사람은 초라한 옷을 입고 돌아다니며 사람들에게 질문하며 정보를 수집했다. 1명은 삼단논법을, 다른 1명은 비유를 사용했다. 그들에게는 목표와 기준이 있었다. 그들은 기꺼이 위험을 감수했다. 그러면서 자신의 상황을 주체적으로 이끌었다. 두 사람은 각자 죽음의 장소와 방법을 선택했다. 둘 모두 죽음을 통해 그들을 따르는 추종자들의 지지를 얻었고, 세상의 가치 체계를 바꾸었다. 실제로 우리 중 많은 이들이 일상에서 그들의 가치를 실천하며 살아가려고 노력한다.

그 두 사람은 예수 그리스도와 소크라테스다. 내가 보기에 그 둘은 협상가였다. 그들은 윤리적인 윈윈 협상가들이었고, 힘을 가진 사람들이었다. 실제로 협력적 접근 방식에 관해 가르칠 때 나는 두 사람의 이야기를 의도적으로 많이 인용했다.

2 세상에 불가능한 협상은 없다

저 가격표는 높은 곳에 존재하는
절대자가 놓아둔 것이 아니다.

정보, 시간 압박, 인지된 힘이 만족과 좌절의 차이를 만들어낼 때가 많다. 예를 들어보겠다. 어느 날 아침, 잠에서 깨어나 우유 한 잔을 마시러 냉장고로 간다. 쭉 들이켜고 남은 건 커피에 부어 마실 생각이다. 냉장고 문을 열고 우유갑을 집었는데 축축하다. 뒤로 한 걸음 물러서 보니 부엌 바닥에 물이 고여 있다. 배우자를 불러서 상황을 알리자 배우자는 이 문제를 기술적으로 설명한다. "고장났네."

당신은 말한다. "새로 사야 할 것 같아요. 그냥 편하게 '정찰제 매장'에서 삽시다." 아이들은 너무 어려서 혼자 놔둘 수 없으니까 "차에 타. 냉장고 사러 갈 거야"라고 말한다. 차를 타고 가면서 자금 운용에 관해 이야기한다. 지금은 현금이 많지 않으니까 비용은 450달러를 넘기지 않기로 한다. 다시 말하면 확고한 목표를 마음에 새긴다.

정찰제 매장에 도착한다. 시어스, 워드, 김벨스, 마셜 필드, 메이시스, 허드슨 등 종류가 많지만 그냥 시어스라고 해보자. 대형 가전 코너를 향해 거침없이 걸어간다. 냉장고를 눈으로 훑으며 나의 필요와 사양에 부합하는 냉장고를 발견한다. 하지만 그 냉장고의 맨 위에는 예금 계좌에 있는 돈보다 39달러 95센트가 많은 "놀라운 가격, 489달러 95센트"라고 써 있다.

매직으로 휘갈겨 쓴 평범한 가격 판이 아니다. 값비싼 원목 판에 정자로 인쇄된, 대칭이 딱 맞고 전문성이 느껴지는 가격 판이다. 저 높은 곳에 존재하는 절대자가 놓아둔 것 같다.

"여기요!"

직원을 부른다. 판매 직원이 다가온다.

"예, 뭘 도와드릴까요?"

당신이 대답한다.

"이 냉장고 말인데요."

직원이 말한다.

"마음에 드십니까?"

당신은 인정한다.

"물론이죠."

그가 말한다.

"좋습니다. 주문서를 작성해드리겠습니다."

당신이 이의를 제기한다.

"아니요… 잠깐만요. 얘기를 좀 해봐야 할 것 같은데요."

직원은 눈썹을 치켜올리고 "아내분과 의논해보시고요. 저는 하드웨어 코너에 있겠습니다"라고 말하며 어슬렁어슬렁 걸어가 버린다.

여러분에게 묻겠다. 이번 협상이 쉬울까? 어려울까? 나와 비슷한 문화권에 있는 사람이라면 대부분 힘들다고 말할 것이다. 왜? 정보, 시간 압박, 인식된 힘의 차이가 크기 때문이다.

정보

판매 직원의 필요 사항 또는 매장의 필요 사항에 대해 당신은 무엇을 알고 있는가? 직원이 급여를 받는지, 인센티브를 받는지 혹은 2가지를 함께 받는지 아는가? 모른다. 예상 판매량은? 할당량은? 마감 기한은 언제까지인가? 모른다. 이번 달엔 판매를 많이 했을까? 상사가 "오늘도 냉장고를 팔지 못하면…" 하고 경고를 날렸을까? 모른다.

이 모델의 재고 현황은 어떨까? 매장 최고 인기 품목일까, 이월 상품일까, 아니면 매장 관리자가 헐값에라도 팔아치우려는 골칫거리 상품일까? 모른다. 이 모델의 항목별 비용은 얼마인가? 모른다. 매장이 이 모델로 수익을 내고 있는가? 그렇다면 얼마의 수익을 내고 있는가? 모른다.

당신이 점원 또는 상점에 대해 잘 모른다는 사실은 분명하다. 그렇다면 점원은 당신에 관해 아는 사실이 있는가?

그렇다. 그는 당신이 냉장고에 관심이 있다는 사실을 안다. 사람들은 시어스에 가면 스포츠 용품이나 의류, 스테레오 코너를 둘러보지만 대형 가전은 잘 찾지 않는다. 사람들은 냉장고가 꼭 필요할 때 냉장고 코너를 둘러본다. 이 '주어진 사실'을 넘어 직원은 가까운 경쟁업체들이 냉장고를 판매하고 있는지, 현재 특별 판매를 하는지, 얼마에 팔고 있는지 안다.

직원은 당신과 배우자에게 신경 쓰지 않는 듯 보이지만 실제로는 귀를 쫑긋 세우고 대화에 귀를 기울인다. 직원은 당신이 낡은 냉장고와 현금 융통 문제, 새 냉장고의 필요성에 관해 이야기하는 것을 듣고 있다. 당신과 배우자의 거의 모든 말이 정보의 불균형을 야기하고 직원 쪽에 더 큰 힘을 실어준다. 예를 들면 이런 것들이다. "색상은 딱 좋아요." "길 건너편에 있는 워드에서도 이 가격엔 안 팔걸요." "냉동실이 여태까지 본 중에 가장 넓어요." 이로써 직원은 점점 더 우위를 차지한다.

직원은 정보를 제공할 수 있지만 어떤 질문에도 직접 반응하지 않는다. 그는 어떤 질문에든 반문으로 답한다. 당신이 묻는다.

"이 냉장고를 당장 사겠다는 건 아니고요, 만약에 사면 배송은 언제 됩니까?"

그럼 직원은 이렇게 다시 질문으로 대답한다.

"언제 배송을 원하십니까?"

그럼 당신이 답한다.

"오늘 오후 일찍?"

직원은 말한다.

"왜 그렇게 빨리요?"

그럴 때 이렇게 대답하는 사람도 있을 것이다.

"70달러어치 음식이 상할지도 모르니까요."

판매 직원은 이 정보를 좋아할까? 그렇다. 자기도 모르는 사이에 마감 시한을 상대에게 노출했기 때문이다.

시간

증가하는 정보 격차에 더해 조직적 압박과 시간도 문제가 된다. 지금 여러분과 이야기하는 직원은 느긋해 보인다. 그의 조직은 보이지 않는다. 그럼 당신이 속한 조직은 어떤가? 눈에 바로 보이고 통일성도 없다. 아내는 "가요"라고 말하고 남편은 "그냥 여기서 사요"라고 말한다. 반대의 경우도 마찬가지다.

매장에 데려온 두 아이는 어떤가? 어디에 있는가? 냉장고 옆에, 열중쉬어 자세로, 유능한 판매 직원 옆에서 조용히 기다리고 있을까? 아니다. 아이 하나는 냉장고 안에서 숨바꼭질을 하고 있다.

"애가 어딨지?"

"저 노란 냉장고 안에 있는 것 같은데요. 문 닫힌 냉장고요. 3분 안에 꺼내지 않으면 질식할 거예요!"

다른 아이는 어디에 있을까? 가게 한쪽 구석에서 하키 스틱과 플라스틱 픽을 가지고 세탁기와 건조기에 슬랩샷을 날리고 있다. 아이는 몇 분에 한 번씩 소리친다.

"덤벼! 빨리! 경기 시작!"

당신의 조직이 당신에게 압박을 가하는 동안, 직원은 냉장고 판매에는 전혀 관심이 없는 듯 어슬렁거리며 돌아다닌다. 그는 길을 걷다가 망고나 파파야를 따듯 가끔 툭 물어본다.

"마음은 정하셨나요?"

힘

게다가 힘 문제도 있다. 이 경우 힘은 2가지 형태로 나타난다.

첫 번째는 **전례의 힘**이다. 대부분 사람은 정찰제 매장에서는 협상을 할 수 없다고 굳게 믿는다. 왜냐고 물으면 "그럼 여길 왜 정찰제 매장이라고 부르겠어요?" 하고 반문할 것이다. 그래서 다음과 같은 원인과 결과가 나타난다.

1. 정찰제 매장에서는 협상할 수 없다고 확신한다.
2. 따라서 정찰제 매장에서는 협상을 시도하지 않는다.
3. 처음부터 상대가 옳다고 믿고 들어가기 때문에 정찰제 매장에서는 협상 불가라는 결과가 초래된다.

이는 심리학에서 말하는 자기충족적 예언의 적절한 예라고 할 수 있다.

여러분은 정찰제 매장에서 값을 깎으려고 소극적인 시도를 하는 사람을 본 적이 있는가? 접근 방식에서부터 실패할 여지가 내포되어 있다.

고객은 상품을 향해 다가가면서 소심하게 가격표를 가리킨다. 물론 영업 직원은 이런 상황을 많이 경험했기 때문에 고객의 의도를 파악한다. 하지만 그는 고객이 먼저 말을 꺼내길 기다린다.

직원이 마침내 묻는다.

"무슨 문제가 있으신가요?"

고객은 가격표를 가리키며 중얼거린다.

"저기…."

직원이 말한다.

"가격표가 잘못됐나요?"

고객은 더듬거리며 말한다.

"아니, 아니요. 그냥 가… 가…."

직원이 무심한 척 묻는다.

"뭐라고요?"

고객이 마침내 불쑥 내뱉는다.

"가격이요!"

이 시점에서, 직원은 불편한 심기를 드러내며 말한다.

"고객님, 여긴 시어스입니다!"

나한테 이런 일이 일어난다면 나는 사과하듯이 대답한다.

"아… 죄송합니다. 여기가 어딘지 깜빡했네요!"

그때 아내는 뒤로 돌아 매장 밖으로 나서며 슬쩍 말한다.

"당신이랑 다시는 쇼핑 안 해요!"

하지만 그렇게 나쁜 상황은 아니다. 그 과정에서 부수적인 목적을 달성했기 때문이다.

이 곤경에서 벗어날 방법이 있다. 여러분의 부족한 경험이 보편적 진리인 것처럼 행동하지 마라. 그렇지 않다. 자신이 세운 가정을 철저하게 테스트하여 자신의 경험을 스스로 넘어서려고 노력하라. 놀랍게도 그중 여러 가정이 거짓임을 알게 될 것이다. 자신의 목표 수준을 높여라. 다음 광고 문구에 묘사된 부정적인 태도를 피하라.

사람들은 할 수 없다고 했다.
그는 성의 없이 해나갔다.
"할 수 없다"는 사실이 그 일에 방해가 되었다.
그리고 조지는 정말로 할 수 없었다.

협상가로서 위험을 감수하고, 과거의 경험에서 벗어나 자신이 세운 가정에 도전하고, 목표 수준을 높이고, 기대치를 높여야 한다.

당신과 배우자가 매장에서 489달러 95센트라는 가격표를 가지고 씨름하는 동안, 또 다른 형태의 힘이 드러난다.

두 번째는 **정통성의 힘이다.** 정통성의 힘은 인지 또는 상상에서 비롯된 권위에 기반한다. 이 힘은 종종 표지나 양식, 인쇄된 문서와 같이 무생물인 무언가로 표현된다. 이런 힘에는 이의를 제기하기 어렵다.

예를 들어, 내가 당신에게 무언가를 하자고 제안한다면, 당신은 일단 자신의 필요에 기반해 내 제안을 평가할 것이다. 그리고 당신의 필요와 내 제안이 일치해야 이를 따를 것이다. 그러나 어떤 행동을 하라고 지시하는 표지(위에서 말한 무생물인 무언가)가 있다면, 당신이 이에 응할 가능성은 매우 커진다. 다음 예를 보자.

여행할 때 홀리데이인에 가면 안내 데스크와 각 객실 문마다 작은 표지판이 붙어 있다. 두 표지판에는 이렇게 쓰여 있다.

"체크아웃 시간은 오후 1시입니다."

그런데 문자 그대로 오후 1시에 딱 체크아웃을 해서 불편을 감수하는 고객은 몇 퍼센트나 될까? 누군가 나에게 그런 질문을 한 적이 있다. 나는 잠시 생각에 잠겼다가 대답했다.

"40퍼센트?"

나중에 알게 된 내용인데, 홀리데이인 경영진에 따르면 이 수치는 모텔의 위치에 따라 다르지만 약 90~95퍼센트에 달한다.

이 수치가 놀라운가? 나는 그랬다. 경기가 좋은 해에 투표에 참여하는 미국 유권자의 수치가 55퍼센트인데, 홀리데이인 체크아웃 시간에 딱 맞게 체크아웃을 하는 사람이 무려 95퍼센트라니. 보통의 독립적인 사람들이 무리를 지어 다니는 나그네쥐처럼 죄다 정해진 시간에 안내 데스크로 몰려드는 이유는 무엇일까?

5년 전, 나는 홀리데이인에서 묵은 적이 있다. 이른 오후 비행기를 타야 했기 때문에 계산을 하고 가려고 오후 12시 30분에 안내 데스크로 갔다. 로비는 텅 비어 있었다. 그때 갑자기 허기가 느껴졌다. 그래서 나는 점심 뷔페를 먹고, 식사비용까지 함께 계산해야겠다 생각해 식당으로 갔다.

식사 후, 나는 시계를 흘끔 보았다. 오후 1시였다. 아까 안내 데스크에 아무도 없었으니까 지금 가면 아무리 많아야 3명 정도 있겠거니 생각했다.

로비에 도착해 보니 28명이 안내 데스크 앞에 줄을 서서 기다리고 있었다. 식사를 기다리는 죄수들처럼. 믿기지 않았다. 어떻게 30분 만에 0에서 28명으로 늘어날 수가 있지? 나는 생각에 잠겼다.

'체크아웃하려고 기다리는 사람들이 아닐 수도 있잖아. 겉모습만 보면 이 지역으로 단체 관광을 온 사람들 같아. 홀리데이인을 구경하는 게 관광의 일부라거나.'

그렇다면 괜히 그쪽에 줄 서서 기다릴 필요는 없었다. 나는 단체 여행객들을 빙 둘러 안내 데스크 앞으로 걸어가 **진짜** 체크아웃 줄을 만들려고 했다.

내가 그 '관광객'들을 지나쳐 앞으로 나아갈 때 그들 중 몇 명이 나를 흘끗 쳐다보았다. 절대로 다정한 눈빛은 아니었다. 나는 뭔가를 깨달았다. 그러고는 약간 당황해서, 다시 아무렇지 않은 척 줄 맨 뒤로 돌아갔다.

나는 앞 사람의 어깨를 톡톡 치며 물었다.

"이게 무슨 줄이죠?"

남자가 대답했다.

"체크아웃 줄이요."

"어째서요?"

남자가 중얼거렸다.

"지금이 바로 체크아웃 시간이거든요."

내가 물었다.

"그걸 어떻게 아세요?"

"문에 붙어 있어요. 그래서 알아요."

매우 의미 있는 말이었다. 남자는 문에 적힌 내용을 보았고, 그래서 그곳에 와 있는 것이었다.

정통성의 두 번째 예를 들어보겠다. 회사에서 어느 부하 직원이 쭈뼛거리며 상사의 사무실로 들어가 말한다.

"저기요, 죄송한데 급여를 올려주셨으면 합니다. 저는 정말 그럴 자격이 있다고 생각합니다."

상사가 이렇게 대답할까?

"아니요, 올릴 수 없습니다."

절대 그렇지 않다. 대신 상사는 이렇게 말한다.

"당연히 당신은 급여 인상을 받을 자격이 있습니다. 하지만…"(여기서 "하지만"은 "공격 개시!"와 동의어다.)

그는 서류를 옆으로 밀고 책상 유리 밑에 넣어둔 인쇄된 급여 등급표를 가리키면서 조용히 말한다.

"현재 등급에서 가장 높은 수준으로 받고 계시는군요."

부하 직원은 머뭇거리며 말한다.

"아… 제 급여 등급을 잊고 있었습니다!"

그리고 뒤로 물러선다. 그는 인쇄된 표 때문에 상사의 말이 타당해 보인다는 사실을 깨닫는다. 부하 직원은 실제로 이렇게 생각한다.

'저 유리 밑에 인쇄된 표를 가지고 어떻게 논쟁을 벌일 수 있겠어?'

바로 그게 상사가 하고 싶어 하는 말이다.

정통성의 세 번째 예를 들어보겠다. 20년 전 나는 부동산 회사에서 계약 클로징을 담당했다. 사람들이 나에게 오면 나는 그들의 임대차 계약서에 서명하고 첨서를 했다. 사람들은 대부분 계약서를 읽지도 않고 임대보증금을 지불하고 일을 진행한다. 그런데 드문 경우지만 이렇게 말하는 사람도 있다.

"이 임대차 계약서에 서명하기 전에 계약서를 읽어보겠습니다. 제겐 법적으로 그럴 권리가 있습니다!"

나는 항상 이렇게 대답한다.

"물론 그럴 권리가 있습니다. 어서 읽어보세요!"

계약서를 반쯤 읽던 사람이 이렇게 소리칠 수 있다.

"잠깐만요! 잠깐만! 이 계약서대로라면 저는 임대 동안 계약 노동자가 되는 거네요!"

나는 대답한다.

"그런 것 같지는 않은데요. 이건 표준 양식입니다. 왼쪽 아래

모서리에 양식 번호가 있습니다."

그럼 보통은 이렇게 대답한다.

"아… 표준 양식. 그럼, 그런 경우…."

그러면서 표준 양식이 무슨 마법이라도 되는 듯 인쇄된 숫자에 어쩔 수 없이 서명한다.

드물지만 그렇게 해도 서명을 망설이는 사람이 있다면 이렇게 덧붙인다.

"법인에서는 어떤 변경 사항도 승인하지 않을 겁니다."

법인에서는 자기들이 어떤 변경 사항도 승인하지 않는다는 사실조차 모를 것이다. 그럼에도 불구하고 이 문장은 주술이라도 되는 것처럼 먹힌다. '법인'이라는 단어가 넓게는 강력한 정통성을 가진 이미지로 비치기 때문이다. 사람들은 대개 법인과 맞서기를 꺼린다.

그럼 다시 시어스 아울렛으로 돌아와보자. 당신은 489달러 95센트라는 가격표를 쳐다보고 있다. 홀리데이인의 투숙객들처럼, 급여 인상을 요구하는 부하 직원처럼, 임대차 계약서에 서명하는 사람처럼 도전할 수 없는 힘에 압도당한 채로. 하지만 그 어떤 상황도 여러분을 압도할 수 없다. 이 모든 상황은 협상 가능하다.

어떻게 그렇게 말하느냐고? 모든 것은 협상의 산물이기 때문이다. 그러니 무엇이든지 당연히 협상이 가능하다. 그건 냉장고

위에 붙어 있는 가격표도 마찬가지다.

잠시 생각해보자. 시어스는 어떻게 489달러 95센트라는 가격을 책정하게 되었을까? 여러분도 나도 잘 알고 있다.

마케팅 담당자가 말한다.

"자, 450달러로 합시다. 냉장고가 많이 팔릴 겁니다."

재정 담당자가 말한다.

"팔기만 하면 뭐합니까? 이익을 내야죠. 540달러로 합시다."

홍보 담당자가 끼어들어 말한다.

"심리적으로는 499달러 95센트가 좋은 수치라고 할 수 있어요."

다른 누군가가 신경질적으로 말한다.

"이봐, 장사는 언제 할 거야. 빨리 의견 일치를 보라고!"

그래서 그 말대로 절충안을 찾는다. 그 결과 489달러 95센트로 의견 일치를 본다. 저 높은 하늘에서 내려온 절대자 따위는 없다.

물론 어떤 것들은 협상의 산물이 아니다. 십계명은 협상을 통해 만들어진 문서가 아니다. 하나님이 기정사실로 정해둔 내용을 돌에 새겨 당신에게 선물한다면 그걸 가지고 하나님과 협상하기는 어렵다. 산상수훈(갈릴리의 산 위에서 행해진 예수의 설교)은 협상된 문서가 아니었다. 예수 그리스도는 자신의 추종자들을 모아놓고 이렇게 말하지 않았다.

"의견을 내보세요. 특별 기획팀을 구성할 겁니다. 소위원회를 구성해서 계획을 짜보세요."

그 항목들은 '신성한 것'이니까 시어스의 가격이나 홀리데이 인의 체크아웃 시간, 급여 등급표, 표준 임대차 계약과는 범주가 다르다.

많은 것들을 협상할 수 있다고 해서 항상 협상해야 한다는 뜻은 아니다. 누군가 내게 "그럼 본인은 정찰제 매장에서 협상하시나요? 시어스에서 협상하세요?"라고 묻는다면 솔직히 이렇게 대답할 것이다.

"시어스에 절대 가지 않는 것이 제 인생 전략입니다."

내가 하고 싶은 말은, 협상을 하느냐 마느냐 여부는 전적으로 여러분의 마음에 달렸다는 것이다. 그건 다음 질문에 대한 여러분의 답변을 기반으로 정해야 한다.

1. 이런 특정 상황에서의 협상이 편한가?

2. 협상이 나의 필요를 충족시키는가?

3. 이 협상의 결과로 얻을 수 있는 이익이 나의 에너지와 시간을 쏟아부을 가치가 있는가?

이 세 질문에 모두 '그렇다'라고 답할 수 있을 때만 협상을 진행해야 한다. 여러분은 항상 자신이 처한 상황의 주체가 되어야 한다. 자신의 필요에 따라 기회를 고르고 선택하라. 당신의 이익에는 관심 없는 사람들에게 조작당하거나 위협당하지 말라.

주어진 상황에 대해, 결과에 영향을 미치는 능력에 대해 여러분은 어떤 태도를 보일지 선택할 자유가 있다. 다시 말해, **자신의 인생을 만들어가고 생활을 개선하는 데 있어 생각보다 훨씬 더 큰 역할을 할 수 있다.**

3 협상의 세계에 발 들여놓기

물 위를 걷는 비결은
돌의 위치를 아는 것이다.

시나리오를 다시 살펴보자. 당신과 배우자, 두 아이는 지금 시어스 매장에 와 있다. 그런데 매장에서 제시하는 냉장고 가격은 당신이 지불할 수 있는 금액보다 비싸다. 하지만 당신은 그 냉장고를 사고 싶다. 그렇다면 협상할 가치가 있을까? 2장의 마지막 세 질문에 대한 답이 "예"라면 전속력으로 협상을 진행해야 한다. 하지만 어떻게? 무슨 말을 하고 어떻게 행동해야 할까?

경쟁을 붙이기

먼저 자신을 너무 제한적으로 정의하지 마라. 자신을 냉장고를 사고 싶은 사람으로 여기지 마라. 대신 돈을 팔려는 사람으로 간주하라. 돈도 판매하기 위해 내놓는 상품이다. 당신의 돈을 원하는 사람이 많을수록 그 돈으로 더 많은 것을 살 수 있다. 그렇다면 어떻게 사람들이 그 돈을 원하게 만들 수 있을까? 그 돈을 놓고 경쟁을 붙여야 한다.

시어스에서와 같은 상황에 처했다면 당신의 돈에 경쟁을 붙이는 가장 간단한 방법은 직원에게 경쟁 아울렛에서 비슷한 모델을 더 낮은 가격에 판매하고 있다는 사실을 알리는 것이다. 경쟁 아울렛이 당신의 돈을 원한다는 사실은 즉각적인 레버리지 효과를 불러일으킨다. 시어스 매장이 가끔 자체 경쟁을 벌이는 것과 마찬가지로 말이다.

시어스가 자체적으로 경쟁을 벌인다는 점은 무척 놀라울 것이다. 그냥 같은 매장에 전시된 카탈로그를 검토하기만 하면 된다. 카탈로그의 대형 가전제품 페이지 한가운데에 나와 있는 어느 냉장고는 440달러에 배송료 26달러가 추가된다. 판매 직원에게 해당 페이지를 보여주고 협상을 시작한다.

필요 충족하기

당신에게는 다른 선택권이 있고, 그 선택권은 실제든 가상이든 당신의 필요가 충족되느냐 마느냐에 따라 달라진다. 기본적으로 **모든** 협상은 필요를 충족하기 위해 이루어진다. 시어스는 매장의 필요를 충족시키는 가격으로 489달러 95센트를 제시한다. 하지만 당신의 필요는 어떤가? 어쨌든, 당신은 이 거래의 상대편 당사자 중 한 명이다. 이상적으로 양측 당사자 모두 승자가 되거나 이득을 볼 수 있을 때 거래가 성사된다.

시어스 직원이 당신의 필요를 예리하게 인식하도록 만드는 방법에는 여러 가지가 있다. 예를 들어 이렇게 질문할 수도 있다. "이 모델은 어떤 색상이 있죠?" 직원이 "32가지 색상이 있습니다"라고 대답하면 "어떤 색상이요?"라고 묻는다. 직원이 색상을 나열하고 나면 큰소리로 외친다. "그게 다예요? 그 색상 **밖에** 없나요?"

직원이 말한다.

"네. 무슨 색상을 찾으시는데요?"

그럼 이렇게 설명한다.

"우리 집 부엌은 좀 사이키델릭한 분위기거든요. 그런데 이 색상들은 너무 고지식하달까, 너무 안 어울려요! 가격을 좀 조정해주실 수 있나요?"

자신의 필요 사항을 알려주는 두 번째 방법은 냉장고 얼음 제조기에 관해 이야기하는 것이다.

당신이 말한다.

"이 모델은 얼음 제조기가 빌트인되어 있네요."

직원이 말한다.

"예, 그렇습니다. 하루 24시간, 1시간에 2센트밖에 안 들죠!"

(당신의 필요 사항에 대해 아주 터무니없는 가정을 하고 있다.)

당신은 잘못된 가정에 이렇게 대응한다.

"어려운 문제네요. 제 아이 하나가 만성 인후염이 있거든요. 의사가 얼음은 절대! 절대! 안 된다고 그랬어요. 얼음 제조기를 뺄 수 있나요?"

직원이 말한다.

"얼음 제조기는 문에 붙어 있는 건데요!"

당신이 말한다.

"알아요… 하지만 사용하지 않겠다고 하면요? 가격에 영향이 있을까요?"

세 번째로, 문에 대해 논의하며 냉장고 기능에 대한 불만족과 당신의 필요 사항을 표현할 수 있다.

"이 문은 왼쪽에서 열게 되어 있네요. 우리 식구들은 다 오른손잡이인데."

이런 설명은 직원에게 당신의 필요 사항이 온전히 충족되지 않는다는 사실을 알려준다. 그러므로 **상대방의** 필요 사항도 온전히 충족되면 안 된다.

할인 중

또 이렇게 물어볼 수도 있다.

"할인은 언제 하죠?"

"제가 할인 기간을 놓쳤나요?"

현재 할인 판매 중이 아니라면 앞으로 할 것인지 아니면 벌써 했는지 둘 중 하나의 가정을 해볼 수 있다. 시기를 잘못 찾은 것에 대한 페널티를 감당해야 할 이유는 전혀 없다.

"흠집이 있네요!"

전시 상품 전략도 매우 효과적으로 사용할 수 있다. 전시 상품 전략에는 2가지 측면이 있다. 먼저, 냉장고 앞으로 걸어가 직원이 쳐다보는 동안 냉장고를 주의 깊게 살펴보고 중얼거린다.

"여기 흠집이 좀 있네요!"

직원이 대답한다.

"아무것도 안 보이는데요."

고집스럽게 말한다.

"자국이 좀 있어요. 옆쪽에 작은 흠집이요. 불빛 아래에서 보니까 냉장고 옆쪽에 흠집이 여러 개 보였어요. 흠집 많은 상품은 할인 안 되나요?"

냉장고에 흠집 여러 개가 안 보이면 어떻게 할까? 흠집은 언제든 **만들** 수 있다. (지금은 윤리 문제를 다루는 시간이 아니다. 농담처럼 들릴지 몰라도 지금은 선택지에 관해 이야기하는 중이다.) 아이가 하키 스틱과 퍽을 가지고 놀던 것을 기억하는가? 아이에게 냉장고 가까이에서 스틱을 휘두르게 하는 거다.

전시 상품 전략 두 번째는 내부 트라우마 할인internal-trauma discount, 줄여서 ITD라고 한다. 이 전략을 쓰려면 **반드시** 전시 상품 내부에 결함이 있어야 한다. 육안으로는 보이지 않더라도 분명 결함이 있다. 상품이 전시된 몇 달 동안 사람들이 냉장고 문을 여닫고, 트레이와 칸막이를 만지작거렸을 테니까. 그런 이유로, 내부 트라우마 할인, 즉 표준 ITD를 받을 수 있다.

비껴 던지기

이야기 중이던 첫 번째 품목에서 벗어나 두 번째 품목을 가지고 전체 가격을 협상할 수도 있다. 첫 번째 품목만 가지고 실제 비용을 절감하려면 판매 직원에게도 한계가 있기 마련이다. 하지만 보상 판매처럼 다른 항목에서라면 융통성을 발휘해 가격을 '할인'해줄 수도 있다.

그러니까 이렇게 말해볼 수 있다.

"매장 제시가가 정 그렇다면, 제가 지금 사용하는 냉장고를 150달러에 교환하면 어떨까요? 아직 상태는 괜찮거든요."

직원이 "뭐라고요…?"라고 하면 얼른 끼어들어 말한다.

"좋아요. 그럼 50달러로 하죠."

냉장고를 가지고 이런 협상을 자주 하지는 않겠지만 많은 사람이 자동차를 살 때 이런 접근 방식을 성공적으로 이용한다.

만약에…?

"만약에"라는 단어 사용도 매우 효과적인 방법이다. "만약에"는 협상에서 마법의 문구다. 예를 들어보겠다. 만약에 냉장고 네 대를 구입하면요? 가격을 조정해주실 수 있나요? 만약에 배송을 안 하고 제 트럭으로 직접 가져가면요? 가격을 조정해주실 수 있나요? 건조 겸용 세탁기, 와플 메이커를 한꺼번에 구입하면요? 가격을 조정해주실 수 있나요? 만약에 저희 동네 조합에서 앞으로 6개월 동안 한 달에 한 대씩 냉장고를 구입하면요? 가격을 조정해주실 수 있나요?

"만약에"로 시작하는 문장을 말한다고 해서 여러분이 원하는 것을 항상 다 얻을 수는 없다. 하지만 열 번 중 아홉 번 정도는 상대방이 당신의 제의에 역으로 무언가를 제안할 것이다.

임의로 책정된 가격 489달러 95센트 안에는 설치, 배송, 서비스 계약, 보증 등 시어스에서 경비로 지출할 여러 품목의 비용이 포함된다. 그 사실을 잊지 마라. 시어스가 이 경비의 일부 또는 전부를 절감하게 된다면 매장은 여러분에게 절감한 비용을 돌려주어야 한다. 예를 들면 직원에게 이렇게 물어볼 수 있다.

"이 가격에 설치비가 포함되나요?"

그럼 직원이 대답한다.

"네, 그렇습니다."

그러면 이렇게 이야기한다.

"그렇군요… 집에 장비가 있어서 설치에 필요한 연결 작업이나 조절은 제가 직접 할 수 있거든요."

최후통첩

시간도 별로 없고 그다지 협상하고 싶은 생각도 들지 않는다면? 가장 먼저 보이는 직원에게 접근해서 말한다.

"저기요. 이 냉장고를 팔고 싶으시죠? 저는 사고 싶습니다. 지금 당장 450달러를 드리죠. 받으실래요? 안 받으실래요?"

그대로 뒤돌아서 걸어 나간다면 직원이 길까지 당신을 따라 나올까? 아니, 그렇지는 않을 것이다. 왜 그럴까? 그는 당신과의 관계나 전반적인 거래에서 아무 투자도 하지 않았기 때문이다. 또 그는 당신의 접근 방식이 마음에 들지 않는다. 최후통첩에서 승리하는 열쇠는 항상 상대방이 시간과 에너지를 투자하게 만드는 것이다.

이 원칙을 염두에 두고 다른 방법을 시도해보자. 손님이 가장 적은 월요일 오후 2시에 대형 가전 코너로 무심코 들어간다. 그리고 직원에게 말한다.

"냉장고를 종류별로 모두 둘러보고 싶습니다!"

2시부터 4시까지 매장에 있는 모든 모델을 살펴보고 장점에 대해서 자세하게 설명을 듣는다. 마지막으로 말한다.

"결정하기 전에 내일 아내와 함께 다시 들를게요."

직원은 이제 당신에게 그의 시간 2시간을 낭비했다.

화요일 똑같은 시각에 배우자와 함께 매장에 간다. 어제 본 그 직원을 찾는다. 매장에 있는 냉장고 전체를 다시 살펴본다. 다 보고 나서 말한다.

"결정하기 전에 냉장고 엔지니어링 전문가와 다시 들를게요. 저희 장모님이요. 이런 거 정말 잘 아시거든요. 그럼 내일 오후에 다시 올게요!"

이제 직원은 당신에게 4시간을 투자했다.

수요일 같은 시각에 장모님을 모시고 아내와 함께 대형 가전 코너로 걸어 들어간다. 전과 마찬가지로 4시까지 설명을 듣다가 머뭇거리며 말한다.

"흐음… 글쎄요. 결정을 잘 못하겠네요!"

이제 직원은 자기 인생에서 6시간을 당신에게 투자했다.

목요일 오후 같은 시간에 혼자 걸어 들어가 말한다.

"안녕하세요. 저 기억하세요? 냉장고 좀 살까 하는데."

직원은 벌레 씹은 얼굴로 말한다.

"암요, 부디 그러시길!"

당신이 계속해서 말한다.

"실은… 제 주머니에 지금 딱 450달러랑 종이 성냥, 만년필, 잔돈 8센트밖에 없는데요. 이 냉장고가 맘에 들어요. 혹시 이걸로 거래할 수 있을까요?"

그리고 나서 직원이 즉시 대답하지 않으면 어깨를 으쓱하고, 뒤로 돌아 천천히 입구를 향해 걸어 나간다.

직원이 따라 나갈까? 그렇다. 그는 이 상황에 투자한 게 있기 때문에 자신이 쏟아부은 노력을 돌려받고 싶어 한다. 직원은 아마 이렇게 말할 것이다.

"좋아요, 알았어요! 이제 그만하죠. 거래합시다."

(실제로 그런 단어를 사용하지는 않았더라도) "받을래? 말래?" 식의 제안을 직원이 **받아들인** 이유는 무엇일까? 사실상 수락이 보장되는 방식으로 최후통첩을 던졌기 때문이다. 최후통첩이 구미

가 당기도록 만들었고, 직원이 당신에게 과도한 시간을 소비하도록 강요했다.

직원은 이 상황에 대해 속으로 손익 계산을 해보고는 않는 소리를 하고 있을 것이다.

'이 멍청이한테 6시간이나 투자했어! 그래도 모르는 악마보다 아는 악마가 낫다고 하잖아. 다음엔 또 어떤 놈이 걸릴지 어떻게 알아?'

입질

'입질' 전술도 기본적인 작동 원리는 같다. 이 용어가 익숙하지 않을 수도 있지만, 설명을 듣고 나면 '아하' 하고 무릎을 치게 될 것이다. 이번 예시에서는 당신이 남성이라고 가정하겠다. 그러나 같은 상황을 여성에게도 적용할 수 있다. 그냥 남성복 매장에서 드레스 숍이나 부티크로 장소를 바꿔서 생각하기만 하면 된다.

당신은 양복을 사기 위해 가까운 시내에 있는 고급 남성복 매장으로 들어간다. 중요한 사람이 결혼하게 되어 결혼식에서 멋있게 보이고 싶다. 양복 깃은 해마다 바뀌어서 얼마 지나지 않아 금세 구식이 되어버리기 때문에 스타일에 신경을 쓰는 당신은 주머니에 줄자를 챙겨 간다.

직원이 묻는다.

"도와드릴까요?"

당신은 생각에 잠겨 얼굴을 찌푸리며 대답한다.

"음… 네."

3시간 반 동안 당신은 직원이 계속 따라다니는 가운데 이 옷걸이에서 저 옷걸이로, 이 양복에서 저 양복으로 옮겨 다니며 공들여 양복 깃의 길이를 잰다. 어깨 폭, 포켓 플랩, 소매 디자인, 커프스, 단추 개수에 대해 계속 질문을 해서 직원은 당신 곁을 떠나지도 못한다.

"이런 스타일은 유행이 얼마나 갈까요?"

직원이 교육받은 대로 추측해서 말하면 당신이 묻는다.

"확실해요?"

당신은 양복 39벌을 입어보고 양복 깃을 78번 만지작거리고, 이제 표정이 돌덩이처럼 굳어버린 직원은 '폭발하기' 직전이다. 그때 당신이 말한다.

"저기 있는 370달러짜리 히키 프리먼 걸로 할게요. 은은하게 스트라이프 들어간 거요."

직원은 안도의 한숨을 내쉰다. 그는 침착함을 유지하려고 애쓰면서 중얼거리듯 말한다.

"이쪽으로 오시겠습니까?"

직원은 재봉사가 수선을 해주는 뒤편의 거울 달린 작은 방으로 당신을 안내한다. 당신은 입고 있는 양복을 벗고 구매하려는 히키 프리먼을 입은 채 특수 나무 상자 안의 3면 거울 앞에 선다. 당신이 플랫폼 위에 서 있는 동안, 근처에 있던 직원은 판매 전표를 작성하면서 느긋하게 자신이 받을 인센티브를 계산하고 있다.

밑에는 입으로 핀을 물고, 줄자를 목에 건 나이 지긋한 재봉사가 허리를 굽히고, 한쪽 무릎을 꿇은 채 플랫폼 주위를 왔다 갔다 한다. 재봉사는 입에 물고 있던 핀 다섯 개를 옷감에 꽂아 넣는다. 잠시 후, 그는 바지 엉덩이 부분에 초크로 X자 표시를 하고, 사타구니 부분을 3인치 정도 줄여 잡는다. 그러면서 알아듣기 어려운 발음으로 말한다.

"아름다운 양복이네요. 잘 어울리세요."

어딜 가나 노인들은 특유의 억양을 갖고 있다. 어쩌면 억양 때문이 아니라 입에 물고 있는 핀 때문일지도 모른다.

이즈음 해서 당신은 직원을 향해 고개를 돌리고 묻는다.

"그러면 어떤 넥타이를 무료로 주실 건가요?"

전표를 작성하던 직원은 동작을 멈춘다. 그는 바닥에 무릎 꿇고 있는 재봉사를 쳐다본다. 재봉사는 다른 핀을 꽂고 초크로 표시를 할지 말지 몰라 고개를 든다. 붙잡고 있던 양복의 사타구니 부분을 놓는다. 바지통이 다시 3인치 벌어진다.

이런 게 바로 '입질'이다.

처음에 밀려왔던 증오의 파도가 가라앉고 나면 직원의 마음속에서는 무슨 일이 일어날까? 그는 속으로 툴툴거리며 이렇게 말한다.

'이 망할 놈 때문에 3시간 반이나 소비했어. 커피 마실 시간도 없이. 저 인간 어깨에 양복 재킷을 39번 걸쳐줬고, 저 꼴통이 양복 깃을 78번이나 재는 걸 지켜봤어. 좋아. 그게 다 수포로 돌아가는 거지. 내가 여기서 얼마나 얻을 수 있지? 이런 꼴을 당하고서 얼마를 건질 수 있을까? 370달러에 판매하면 인센티브로 60달러를 받겠네. 그 60달러 받으려고 내 주머니에서 7달러를 꺼내 저 멍청이에게 넥타이 하나를 사줘야 해. 다시는 저 면상을 안 보는 게 상책이야!'

당신은 넥타이를 받게 될까? 물론이다. 직원의 애정과 존경을 얻을 수 있을까? 그건 또 다른 문제다. 직원은 당신에게 넥타이를 공짜로 줄 것이다. 당신에게 좋은 감정이 있어서가 아니라 이 상황에 그가 감정적으로 개입했기 때문이다.

직원이 과도한 시간을 투자하지 **않았다면** 입질 전략이 효과가 있었을까? 아니다. 입질 전략의 성공은 투자한 시간과 정비례한다. 시간 투자가 없으면 성공도 없다. 그래서 항상 상대방이 이 상황에 투자하도록 유도해야 한다. 그러니 협상 초기에는 항상 도움에 목마른 것처럼 협조적으로 나가야 한다.

"도와주세요."

도움에 목마른 듯이 행동하는 것은 전부 다 알고 있는 듯 행동하는 것과는 정반대다. 전부 다 알고 있는 듯 행동한다는 것은 무슨 뜻인가? 민간 산업이나 정부의 최고위 경영진을 생각해보자. 이런 사람들은 어떻게 보여지고 어떻게 행동해야 한다는, 지도자에 대한 대중들의 고정관념에 부합하는 인상적인 이미지를 심어주려고 애쓴다.

이 이미지를 만들어내는 데에는 교묘한 화장술이 필요하다. 한창 잘나가던 시절의 로버트 레드포드와 로버트 굴렛을 섞어 놓은 듯한 이미지에 〈배틀스타 갈락티카Battlestar Galactica〉 사령관 버전의 론 그린을 약간 추가한 느낌이랄까(아니면 〈보난자Bonanza〉에서 호스, 리틀 조와 애덤을 뒤에 달고 질주하는 서부극 버전 론 그린이 더 나으려나).

전형적인 이사님 스타일인 그는 머리를 말쑥하게 빗어 넘겼고, 관자놀이가 약간 희끗희끗하다. 사각 턱은 약간 앞으로 나와 있다. 목소리는 깊고 울림이 있다. 악수할 때는 손가락 마디가 눌릴 정도로 손을 꼭 쥔다. 호쾌한 걸음걸이로 성큼성큼 걷는다. ("안녕하세요! 최고 경영자 지나갑니다!") 일부러 그러는 건지 아닌지 모르겠지만 그는 항상 시끌시끌하게 아는 척을 한다.

"반가워요!"

술자리와 파티에서 무리한 날이면 이 어색해 보이는 이사는 한밤중에 침대에서 벌떡 일어나 이렇게 소리칠지도 모른다.

"안녕하세요! 최고 경영진 나갑니다! 반가워요!"

그에게 "최고 경영자님도 뾰루지가 난 적이 있으세요?"라고 물으면 이렇게 대답할 것이다.

"어?"

보다시피 뾰루지가 난 적도 없다!

이런 타입은 전형적인 속 빈 강정 캐릭터다. 전혀 쓸모가 없다. 전문성과 지식이 넘쳐나며 계속해서 전진하고 늘 정자세로 위엄 있는 모습을 보이려 애쓰는 것은 자멸로 가는 행동이다. 항상 모든 것을 알고 있는 척하는 행동은 자멸로 가는 길이다. "잘 모르겠어요… 도와주세요!"와 같은 말을 주기적으로 하는 게 도움이 된다. 당신에게 모든 해답이 있지 않다는 사실을 인정하면 좀 더 인간적으로 보이고, 상대방이 당신의 접근을 더 쉽게 받아들인다.

약점을 강점으로

협상에서는 똑똑한 사람보다 바보가 낫고, 똑 부러지게 말하는 사람보다 어벙하게 말하는 사람이 낫다. 실제로 약점이 강점이 되는 경우가 많다. 그러니까 목적에 부합할 때는 가끔 이렇게 말하는 연습도 필요하다. "모르겠어요." "이해가 안 되는데요." "아까 그 부분부터 놓쳤어요." "도와주세요."

좀 멍청한 사람들을 다룰 때 어떻게 했는지 생각해보라. 말도 못 알아듣는 바보를 다뤄야 한다면 당신이 내세우는 복잡한 논거, 논리, 포괄적 데이터가 무슨 소용이란 말인가? 상대를 설득하기 위해 준비한 전략들도 전부 쓸모가 없어진다.

학습이나 언어 장애가 있는 듯한 사람과 협상을 시도해본 적이 있는가? 예를 들면, 내가 당신과 협상을 하려고 하는데 당신이 말을 더듬거나 그러는 척한다고 생각해보라. 내가 말한다.

"좋습니다. 혹시 마음에 안 드는 부분이 있으신가요?"

당신이 대답한다.

"머… 머언… 머언…."

내가 말한다.

"긴장 푸시고요. 무슨 말씀을 하고 싶으신 거죠?"

당신이 대답한다.

"머… 머언… 머언…."

내가 말한다.

"먼저요?"

당신은 고개를 끄덕인다.

"좋아요. 먼저 뭐가 걸리나요?"

당신이 대답한다.

"가… 가… 가격어…."

내가 말한다.

"가격이요?"

당신은 고개를 끄덕인다.

"좋아요. 조정해보죠. 그럼 두 번째는 뭐죠?"

당신이 대답한다.

"푸… 푸우… 푸움…."

내가 말한다.

"품질을 말씀하시는 겁니까?"

당신이 고개를 끄덕인다. 대화는 그런 식으로 계속된다.

당신은 무엇을 하고 있는가? 아무것도. 나는 뭘 하고 있는가? 당신이 주장을 펼치도록 돕고, 이 상황에 내 시간을 투자하는 중이다. 이런 상황에서는 당신이 주도권을 쥐게 된다. 협상에서 '유리한 위치'를 점해 카드를 마음대로 주무를 수 있다.

아내는 내가 앞을 못 보는 사람들과 이야기할 때 항상 목소리를 높인다고 말한다. 왜 그럴까? 그 사람들이 볼 수 있도록 도와주려고 무의식적으로 그러는 것 같다!

약점은 그 자체로 협상에 레버리지 효과를 가져올 수 있다. 대형 은행이 주 고객에게 전화를 걸어 대출금 상환이 지연되고 있다고 불만을 표출한다. 채무자가 말한다.

"직접 얘기해주셔서 감사해요. 안 그래도 최근에 저희 재정 상태가 악화되었거든요. 사실상 파산을 피하려면 금리를 최고우대 수준으로 낮추거나 최고우대금리에 추가로 1.5퍼센트 더 낮추고, 원금 상환을 최소 1년 유예하는 방법밖에 없습니다."

속수무책인 채무자의 상황은 채권자의 힘과 협상 능력을 약화시킨다.

"이해가 안 가요."

특히 다른 지역이나 문화권의 사람들과 협상을 할 때는 언어 장벽이 있는 것처럼 속임수를 쓰는 경우가 종종 있다. 몇 년 전 나는 JAL(일본항공)을 대표하는 일본인 셋이 어느 미국 회사 이사진들과 협상할 때 이 기술을 사용하는 것을 눈앞에서 목격했다.

이 동양인들 앞에서 이루어진 미국 회사의 프레젠테이션은 매우 훌륭했다. 오전 8시에 시작해 2시간 반이 걸렸다. 플립 차트, 정성 들인 인쇄물, 기타 프레젠테이션 보조 자료를 가지고 세 대의 프로젝터로 할리우드 스타일의 이미지를 스크린에 띄우며 가격을 정당화했다. 회의실 테이블에 앉아 지켜보던 나도 디즈니랜드에 갔다 온 기분이었다.

이 요란스런 마케팅 행사 내내 일본 남자들은 조용히 테이블에 앉아 아무 말도 하지 않았다.

미국 측 핵심 이사진 1명이 기대와 자기만족에 가득 찬 표정으로 다시 회의실 조명을 켰다. 그러면서 일본에서 온 무표정한 남자들을 돌아보았다.

"자, 어떻게 생각하세요?"

일본 사람 1명이 정중하게 미소를 지으며 대답했다.

"이해가 안 가네요."

이사의 얼굴이 하얗게 질렸다.

"무슨 뜻인가요? 이해가 안 가다니? **어떤 부분이** 이해가 안 가시나요?"

또 다른 일본인이 정중하게 미소를 지으며 대답했다.

"전부 다요."

나는 이사의 실망스러운 얼굴을 관찰하고 있었는데 심장발작이라도 온 줄 알았다. 그가 물었다.

"언제부터요?"

세 번째 일본 남자가 정중하게 미소를 지으며 대답했다.

"조명이 꺼졌을 때부터요."

그 이사는 벽에 기대어 비싼 넥타이를 느슨하게 풀고 낙심한 표정으로 끙끙거리듯 말했다.

"그… 어떻게 하기를 바라십니까?"

일본 남자 3명이 대답했다.

"다시 한번 해주실 수 있습니까?"

이제 누가 유리한 위치에 앉아 있는가? **누가 누구를** 놀리고 있는가? 처음과 똑같은 열정과 확신을 가지고 2시간 반 동안 프레젠테이션을 반복할 사람이 누가 있겠는가? 미국 기업의 제시 가격은 요동치며 떨어질 것이다.

교훈 상대와의 만남 초기부터 너무 빨리 '이해'하려고 하거나 자신의 지능을 입증하려고 하지 마라. 듣기와 말하기의 비율을 조절하라. 답변을 알고 있다고 생각될 때에도 질문하는 방법을 배워라.

도움을 요청하면서 접근하면 상호 이익 관계의 분위기가 형성되는 경향이 있다. 적어도 상대측은 궁극적으로 당신의 이익을 증가시키는 방향으로 투자하게 될 것이다.

최후통첩을 찌를 꼬챙이 만들기

앞서 예시를 통해 최후통첩 전략에 관해 이야기했다. 최후통첩은 부모가 자녀에게 통행 금지에 관해 '최종 제안'을 한다거나 단체 협상에서 노조가 마지막 단계로 접근할 때 주로 사용된다.

최후통첩이 성공하려면 4가지 기준이 충족되어야 한다.

1. 장식은 언제나 마지막에 한다. 상대측에게 이 투자 외에
   는 다른 선택의 여지가 없어야 한다. 또는 카드를 접고
   일어서서 나가버릴 수 없을 정도로 투자한 바가 있어야
   한다. 그러므로 최후통첩은 협상 초기가 아니라 늘 협상
   마지막에 **던져라.** 케이크가 다 구워지기 전까지는 장식
   을 할 수 없지 않은가?

2. 부드럽게, 맛깔스럽게 진행한다. 절대로 상대측을 무시
   하거나 불쾌하게 하는 언행을 하면 안 된다. "이 제안을
   받아들이지 않으면 협상을 끝내겠다!" 내지는 '모 아니
   면 도' 식의 '딱딱한' 최후통첩은 자멸로 가는 길이다. 그
   냥 자신의 현실을 설명하는 '부드러운' 최후통첩이 훨씬
   구미가 당긴다. 예를 들면 이렇다.
   "어려우신 건 저도 이해합니다. 당연히 그러실 수 있습니
   다만 제가 가진 건 이게 전부라서요. 도와주세요."

3. 레시피는 함부로 변경할 수 없다. 최종 입장을 항상 문
   서나 다른 타당한 형태로 뒷받침해주는 편이 현명하다.
   예를 들면, "당연히 그렇게 요청하실 수 있습니다. 저도
   그렇게 맞춰드리고 싶지만 제 예산은 이게 전부입니다!"
   흰 종이에 검은 글씨로 '공식 예산'이라고 쓴 시각적 표
   시가 대개 그런 전략으로 사용된다. "이것은 대통령령
   임금 가이드라인에 위배됩니다." "미연방통상위원회에
   서 허락하지 않을 겁니다." 또는 "회사 정책에 위배됩니
   다"와 같은 언급도 매우 효과적이다.
   꼭 서류로 뒷받침하지 않더라도 우리는 모두 이런 말에
   흔들린다. "친구들도 다 간단 말이야!" **"당신한테** 그걸

허가하면 **다들** 그렇게 해달라고 달려들걸요."

4. 제한된 메뉴에서 선택하게 한다. 절대로 대안을 제시하지 않은 채 협상 테이블을 떠나지 말라. 절대로 이렇게 말해서는 안 된다. "이거 아니면 더는 얘기하지 맙시다!" 적어도 상대측이 훨씬 더 바람직한 옵션을 선택할 수 있도록 상황을 설정하도록 한다.

　예를 들어, 내가 회사 직원으로 당신을 뽑으려고 한다. 당신은 연봉 5만 달러를 원하지만 나는 3만 달러 이상은 줄 수 없다. 그러면 내가 "이거 받든지 아니면 가세요!"라고 말할까? 아니다. 그건 너무 공격적이다. 대신에 나는 이렇게 말한다.

　"제시하신 연봉을 받을 자격이 충분히 있으시네요. 본인께 합리적인 연봉이라고 생각합니다. 하지만 저희 회사가 드릴 수 있는 수준은 2만 8천 달러에서 3만 달러 사이입니다. 어떻게 하시겠어요?"

　당연히 당신은 이렇게 대답한다.

　"3만 달러로 하죠."

　나는 당신이 이 상황에서 우위를 점하고 있는 것처럼 약간 항의하듯 말한다.

　"2만 9천 달러로 하면 안 될까요?"

당신이 말한다.

"아니요. 3만 달러로 하고 싶어요."

나는 한숨을 내쉬며 항복한다.

"아, 좋아요. 그렇게 강력하게 원하시니 그렇게 하죠. 연봉은 3만 달러로 하겠습니다."

이런 제한된 메뉴 전략은 매우 극적인 상황에서도 먹혀든다. 1977년 8월 크로아티아인들이 뉴욕의 라과디아 공항에서 시카고 오헤어 공항으로 가는 TWA(트랜스월드항공) 항공기를 납치했다. 납치범들은 시간을 벌면서 몬트리올, 뉴펀들랜드, 샤논, 런던을 거쳐 최종적으로 파리 외곽의 샤를 드골 공항까지 이동했다. 프랑스 당국은 비행기 타이어에 발포했다.

비행기는 3일 동안 활주로에 머물러 있었다. 프랑스 경찰은 내 기준에 부합하는 방식으로 테러리스트들에게 제한된 메뉴의 최후통첩을 던졌다. 프랑스 경찰이 한 말을 조금 바꿔서 말하면 이렇다.

"자, 너희들은 원하는 대로 할 수 있다. 하지만 미국 경찰이 도착했다. 포기하고 지금 미국 경찰과 함께 미국으로 돌아가면 최고 2년에서 4년 형에 처해질 것이다. 그러니까 약 10개월 정도면 석방될 수도 있다."

그러고는 납치범들에게 충분히 이해할 시간을 준 뒤 이어서 말했다.

"하지만 우리가 너희들을 체포하면 프랑스 법에 따라 형벌이 정해질 것이다. 자, 어떻게 하겠나?"

믿거나 말거나 비행기 납치범들은 항복하고 미국 사법부에 운명을 걸었다.

YOU CAN NEGOTIATE ANYTHING

2

협상을 좌우하는
3가지 변수

비현실은 무력함의 진정한 근원이다.
자신이 이해하지 못하는 것은 통제할 수 없다.

찰스 라이히

아서 밀러의 연극 〈세일즈맨의 죽음〉에 나오는 인상적인 장면이 있다. 가난한 윌리 로만은 돈을 많이 번 형을 보며 말한다.

"벤, 어떻게 한 거야? 정답이 뭐야?"

윌리는 패자와 승자를 아울러 우리 모두가 인생 게임에서 성공할 수 있는, 어느 상황에나 들어맞는 공식이 있느냐고 묻는다.

인생이 게임이라면 협상은 살아가는 방식이다. 성공을 원한다면 게임 전체를 이해해야 한다.

처음에는 현실 중심으로 나가야 한다. 상황을 있는 그대로 보고 판단을 내리지 않는다. 자신의 상황을 선별적으로만 살피고 도덕적 판단을 내리는 경우가 너무 많다. 주관적으로 판단하다 보면 희망적인 방향으로만 생각하기 쉬우므로 피해야 한다. 그보다는 "있는 그대로를 보라!" 물론 주제도 중요하고, 협상에 따라 플레이어도 달라지겠지만, 필수 성분은 3가지이며 이 점은 변하지 않는다.

머릿속으로 이 장면을 떠올려보라. 여러 명의 남자가 최대한 무표정한 얼굴로, 연기 자욱한 방 안의 테이블 주위에 옹송그리고 앉아 있다. 밤늦은 시간이다. 이 사람들은 뭘 하고 있을까? 그들은 선례와 의식에 의해 지배되는 전략 콘테스트에 참여함으로써 무언가를 해결하려고 한다. 무엇에 관한 콘테스트인가? 정치이거나 포커, 아니면 협상을 하는 것일 수도 있다.

정치, 포커, 협상에서는 좋은 패를 쥐고 있는 것도 중요하지만 전체 상황을 분석하여 카드를 능숙하게 플레이하는 것도 승패에 있어 중요하다. 가장 능수능란하고 가장 유리한 위치를 점한 참가자라도 모두에게 영향을 미치는 냉철한 현실을 고려하지 않고는 한 발자국도 먼저 나서지 않는다.

결과에 영향을 주려면 항상 긴밀하게 연결된 3가지 변수를 고려하여 상대측과 자신의 입장을 현실적으로 분석해야 한다.

1. 힘
2. 시간
3. 정보

4 힘:
당신에게 힘이 있다는 사실을 인지하라

'할 수 있다' 혹은 '할 수 없다' 어느 쪽이든,
당신 생각이 언제나 옳다.

헨리 포드 1세

앞에서 힘이란 사람이나 사건, 상황, 자기 자신에게 통제력을
행사하기 위해 어떤 일을 완수할 수 있는 역량이나 능력이라고
정의했다. 힘이 그 자체로 좋거나 나쁘지는 않다. 도덕적이거나
비도덕적이지도 않다. 윤리적인 것도 비윤리적인 것도 아니다.
힘은 중립적이다.

힘이란 한곳에서 다른 곳으로 옮겨가는 방법이다. 현재 당신
이 A라는 위치(현재 상황 또는 곤경)에 있다고 해보자. 당신은 B라
는 위치(목적, 목표 또는 목적지)로 이동하려고 한다. 힘은 당신을 A
에서 B로 이동할 수 있게 해준다. 힘은 당신의 현실을 변화시켜
목표를 **달성하게** 해준다.

그런데 '힘'이란 개념에는 안 좋은 의미도 들어 있다. 왜일까?
힘이란 한쪽이 다른 쪽을 지배하는 주인과 노예의 관계를 내포
하기 때문이다. 물론 모든 상황에 다 적용되는 것은 아니어서

현실과는 다소 차이가 있다. 박식한 사람들이 힘에 대해 불만을 제기할 때 그 이유는 둘 중 하나다.

1. 힘이 사용되는 방식이 마음에 들지 않아서. 힘이 조작되거나 강압적이거나 위압적으로 사용되는 경우를 말한다. 힘을 행사한다기보다 그 힘으로 군림하려고 할 때, 힘은 남용되며 이는 비판받아 마땅하다.

2. 힘의 목표를 인정하지 않아서. 힘이 추구하는 결과나 목적이 부패하고 착취적인 것으로 간주되면 가장 적절한 수단이라고 해도 그 결과를 수용할 수 없다.

이 2가지 경우를 제외하고, 나는 힘을 사용하는 것에 대해 아무런 이의도 제기하지 않는다. 힘은 그 자체로 목표가 되어서는 안 된다. 힘은 목적지로 옮겨져야 한다. 가능한 여러 목표에 따라 힘을 나눠보면 목표는 유쾌하게 '좋은 것' 또는 가증스럽게 '나쁜 것'일 수 있지만, 그 목표를 달성하는 데 사용하는 힘은 전기나 바람처럼 중립적이다.

가끔 감전되는 사람이 있다고 해서 모든 전기가 나쁘지는 않다는 사실을 우리는 안다. 가끔 바람이 꼬여서 토네이도를 만들기도 하지만 바람의 한 형태인 공기가 나쁜 것은 아니다. 대부분 공기는 우리의 폐 안으로 들어왔다 나갈 뿐이다. 우리에겐 공기가 필요하다. 공기가 없다면 우리 몸은 스스로 파괴될 것이다. 우리는 스스로를 보호하기 위해, 우리 삶의 주체가 되기 위해 힘이 필요하다.

당신에게는 충분한 힘이 있다. 이 힘을 사용하여 자신에게 중요한 목표를 신중하게 구현하라. 다른 누군가가 이런 식으로 살라고 하는 대로가 아니라 자신의 뜻에 따라 살아라.

자신이나 다른 사람에게 부당한 일이 생기면 행동할 힘이 생긴다. 자신이 무력하다고 믿어버리면("혼자서 뭘 할 수 있겠어?"), 당신은 틀림없이 절망하고 비참한 기분이 들 것이다.

사회 구성원들이 개인으로서 변화를 가져올 수 없다고 믿으면 우리 모두에게 나쁜 영향을 미친다. '무력한' 사람들은 패기를 잃고 패배를 인정해버린다. 다른 사람들이 그들을 등에 짊어지고 가게 하거나, 아니면 적대적으로 변해 자신이 이해할 수 없고 통제할 수 없다고 여기는 시스템을 전복시키려 든다. 이런 태도는 우리 세계에 만연하며, 때로 생산성 저하와 무의미한 폭력을 불러일으킨다.

리넷 '스퀴키' 프롬은 적대적으로 변한 쪽이었다. 그녀는 제럴드 포드(제38대 미국 대통령)를 암살하려고 했다. 체포당한 후 그녀는 이렇게 말했다.

"주변 사람들이 당신을 어린아이처럼 대하고 당신이 하는 말을 전혀 신경 쓰지 않으면, **무언가를** 할 수밖에 없어!"

프롬이 한 '무언가'는 정신병적이고 자기 파괴적이었다. 그녀의 자각은 기본에 한참 못 미쳤다. 그녀는 사회적으로 수용될 수 있고 합법적인 다른 대안이 있음을 깨닫지 못했다. 그녀는 범죄행위가 목표와 상관없이 대부분 권력 남용임을 깨닫지 못했다.

본질적으로 힘은 중립이다. 힘은 결과가 아닌 수단이다. 힘은 정신 건강 및 비공격적 생존에 반드시 필요하며 인식을 기반으로 한다.

자신에게 힘이 있다는 사실을 인지할 때 힘을 갖게 된다는 말이 무슨 뜻인지 예를 들어보겠다. 독방에 감금된 죄수를 떠올려보자. 교도소에서는 죄수가 자해하지 못하도록 신발끈과 허리띠를 압수한다. (교도소에서는 교도소 측을 위해, 그리고 나중을 위해 재소자를 보호한다.)

죄수는 구부정하게 서서 왼손으로 바지춤을 움켜잡고 독방 안을 왔다 갔다 한다. 허리띠가 없기도 하지만 15파운드가 빠졌기 때문이다. 강철 문 밑으로 넣어주는 음식은 쓰레기 같아서 먹기를 거부한다. 손가락 끝으로 갈비뼈를 훑는데, 어디선가 자신이 가장 좋아하는 말보로 담배 냄새가 난다.

문에 난 작은 구멍으로 내다보니, 복도에 혼자 있던 교도관이 어슬렁거리며 담배를 쭉 빨았다가 황홀하게 연기를 내뿜는다.

담배 생각이 간절했던 죄수는 오른손 손가락 마디로 문을 정중하게 두드린다.

교도관은 느긋하게 움직이며 빈정거리는 말투로 묻는다.

"뭐 필요한 거라도 있으신가?"

죄수가 대답한다.

"담배요, 제발… 지금 피우고 있는 거, 말보로요."

교도관은 죄수에게 아무 힘도 없다는 잘못된 인식을 갖고 있어 코웃음을 치며 등을 돌린다.

하지만 죄수는 자신의 상황을 다르게 인식한다. 그는 자신에게도 옵션이 있음을 안다. 그에게는 자신이 세운 가정을 시험하고 위험을 감수할 용의가 있다. 그래서 다시 오른손으로 문을 두드린다. 이번에는 좀 더 힘있게.

교도관은 연기를 내뿜으며 신경질적으로 고개를 돌린다.

"또 뭐 필요한 게 있으신가?"

죄수가 대답한다.

"제발, 30초 내로 담배 한 개비만 주세요. 담배를 안 주시면 피가 나고 정신을 잃을 때까지 콘크리트 벽에 머리를 칠 겁니다. 교도관들이 날 바닥에서 일으켜 세워 살려내면 **당신이** 그랬다고 말할 거예요.

뭐, 교도관들은 제 말을 믿지 않을지도 모르죠. 하지만 당신이 수많은 청문회에 참석하고 그 전에 여러 위원회에 불려 다니며 증언할 일을 생각해보세요. 세 통씩 작성해야 하는 보고서는 어떻고요. **말보로 담배 한 개비 주지 않은 것 때문에** 그런 복잡한 행정 절차에 얽히게 될 걸 생각해보라고요. 딱 한 개비면 돼요. 그거면 다시는 귀찮게 하지 않을게요.”

교도관은 문구멍으로 담배 한 개비를 넣어줄까? 그렇다. 죄수를 위해 불을 붙여줄까? 그렇다. 왜 그럴까? 교도관이 이 상황에 대한 손익 계산을 재빨리 마쳤기 때문이다.

당신이 지금 어떤 상황에 처했든 계속해서 왼손으로 바지를 끌어 올려야 하는 죄수보다는 나을 것이다. 죄수는 말보로를 원했고 그것을 얻어낸다.

합당한 범위 내에서, 자신이 가진 옵션에 대해 알고 있고, 자신이 세운 가정을 시험해보고, 확실한 정보를 기반으로 계산한 위험을 감수하고, 자신이 힘을 가지고 있다고 믿는다면 당신은 자신이 원하는 것을 얻을 수 있다.

그 공식은 터무니없을 만큼 단순하다. 자신이 힘을 가지고 있다고 굳게 믿으면, 당신은 상대에게 그 자신감에 찬 인식을 전달하게 된다. 상대가 나를 어떻게 보고, 믿고, 반응하는지를 결정하는 것은 바로 나 자신이다.

간결하게 말하자면, 힘이란 자신이 의도한 효과를 가져올 수 있다는 인식이다. 그 효과는 도움이 될 수도 있고, 상처를 줄 수도 있다. 힘은 아름다움과 마찬가지로 보는 사람의 눈에 달려 있다. 힘은 당신에게서 시작된다!

힘이 보는 사람의 눈에 달려 있다는 말을 하다 보니 영화 〈오즈의 마법사〉가 떠오른다. 이 영화에는 많은 힘을 발휘하는 인물이 하나 있다. 바로 위대하고, 장대하며, 강력한 마법사다. 그는 도로시와 도로시의 친구들이 사악한 서쪽 마녀의 빗자루를 훔치는 일 같은 위험한 목표에 많은 시간을 쏟도록 만든다. 그들은 마법사가 힘을 가지고 있다고 생각하기 때문에 자신들의 삶이 위험에 처해도 목표를 좇으며 마법사의 말을 고분고분 따른다.

영화 마지막에 강아지 토토가 커튼을 쳐들었을 때, 마법사는 누구로 밝혀졌는가? 줄담배를 피워대는 시끄러운 영감일 뿐이었다. 사실 그 늙은 영감은 아무 힘도 없었다. 하지만 모두들 그에게 힘이 있다고 확신했기 때문에 그는 결국 엄청난 힘을 발휘했다. 마법사의 자기 인식이 다른 모든 사람의 인식의 기반이 된 것이었다.

마법사와는 달리 여러분은 가짜 힘을 만들어낼 필요가 없다. **여러분은 자신이 알고 있는 것보다 더 많은 동력을 손에 쥐고 있다!**

1. 경쟁의 힘

자신이 소유하고 있는 것(시어스의 예에서는 돈)에 대해 경쟁하게 만들 때마다 그 가치는 더욱 올라간다. 당신의 돈을 원하는 사람들이 많을수록 그 돈은 더 멀리까지 간다.

여러분이 판매자라면 경쟁의 힘은 상품이나 서비스에 적용될 것이고, 소비자라면 돈뿐만이 아니라 아이디어처럼 추상적인 것에도 적용된다. 내가 당신의 직속 상사라고 해보자. 당신은 내 사무실로 달려와 말한다.

"허브! 기막힌 아이디어가 있어요. 정말 신선한 개념이죠!"

내가 묻는다.

"다른 사람하고도 이야기했나요?"

당신이 대답한다.

"네, 몇몇 분들한테 얘기했는데 그다지 가치 있는 아이디어는 아니라고 하셨어요."

그렇게 말하면 내 눈에 그 아이디어의 가치가 높아 보일까? 아니다. 당신의 아이디어에는 아무 경쟁도 붙지 않았기 때문에 가치가 낮아진다.

하지만 내 질문에 이렇게 대답한다면 어떨까?

"네. 같은 직급에 계신 분들한테 이야기했는데 정말 훌륭하다고, 더 들어보고 싶다고 하셨어요!"

그럼 나는 이렇게 반응한다.

"문 닫고 들어오세요. 여기 앉아서 이야기해봐요!"

당신의 아이디어에 경쟁을 붙여 가치 있고 바람직한 것으로 만들었기 때문이다.

경쟁의 힘에 대해 계속 이야기해보자면, 이미 일자리가 있을 때 새 일자리를 얻기가 쉬울까? 아니면 일자리가 없을 때 얻기가 더 쉬울까? 당연히 일자리가 이미 있을 때 새 일자리를 얻기가 더 쉽다.

이런 상황을 떠올려보자. 당신은 일자리를 찾고 있다. 모종의 이유로 당신은 12개월 동안 실업자였다. 나는 당신의 자격을 검토한 다음 정중하게 질문한다.

"지난 1년 동안 계속 도전하신 일이 있다면요?"

당신은 목청을 가다듬고 대답한다.

"딱히 한 건 없어요."

당신은 전업주부로 지냈고, 컨설턴트 역할을 가끔 했다고 말한다.

내가 대답한다.

"감사합니다. 다시 연락드리죠."

이제 당신은 불안해져 냉정을 잃고 불쑥 말한다.

"언제요? 날짜를 알려주시겠어요?"

당신이 스트레스를 받는 건 다른 옵션이 없기 때문이다. 나는 이렇게 생각한다.

'다른 곳에서도 이 사람을 원하지 않는데 이 사람이 괜찮아 봐야 얼마나 괜찮겠어?'

나는 어색하게 미소 지으며 그 질문에 답한다.

"가까운 시일 내에 저희 사무실에서 연락을 드릴 겁니다."

당신은 아랫입술에 침을 바르며 작은 소리로 말한다.

"그런데 언제요?"

나는 자연스럽게 미소를 지으려고 애쓰며 이렇게 생각한다.

'그게 무슨 상관인데? 어차피 아무 데도 안 갈 거면서!'

또 다른 상황을 예로 들어보겠다. 당신은 대출이 필요하다. 그런데 오늘날 경제 기준에서 '평균적인 사람'으로 현금이 부족한 게 당신뿐이 아니라는 사실을 잘 알아서 걱정된다.

은행들이 당신의 문을 두드리면서 당신에게 대출 서비스를 제공할까? 아니다.

당신은 계속 능장을 부리다가 마침내 용기 내어 동네 금융 기관으로 들어간다. 은행 대출 담당자에게 망설이며 접근해서 무릎을 꿇고, 이렇게 말하는 게 좋은 전략일까?

"도와주세요. 전 돈이 하나도 없어요. 제 가족을 파산의 공포에서 구해주세요. 담보도 없고, 돈을 빌려주시면 갚지는 못하겠지만 제게 이런 관용을 베푸셨으니 다음 생에 복 많이 받으실 겁니다."

이런 접근 방식은 먹혀들지 않는다.

이런 식으로 접근해야 한다. 남성이라면 은행 대출용으로 회색 쓰리피스 정장을 입는다. 여성이라면 보수적으로 보이는 드레스 정장을 입는다. 빌릴 수 있으면 값비싼 금시계를 차고 파이 베타 카파Phi Beta Kappa(아이비리그 우등생 클럽) 키를 가져간다. 친구 3명을 당신과 비슷하게 옷을 입혀 수행원처럼 보이게 한다. 은행으로 걸어 들어가면서 이렇게 말하는 듯한 아우라를 풍긴다.

"안녕! 여기 최고 경영자가 은행으로 걸어 들어간다. 너희의 그 너저분한 돈은 저리 치워. 난 그딴 거 필요 없다고. 그냥 우편물을 보내러 들른 것뿐이야!"

그렇게 하면 대출 담당자가 은행 밖으로 나와서 숨죽이고 집까지 따라오려고 할 것이다.

덧붙여 말하자면, 나는 방금 설명한 것을 '버트 랜스 자금취득이론'이라고 부른다. 랜스를 기억하는가? 그는 지미 카터 대통령의 연방 예산 책임자로 일했다. 그는 '그 더러운 돈 저리 치워' 전략으로 41개 은행에서 381건의 대출을 받았다. 총 2천만 달러가 넘는 금액이었다. 2천만 달러! 왜 은행들은 랜스에게 거액의 돈을 빌려주려고 서로 경쟁했을까? 거기에는 3가지 이유가 있다.

1. 다른 은행들이 그에게 돈을 빌려주고 있었다. 실질적으로 그의 신용이 1등급이라는 의미였다.

2. 은행들은 그가 돈이 필요 없다고 생각했다. 심드렁한 랜스의 행동에 근거해 그렇게 인식한 것이다. 그는 아무 근심 걱정이 없는 것처럼 보였다. 랜스는 은행들이 돈을 빌려줄 '**기회**'를 제공함으로써 은행에 호의를 베푼다는 듯 행동했다.

3. 가장 중요한 것은, 랜스에게는 분명히 옵션이 있었다. 원한다면 그냥 적당해 보이는 아무 은행이나 골라 돈을 빌릴 수 있다는 옵션이었다. 이 때문에 은행들은 그의 손에 돈을 쥐여주기 위해 서로 치열하게 경쟁을 벌였다.

랜스가 사실 다른 대출금을 갚기 위해 이 대출금이 절실히 필요하다는 사실을 알게 되었을 때, 그의 돈줄은 말라버렸다.

중요한 건, 버트 랜스에게는 옵션이 있었고, 그것을 활용했다는 점이다. 그는 자신이 만든 경쟁을 현금으로 치환해냈다. 할 수 있다면 최대한 그렇게 해야 한다. 무엇보다도, **절대로 옵션 없이 협상에 들어가지 마라.** 그렇게 하면, 앞서 예로 든 구직자나 아이디어 판매의 예에서처럼 상대방은 당신을 무시할 것이기 때문이다.

2. 정통성의 힘

당신이 활용할 수 있는 또 다른 힘의 원천은 정통성이다.

사람들은 인쇄된 것을 경외하는 마음으로 대하는 경향이 있다. 인쇄된 글, 문서, 표지판은 권한을 가진다. 대부분의 사람은 거기에 의문을 제기하지 않는다.

물론 살면서 자신의 길을 협상할 때 정통성에 의문을 제기하고 도전**할 수 있다.** 조언하건대, 당신에게 유리하다면 정통성의 힘을 사용하고, 당신에게 불리하다면 그 힘에 도전하라.

방금 말한 내용은 매우 중요하므로 다시 한번 말하겠다. **정통성에도 의문을 제기하고 도전할 수 있다. 그러니 당신에게 유리하다면 정통성의 힘을 사용하고 당신에게 불리하다면 그 힘에 도전하라.**

정통성의 힘에 **도전하는** 사례를 들어보겠다. 3년 전, 나는 소득신고 감사 때문에 국세청의 호출을 받았다. 나는 건물을 매입했는데 몇 년 동안 소득세를 신고할 때 그 건물에 대해 감가상각을 했다. 국세청 감사자는 나의 소득세 신고서를 검토하면서 감가상각 기간을 30년으로 해야 한다고 주장했다. 나는 기록에 따르면 20년으로 하는 것이 맞다고 말했다. 왜 그런 입장을 취했냐고? 소득세 신고를 할 때 그렇게 했기 때문에 감사를 진행하는 동안에도 일관성을 유지하는 편이 좋다고 생각했다.

국세청 감사원이 말했다.

"30년 감가상각입니다!"

내가 말했다.

"20년 감가상각이요!"

그는 얼굴을 찌푸리며 아래 책상 서랍을 열어 규정집을 한 권 꺼내더니 책장을 넘겼다.

"보세요."

그는 툴툴거리며 말했다.

"바로 여기 있네요. 30년!"

나는 일어서서 책상 뒤쪽으로 걸어가 그가 펼친 부분을 살폈다. 그리고 천진하게 물었다.

"그 책에 제 이름이 언급되어 있습니까? 제 건물의 위치와 주소가 나옵니까?"

감사원이 대답했다.

"물론 아니죠!"

내가 반박했다.

"그렇다면 제 책이 아닌 것 같네요."

나는 내 입장을 강조하려고 그의 뒤에 있는 책꽂이에서 다른 책들을 꺼냈다.

그가 항의했다.

"뭐 **하시는** 겁니까?"

내가 대답했다.

"**제** 책을 찾고 있습니다. 제 이름과 제 건물이 들어 있는 책이요."

감사원이 말했다.

"이봐요, 책장에 다시 꽂아 넣으세요. 규정집의 내용에 관해 반박하실 수는 없습니다!"

내가 물었다.

"왜 안 되죠?"

그는 얼굴을 찌푸리며 말했다.

"여태까지 이런 사람은 아무도 없었으니까요!"

나는 미소를 지었다.

"그럼… 제가 최초가 되어 보죠!"

내가 성공적으로 도전했던 규정집을 생각해보라. 그 책이 의회가 제정한 법인가? 아니다. 하늘에서 내려온 명령인가? 아니다. 그건 그냥 국세청의 문서이고 협상의 산물이다. 규정을 해석하기 위해 관료들이 작성한 협상의 산물일 뿐이다. 책이 협상의 최종 결과로 나온 것이라면 얼마든지 협상할 수 있다.

다음은 정통성의 힘을 **사용한** 예를 들려주겠다. 앨런 펀트의 〈몰래 카메라Candid Camera〉는 수십 년 동안 인기를 구가한 TV 프로그램이다. 이 쇼는 성별, 교육 수준, 배경 등과 관계없이 대부분 사람에게 정통성의 힘이 발휘하는 놀라운 효과를 기반으로 한다. 한 에피소드에서 펀트는 델라웨어주를 1시간 반 동안 폐쇄했다. 어떻게? 그는 메인 고속도로에서 대형 표지판을 들고 서 있었다. 표지판에는 이렇게 쓰여 있었다.

델라웨어주 폐쇄

차량들은 끼익 소리를 내며 멈춰 섰다. 때로는 고속도로를 벗어났다. 운전사들은 혼란스러워하며 차에서 내려 펀트에게 다가갔다. 펀트는 몰래카메라가 이 장면을 촬영하는 동안 표지판 아래 서 있었다. 수십 명의 사람이 그에게 물었다.

"이봐요! 델라웨어주 얘기는 뭡니까?"

펀트는 그냥 머리 위를 가리키며 대답했다.

"표지판을 읽어보세요!"

운전자들은 눈살을 찌푸리고 머리를 긁적이며 아랫입술을 깨물었다. 한 사람이 물었다. "언제 다시 열릴 것 같으세요? 저는 거기 살고 있고, 제 가족들도 그곳에 있습니다."

정통성은 우리 사회에서 매우 강력한 힘을 가진다. 그 힘에 도전하라. 머리를 써서 위험을 감수하라.

3. 위험 감수의 힘

협상하는 동안에는 기꺼이 위험을 감수해야 한다. 위험을 감수하려면 용기와 상식이 모두 필요하다. 계산된 모험을 하지 않으면 상대방이 당신을 조종하려 들 것이다. 코미디언 플립 윌슨이 말한 대로, "잭팟을 터뜨리려면 먼저 동전을 넣어야 한다."

최근 세미나에서 휴식 시간에 스미스라는 남자가 다가와 말했다.

"허브, 이 세미나에 와 주셔서 정말 기뻐요. 그런데 제게 문제가 좀 있습니다. 저희 가족이 이사를 하려고 하는데 정말 마음에 드는 집을 찾았거든요. 저희 꿈의 집이에요."

나는 그를 쳐다보며 말했다.

"그런데요?"

그가 이어서 말했다.

"그런데… 판매자가 15만 달러에 팔기를 원하는데, 저는 13만 달러밖에 준비를 못 했거든요. 판매자가 2만 달러를 더 부르는데 어떻게 이 집을 13만 달러에 살 수 있을까요? 협상 기술을 좀 알려주세요."

내가 물었다.

"이 꿈의 집을 얻지 못하면 어떻게 되는데요?"

그가 대답했다.

"농담하세요? 아내는 자살할지도 몰라요! 아이들은 집을 나가버릴 거라고요!"

내가 중얼거리듯 말했다.

"음, 음, 음. 말씀해보세요. 아내와 자녀를 어떻게 생각하죠?"

그가 대답했다.

"아, 허브… 전 정말 가족을 사랑해요! 가족을 위해서라면 뭐든 할 거예요! 우리는 그냥 집 가격을 **낮추기만 하면** 돼요."

스미스는 꿈의 집을 위해 13만 달러를 지불했을까, 15만 달러를 지불했을까? 그렇다. 그는 15만 달러를 지불했다. 그런 태도로 16만 달러를 지불하지 않은 게 다행이다. 그 집은 그에게 너무나 많은 것을 의미했기 때문에 그는 불확실성을 감수하지 않았다("마음에 드는 다른 집이 있을지도 몰라"). 그 불확실성은 판매자의 제시가를 하향 조정하게 만들 수도 있었다.

그는 전기가 통하고 있는 전깃줄에 매달린 셈이었지만 손을 놓을 수가 없었다. 다른 붙잡을 게 없었으니까. 그 결과 그는 터무니없이 많은 돈을 지불했다. 기억하라. 무언가를 꼭 **가져야겠다고** 느낄 때, 당신은 항상 최고 가격을 지불하게 된다. 상대방은 당신을 쉽게 조종할 수 있는 위치에 선다.

교훈 관심을 두되, 절대로 **그렇게** 많은 관심을 쏟아부으면 안 된다.

지능적으로 위험을 감수하려면 '확률'에 대한 지식이 있어야 한다. 그냥 어깨 한 번 으쓱하고 징징거리지 않으면서 감당할 수 있을 정도의 손실을 흡수할 철학적 의지("세상사가 다 그런 거지 뭐")도 필요하다. 목표를 향해 나아가려면 계획이 틀어져 그 대가를 지불해야 할 가능성도 분명히 존재한다.

기꺼이 위험을 감수하라고 말한다고 해서 라스베이거스 카지노에서 당신이 저축한 돈이 위험에 처할 것을 감수하면서 돌아가는 룰렛 바퀴에 모험을 거는 어리석은 일을 해도 좋다는 뜻은 아니다. 잘못된 숫자에 바퀴가 멈추면 손목을 자르고 싶어질 만큼 극단적인 모험을 하라는 뜻이 아니다. 내가 말하는 것은 온건하고 점진적인 위험, 부정적인 결과가 나오더라도 부담이 크지 않아 감당할 수 있는 위험이다.

다음의 예를 통해 확률을 계산하는 방법과 위험을 좀 더 감당할 수준으로 만드는 방법을 이야기해보겠다. 나는 협상 관련 세미나를 진행하다가 동전 하나를 들고 사람들 앞에서 말한다.

"이제 전통적인 동전 던지기를 해보려고 합니다. 25센트짜리 동전을 딱 한 번 던지겠습니다. 여러분이 앞면인지 뒷면인지 맞추면 100만 달러를 드리겠습니다. 그 대신 여러분이 틀리면 제게 10만 달러를 줘야 합니다. 이것이 정당한 베팅이고 제 말이 농담이 아니라고 가정한다면, 이 방에서 몇 분이나 이 베팅을 **받아들일까요?**"

보통은 아무도 손을 들지 않는다. 나는 동전을 던지고 한번씩 쳐다보고는 주머니에 다시 집어넣고 말한다.

"제가 이 제안을 했을 때 여러분이 속으로 무슨 생각을 했는지 맞춰볼까요? '이 사람은 50대 50 확률의 내기에서 10대 1의 승률을 제시하네. 협상에 대해서는 많이 아는지 몰라도 통계 쪽으로는 별로 똑똑하지 않은 것 같아!'"

대부분 청중들은 고개를 끄덕이며 동의한다. 내가 이어서 말한다.

"이길 생각을 하셨나요? 100만 달러를 가지고 뭘 할까 생각하셨나요? 조세 피난처를 찾아 타히티로 가야겠다고 생각하셨나요? 아니요. 여러분은 잃을 생각을 했습니다. '어떻게 하면 10만 달러를 조달할 수 있을까? 월급날까지는 좀 빠듯한데!'"

많은 청중들이 신경질적으로 웃는다. 내가 계속 말한다.

"세미나가 끝나고 집으로 들어가는 여러분의 모습이 상상됩니다. 배우자가 반갑게 맞으며 인사하죠. '오늘 뭐 별다른 일 없었죠?' 그럼 여러분이 대답합니다. '어떤 사람이 있었는데 동전을 가지고 동전 던지기를 했어요. 참, 그런데 우리 지금 현금이 얼마나 있지요? 주변에 현금 모아둔 게 좀 있나요?'"

청중들이 날 동전 던지기에 끌어들이지 않은 건 현명했다. 이런 금전적 상황에서 모두에게 미치는 위험 수준은 자신의 자산 수준에 비례한다. 청중 중에 J. 폴 게티나 하워드 휴즈 같은 억

만장자가 있었다면 도박에 응했을지도 모른다. 두 번 생각할 필요도 없었을 것이다. 옛말 틀린 거 없다. "돈이 돈을 번다."

부를 소유하고 있으면 유리한 기회를 탐색할 수 있다. 내재적 위험이 적정 수준으로 느껴지기 때문이다. 그냥 껌값 정도. 부자들은 손실을 보아도 어깨 한 번 으쓱하고 외칠 수 있다. "그까짓 거야 뭐!"

내가 내기에 걸린 금액을 양적으로 줄이면 어떻게 될까? '100만 달러 대 10만 달러'에서 '100달러 대 10달러'로 바꾼다면? 청중 중에 이 내기를 받아들이는 사람이 있을까? 이때는 위험이 자산 증가분의 수준에 비해 크지 않기 때문에, 거의 모든 사람들이 참여할 가능성이 있다.

두 수치 사이의 비율은 여전히 동일하지만, 심각한 손실을 입을 가능성은 제거되었다는 점을 명심하라. 10달러 정도의 잠재적 손실은 우리 대부분이 크게 흔들리지 않고 감당할 수 있다. 하지만 10만 달러라면 손실을 계속 곱씹지 않고 태연하게 받아들일 사람은 거의 없을 것이다.

금액을 줄이지 않아도 청중들이 **연합**하거나 위험을 분산시키면 내기를 감당할 만한 수준으로 만들 수 있다. 자세히 설명해보면 이렇다. 청중 1천 명이 각자 100달러씩 판돈을 걸어 대표를 1명 선출한 뒤, 동전이 어느 쪽이 나올지 맞추게 하는 것이다. 그 대표가 앞면이냐 뒷면이냐를 맞추면 100만 달러를

1천 명이 균등하게 나눠 갖는다.

그렇게 하면 방정식은 완전히 새로운 국면을 띠게 된다. 50 대 50의 확률이지만 손실은 100달러로 대폭 줄어들기 때문이다. 돈을 잃는 것은 불쾌하지만 재앙 수준은 아니다. 하지만 50 대 50의 확률로 이기면 100만 달러를 1천 명분으로 나눈 1천 달러를 갖게 된다.

그러므로 밑천이 많이 드는 일이라면 항상 관련된 위험을 공유하거나 연합하는 것을 고려하라. 위험을 나누어 다른 사람의 어깨에도 짊어지게 하면 위험이 완화되고 분산된다. 위험을 분산하거나 연합할 때, 당신은 유리한 확률로 현금을 얻을 수 있는 기회를 잡는 위치에 서게 된다.

또, 다른 사람들을 참여시켜 시야를 넓히고 "지구력"을 키울 수 있다. 포커 게임을 하든 주식 시장에 투자하든, 상대방보다 자본 규모가 훨씬 크면 더 강력한 힘을 가진 위치에 서게 된다.

위험을 감수하라고 말하긴 하지만 나는 여러분이 최적의 또는 적정 수준의 위험을 감수하길 바란다. 도박을 하거나 '운명을 건 주사위 놀이'는 하길 바라지 않는다. 뭐가 됐든 위험을 감수하기 전에, 잠재적 이익이 손실 비용 대비 지불할 가치가 있는지 확률을 계산하여 결정하길 바란다. 합리적으로 사고하고, 충동적으로 행동하지 말라. 절대로 자존심이나 조급함, 빨리 해치우고 싶은 욕구 때문에 위험을 무릅쓰지 말라.

4. 참여의 힘

방금 설명했듯이, 동전 던지기에서 많은 사람을 참여시키면 전체 그룹으로 위험을 분산시킬 수 있다. 당신은 더 유리한 확률로 돈을 긁어모을 수 있다. 위험을 연합함으로써 당신은 유리한 기회를 활용하는 위치에 선다. 위험이 당신에게만 적정 수준으로 낮아졌기 때문이다. 다른 사람을 참여시키는 이 기술은 살면서 결과가 불확실한 모든 실질적인 노력에 적용할 수 있다.

예를 들어, 대단하고 위험한 모험을 시작하려 할 때, 당신이 상사나 가족, 동료들에게 다가가 이렇게 말한다면? "이건 진짜 큰 건이야! **내** 아이디어라고! **내가** 제안한 거야! 일이 잘못되면 내가 다 안고 갈게!" 그건 아니다. 미친 짓이다. 그보다는 오히려 사무실이나 상점, 집 안을 돌아다니면서 모두에게 이렇게 상기시켜라. "우리 다 같이 하는 거야!"

간단히 말하면 사지를 절단당한 사람처럼 혼자 기어갈 생각은 하지 말라는 거다. 오늘 영웅이 되었다가 내일 역적이 되지 마라. 다른 사람들에게 도와달라고 설득하고 그들이 계획과 의사 결정에 참여하게 하면, 그들은 부담을 일부분 나눠서 짊어질 것이다. 사람들은 자신이 참여해서 만든 일을 적극 지지한다는 사실을 기억하라. 참여의 힘을 적용하는 방법에는 크게 3가지가 있다.

1. 전반적인 위험을 분산시켜 상황을 유리하게 이용한다.

2. 동료들이 불안감은 나누고 지원은 더해 스트레스가 줄
어든다.

3. 서로 힘을 모아 헌신하는 팀의 엄청난 동력이 상대측
까지 전달된다.

다른 사람들을 참여시킬 줄 아는 능력은 당신이 하는 말의 영
향력을 키우고 힘을 실어준다. 반대로 시어스에서 냉장고를 사
는 상황에서처럼 당신과 배우자, 아이들이 판매 직원에게 상반
된 신호를 보내면, 상대측이 당신의 팀이나 그룹이 입이 맞지
않는다는 사실을 인식하게 되고 당신의 위치는 낮아진다.

또 다른 예를 들어보겠다. 회사를 대표하는 당신과 동료 4명
이 다른 조직 사람들과 협상을 하려 한다. 회의 테이블로 다가
가면서 당신은 팀원 모두가 당신과 같은 식으로 생각하리라 추
측한다. 그런데 회의가 시작되자, 팀원 1명이 뜻하지 않게 양보
를 하며 상대측의 동의를 얻어낸다.

뜬금없이 관대하거나 노골적인 발언은 협상에서 당신의 입
지를 약화한다. 당신은 충격을 받아 상대방이 당신의 팀원 가운
데 스파이를 심어놓았다고 의심한다. 당신은 너무 화가 나서 첫

허브 코헨의 협상의 기술 1

휴식 시간에 범인을 떠보듯이 불만을 토로한다.

"너 우리 회사 사람 맞아? 신분증 좀 보자. 그럼 누구 밑에서 일하는지 알겠지!"

여기서 일어난 일 때문에 팀원 전체가 한마음으로 협상에 참여하는 일은 실패로 돌아간다.

> **교훈** 어떤 일에서건 항상 다른 사람들을 참여시켜라. 그들에게 작은 행동이라도 취하게 하고 함께 행동하라. 개입은 참여를 낳고, 참여는 힘을 낳는다.

더 넓게 보면, 다들 알다시피 지역 사회가 지역 경찰을 지원하지 못하면 법 집행에 어려움이 생긴다. 은행의 안정성이 떨어지면 은행은 도산하고 만다. 군인들이 자신들이 무엇을 위해 싸우는지에 대한 믿음이 없다면 군대는 쓸모가 없어진다.

베트남 전쟁에서 미국은 '엘리트 계층'이 자신들의 잘못을 깨달았기 때문이 아니라 정글과 가정에서의 참여 의지가 약화되어서 패망했다. 국가 정책은 그 뒤를 따랐을 뿐이다. 실제로 리처드 닉슨 대통령의 군대 철수는 전쟁 종식을 위해 전력을 다하고 있던 다수파가 이미 내린 결정을 비준한 것뿐이었다.

본론으로 돌아가서, 여러분에게는 자신이 생각하는 것보다 훨씬 더 큰 잠재력이 있다. 그러므로 자신이 가진 전력을 속일 필요가 없다. 이제 여러분이 추가로 사용할 수 있는 자원을 알려주겠다.

5. 전문 지식의 힘

상대방이 자기보다 당신이 기술 지식, 전문 지식, 경험을 더 많이 가지고 있다고 인식하거나 믿으면 존경에서 경외심에 이르기까지 다양한 감정으로 당신을 대하게 된다는 사실을 아는가? 실제 예 한 가지와 가상의 예 2가지를 보여주겠다.

실제의 예

제2차 세계대전 당시 조지 S. 패튼 장군은 북아프리카 전선, 연합군 최초 공습에서 지휘권을 잡았다. 패튼은 매우 독선적인 사람이었다. 그는 자신이 시詩에서부터 탄도탄에 이르기까지 모든 분야의 모든 내용을 알고 있다고 생각했다. 하지만 주력함대 항해사의 조언은 전부 그대로 받아들였다. 왜 그랬을까? 항해사에게는 패튼에게 없는 전문 지식이 있었기 때문이다.

첫 번째 가상의 예

집이나 아파트, 콘도를 꾸미려고 한다. 마음속으로 생각해둔 벽지가 있는데 그게 가구들과 어울릴지 잘 모르겠다. 그래서 인테리어 전문가를 고용해 조언을 얻으려고 한다. 그녀의 작품은 인테리어 전문 잡지에도 실렸다. 그녀는 당신이 선택한 벽지는 구식이라며 전혀 다른 스타일의 벽지를 권한다. 당신은 망설임 없이 그 말대로 따른다. 왜 그럴까? 상당한 액수의 수수료로 미루어 그녀가 당신에게는 없는 전문 지식과 감각을 갖고 있다고 생각하기 때문이다.

두 번째 가상의 예

복부에 찌르는 듯한 통증이 느껴진다. 가정의학과 의사는 내과 전문의에게 의뢰한다. 진료 기록을 간호사에게 보내고 나서 당신은 이 증상이 3년 전, 담낭에 이상이 생겼을 때와 비슷하다는 사실을 깨닫는다. 필요한 검사와 짧은 진찰을 마치고 안내받아 간 방에는 각종 증명서와 학위증이 진열되어 있다(기다리면서 세어보니 열네 개다). 내과 의사가 와서 진단을 내린다. 병명은 다이버티큘라이티스diverticulitis(게실염)라고 한다.

의사는 당신에게 검사 기록을 건네며 묻는다. "뭐 궁금한 점 있으신가요?" 당신은 없다고 대답한다. 정신을 차렸을 땐 이미 수납 창구에서 다음 진료 예약을 하고 있다. 그 병명을 제대로 발음하지도 못하고, 철자가 뭔지도 모르지만 당신은 "그 병에 걸렸다"는 사실을 안다. 왜냐고? 그런 전문가 자격증이 잔뜩 늘어선 방에서 의사가 내린 진단에 어떻게 의문을 제기할 수 있겠는가?

당신은 의사와의 협상에서 고대 주술사의 신비하고 마법 같은 오라에 휩싸인 양 수용과 존중, 경외의 태도를 취했다. 이런 태도를 어떻게 활용하면 좋을지 설명해보겠다. 오늘날에도 전문 지식에 대한 경외감이 만연해 있기 때문에 여러분도 전문 지식의 힘을 이용할 수 있다.

알다시피 우리는 대부분 세금 전문 회계사나 의사, 자동차 정비사, 변호사, 컴퓨터 전문가, 증권 전문가, 연구 과학자, 교수,

국방부 장군, 배관공에게는 거의 의문을 제기하지 않는다. 왜 그럴까? 그들의 전문 분야에 대해서는 그들이 우리보다 훨씬 더 잘 안다고 확신하기 때문이다.

여러분이 전문 지식을 가졌다고 드러내고 싶다면 이렇게 하라. 상대와 대결을 시작하기 전에 당신의 배경과 자격증을 확보하라. 그렇게 하면 상대는 여러분의 말에 이의를 제기하지 않을 것이다. 복잡한 협상에 참가하는 사람들이 협상의 일부 사안에 대해 전문 지식이 부족한 경우가 많다는 점을 이용하라.

가능하면 상대측에서 당신이 그 지식을 **갖추고** 있다고 추측하게 만들라. 미리 준비하라. 협상에서 이기는 것이 중요하다면 시간을 들여서 벼락치기라도 하라(그들과 협상하기 전에 그 주제를 공부하라). 그럴 요령이 없다면 운이 따르길 바라지 마라. 날카로운 발언을 하거나 전문 용어 몇 가지를 살짝 흘리고 나서 입을 다물어라.

무엇보다 허세를 부리지 말라. 요즘 세상에서 "지식은 죽은 물고기처럼 금방 썩는다."(냉장고에 넣어 두어도 오래 보관할 수 없다.) 모든 분야에서 전문가가 될 수는 없다. 대부분의 협상에서 요구되는 유일한 전문 지식은 똑똑한 질문을 던지고 정확한 반응이 나오고 있는지를 파악하는 능력이다.

상대측에 협상 주제에 관해 보고서 두 편과 논문 한 편을 쓴 전문가가 있어서 이 협상을 감당하기 어렵다고 느낀다면? 아무 걱정할 것 없다. 여러분의 자원(공동체, 친구, 조직 등)을 활용해 협상 주제에 관해 보고서 세 편과 논문 두 편, 책 한 권을 쓴 전문가를 영입하라. 분명 상대측의 입지를 상쇄시키는 것 이상의 효과를 가져올 것이다.

그래도 협상 테이블 건너편에 더 대단한 '전문가'가 있다면? 그래도 주눅들 것 없다. 잊지 마라. 당신이나 당신의 제안이 필요 없다면 저들은 협상 테이블에 앉지도 않았을 것이다. 이렇게 말하는 연습을 하라. "이해가 잘 안 가는데요. 3분 전부터 내용을 놓쳤어요." 혹은 "좀 더 쉽게 설명해 주시겠어요?" 약간의 불손함과 천진함을 곁들이고 계속해서 정중하게 질문하면 소위 전문가라고 하는 이들의 태도와 행동도 바꿀 수 있다.

6. 상대에게 무엇이 '필요'한지 아는 힘

모든 협상에서 흥정하는 내용은 2가지다.

1. 특정 이슈와 요구. 이 부분은 서로 터놓고 이야기한다.
2. 상대측이 진짜 필요로 하는 것. 이 부분은 거의 대놓고 말하지 않는다.

시어스 냉장고의 일화로 돌아가 그 차이를 설명해보겠다. 당신은 대형가전 코너로 걸어 들어가 판매 직원에게 말한다.

"저기요, 저 489달러 50센트짜리 냉장고를 450달러에 팔면 지금 당장 현금 결제할게요!"

시어스에서 이런 접근 방식이 효과가 있을까? 아니다. 그 제안은 시어스라는 조직이 진짜 필요로 하는 사항과 어긋난다. 왜 그럴까? 알다시피 시어스를 소매점으로 보기는 어렵다. 소매상처럼 보이지만 그렇지 않다. 사실 시어스는 신용카드 결제를 선호하는 금융 기관에 더 가깝다. 왜 그럴까? 그래야 당신이 지불할 신용 결제 금액의 18퍼센트나 되는 이자를 받을 수 있기 때문이다.

그럼 이런 현금 결제를 내세운 접근 방식이 다른 곳에서는 먹힐까? 그렇다. 어디에서 시도하느냐에 따라 달라질 것이다. 현금 유동성 문제를 겪고 있는 동네 가전제품 매장에 가서 똑같은 제안을 한다면 주인은 당신을 때려눕혀서라도 이 거래를 성사시키려 들 것이다. 주인은 이 현금 거래로 술수를 쓸지도 모른다. 소득신고를 할 때 이 현금 거래를 빼놓고 신고한다 한들 누가 알겠는가?

필요 사항은 모두에게 다 다르다. 시어스는 당신의 현금이 필요 없다. 보통 소매점은 현금을 필요로 한다. **누군가가 필요로 하는 것이 무엇인지 합리적으로 추측할 수 있다면 협상에서 무**

슨 일이 벌어질지 놀라우리만큼 확실하게 예측할 수 있다.

이 사실을 절대 잊지 말라. 무례하고 무신경해 보이는 조직이나 기관 뒤에는 항상 간절히 자신들의 특수한 필요 사항을 충족시키려고 필사적으로 애쓰는 평범한 개인이 있기 마련이다. 어떤 상황에서 어떤 개인과 성공적으로 협상을 하려면 그저 그 사람의 필요 사항을 파악해 그것을 충족시켜주기만 하면 된다.

협상에서 누군가 당신에게 "여기까지가 우리가 맞춰드릴 수 있는 '최대치'입니다"라고 말한다면, 그게 그쪽에서 내세울 수 있는 최대치인지 아니면 **진짜** 최대치인지 파악하라.

사람들이 원한다고 말하는 것(그들의 요구 사항)은 그들의 실제 필요 사항을 충족시키지 못할 수도 있다. 예를 들어 내가 새 차를 살 생각이라고 해보자. 마음에 둔 특정 모델과 특정 대리점이 있다. 나는 2가지 방식으로 접근한다.

1. 자동차에 관해 구체적인 자료를 최대한 많이 수집한다. 구하기가 어렵지는 않다. 중고차 가격표와 소비자 리뷰를 확인한다. 최근에 그 모델의 자동차를 구입한 사람들과 이야기를 나눠본다. 그 자동차를 다뤄본 정비소 직원에게 질문한다. 자동차 성능과 비용, 잠재적인 서비스 문제를 메모해둔다.

2. 대리점을 최대한 많이 찾아둔다. 특정 딜러와 거래했던 사람을 찾아 적절한 질문을 건네면 이 정보도 수집하기 어렵지 않다. 딜러에

관한 평판을 자세히 적어둔다. 딜러의 현재 비즈니스 상태를 알아본다. 재고를 파악해 자금 상태를 알아보고, 항목별 비용, 판매 직원이 어떤 식으로 보상을 받는지, 다른 경쟁 대리점들과 비교해 가격은 어떤지도 알아둔다.

그러고 나서 딜러가 좋아하는 것, 싫어하는 것, 편견, 가치 체계에 관한 정보를 얻어낸다. 빨리 결정을 내리는 편인지 아니면 신중하게 결정하는 편인지도 알아낸다. 위험을 감수하길 좋아하는지 아니면 '남의 돈 천 냥보다 내 돈 한 푼이 낫다'라고 생각하는 사람인지 알아낸다.

이 이야기가 비현실적으로 들린다면 당신이 지금 차 한 대에 몇천 달러를 투자하려는 중이라는 사실을 기억하라. 잘하면 몇 년 동안 당신이 타고 다닐 자동차다. 앞에서도 말한 대로, 이 거래에 당신의 시간과 돈을 투자할 가치가 있다면 좋은 거래를 하기 위해 공들여 준비해야 한다.

나는 딜러나 판매 직원과 대면할 때면 조사하고, 관찰하고, 질문하고, 말하는 것보다 더 많이 듣는다. 그러면 가치 있는 정보를 얻을 수 있고 협상에서 우위를 점할 수 있다. 그리고 나서 나의 구매 방식을 조절해 판매자의 진짜 필요 사항을 맞춰준다.

판매자가 정말로 원하는 것은 시장에서 러그를 판매하는 장사꾼처럼 실랑이를 벌이며 값을 흥정하는 것일 수도 있다. 재치를 겨루며 흥정하는 데서 쾌감을 느끼는 사람일 수도 있다. 그러면 나는 능숙하게 게임을 한다. 나도 덩치가 큰 품목에 대해 협상하길 좋아하기 때문이다. 대부분은 판매자의 제시가를 맞춰주지 않지만, 그의 진짜 요구 사항, 말로 내뱉지 않은 요구 사항은 들어주려고 한다. 거래는 당사자들 모두가 만족할 때 성사되기 때문이다.

7. 투자의 힘

상대방이 이 상황에 시간과 돈 혹은 에너지를 쏟아붓게 만드는 일이 얼마나 중요한지에 대해서는 이미 앞에서 언급했다. 최후통첩 전략이 먹혀들게 할 때는 이 점이 핵심 요소다. '입질' 전략("어떤 넥타이를 공짜로 주시겠어요?")의 기본이 되기도 한다. 세 일본인 대 미국 기업의 예("다시 한번 해주시겠어요?")에서도 매우 중요한 요소다.

그래서 만남 초기에는 더욱 협력적으로 접근해야 한다. 나중에 경쟁력을 갖추려면 혹은 최후통첩을 던지려면 말이다. 물론 상대측이 해당 문제에 투자하게 만들고 나서 가장 마지막에 통보해야 한다.

타협 의지와 투자 규모는 직접적으로 비례한다. 왜 미국은 베트남 전쟁에서 철수하기가 그렇게 힘들었을까? 베트남에서 철수하려고 하기 전에 이미 그 전쟁에서 자국민 4만 5천 명의 생명을 희생했기 때문이다. 그렇게 많은 인력을 투자하고 나서 그냥 아무 일 없었다는 듯 손 털고 나올 수는 없는 노릇이다.

여러분이 주식 두 종목 혹은 부동산 두 건에 투자하고 있다고 해보자. 하나는 가치가 올라가고 다른 하나는 내려간다면 어떤 쪽을 먼저 팔아치우겠는가? 당연히 오르는 쪽이다. 그럼 다른 쪽은? 당분간은 계속 보유한다. 그 종목을 더 구입할 수도 있다. 이전에 책정되었던 가격에 비해 지금은 더 싸게 살 수 있으니까.

이 인간 본성의 원리를 이해해야 한다. 그 원리가 당신에게 불리하지 않도록 유리한 쪽으로 이끌어라.

이 투자의 힘을 이해하는 또 다른 방법을 알려주겠다. 상사가 코퍼필드라는 사람과 협상을 하라고 명령한다. 상사는 이렇게 말한다.

"이 가격으로 얻어내. 다른 '버리는' 품목은 양보해도 되지만 가격은 안 돼. 가격은 절대 건들지 마."

나는 코퍼필드와 협상을 시작한다. 1번 항목부터 이야기한다. 나는 내 입장을 전하고, 코퍼필드는 그의 입장을 말한다. 어려움이 있긴 했지만 차이점을 해결한다. 2번 항목으로 넘어간다. 2번은 가격 항목이다. 다시 나의 입장을 전한다. 우리는 합의를 보려고 애쓰지만 실패한다.

내가 말한다.

"코퍼필드 씨, 이 항목은 나중에 다시 협의하는 게 어떨까요?"

그가 말한다.

"좋아요."

고생은 고생대로 하면서 안달하다가 막다른 골목에 처한 이슈를 옆으로 치워두는 것이다.

이제 우리는 3번 항목으로 넘어간다. 시간이 걸리지만 3번 항목의 내용에 대해 합의를 본다. 4번 항목으로 나아간다. 힘들었지만 마침내 해결한다. 다음은 5번 항목이다. 토론을 거듭한 끝에 결국은 코퍼필드의 창의적인 제안을 받아들이기로 합의하기에 이른다.

마침내 우리는 결승선에 가까워진다. 다섯 개 항목 중에 네 개 항목에서 합의를 보았다. 코퍼필드는 미소를 짓는다. 이제 그는 여유가 생겼다. 협상은 거의 그의 손에 들어왔다. 아니, 그렇다고 그는 생각한다.

내가 말한다.

"코퍼필드 씨, 그럼 이제 2번 항목으로 다시 돌아갈까요?"

그가 말한다.

"물론이죠. 가격을 좀 조정해볼 수 있을 거예요."

내가 말한다.

"이런, 코퍼필드 씨, 죄송하지만 그 문제는 조정이 불가능해요. 가격은 움직일 수 없습니다. 가격만은 그대로 가야 해요."

이제 코퍼필드가 어떤 상황에 처했는지 생각해보라. 지금 협상을 깨면 그가 들인 시간과 노력이 전부 무위로 돌아간다. 다른 누군가와 처음부터 다시 시작해야 한다. 그가 알기로 '그 다른 누군가'는 나보다 거래하기가 훨씬 더 까다로운 사람일 수 있다. 코퍼필드는 그 점 때문에 마음을 돌리고 나는 내가 원하는 가격으로 협상을 마치게 된다.

요점은 이렇다. 감정적인 이슈나 숫자로 이야기되는 가격, 비용, 이자율, 급여 같은 구체적인 항목의 경우, 협상에 어려움이 있다면 **상대측이 에너지와 상당한 시간을 투자하게 만든 다음, 맨 마지막에 협상하라.**

감정적인 이슈나 수치와 관련된 항목이 협상 초기에 등장한다면 어떡할까? 인정하고 그 항목에 관해 이야기하라. 그러다가 나중으로 미뤄라. 상대가 당신과 많은 시간을 보내게 만든 후에 다시 그 항목에 관해 이야기하라. 그 투자 때문에 협상 마지막에 상대측이 얼마나 융통성 있게 변하는지 경험하고 깜짝 놀랄 것이다.

8. 보상 혹은 처벌의 힘

내가 당신을 물리적, 재정적, 심리적으로 돕거나 당신에게 해를 가할 수 있다고 당신이 인식하고 있다면 이는 우리 관계에 있어서 나에게 '힘'을 실어준다. '실제로, 실질적으로' 어떤 상황인지는 중요하지 않다. 내가 당신에게 영향을 미칠 수 있고, 미칠 거라고 당신이 **생각한다면** (실제로는 그럴 수 없거나 그렇게 하지 않을 거라고 해도) 나는 당신을 다룰 수 있는 힘을 발휘할 것이다.

상사의 비서가 막대한 영향력을 갖는 이유도 사실이든 아니든 그런 인식에서 비롯된다(상사의 비서를 그저 별 의미 없는 팀원 정도로 취급하는 세일즈맨이 있다면 근시안적 사고를 가진 사람이다. 현명한 사람은 비서가 자신의 앞길을 편안하게 만들어줄 수도, 훼방을 놓을 수도 있다는 사실을 안다).

모든 사람은 제각기 다르기 때문에 어떤 사람이 위협으로 받아들이는 것을 다른 사람은 무해하다고 인식할 수도 있다. 어떤 사람이 보상으로 인식하는 것을 다른 사람은 대수롭지 않게 여길 수 있다. 보상과 강요, 긍정적이거나 부정적인 타격은 개인의 인식이나 필요에 따라 여러 형태로 받아들여진다.

당신이 나를 어떻게 인식하는지, 무엇을 필요로 하는지 내가 알고 있다면, 또 내가 당신에게 힘을 발휘할 거라고 당신이 생각한다는 사실을 알고 있다면 나는 당신의 행동을 통제할 수 있다.

당신은 내가 당신의 승진이나 급여 인상에 관여할 수도, 당신을 해고시킬 수도, 당신이 점심을 먹으러 갈 때 다른 사람들 앞에서 당신을 질책할 수도, 당신 책상이나 사무실의 위치를 정할 수도, 회사 차량을 갖게 해줄 수도, 전용 주차 공간을 마련해줄 수도, 휴가 일정을 정할 수도, 당신이 사용할 예산이나 지출 금액을 늘려줄 수도 있다고 생각한다고 해보자. 그런 점들이 당신에게 중요하다면 당신은 나를 조심스럽게 대할까? 분명히 그럴 것이다.

좀 더 사소해 보이는 예를 들어보자. 내가 당신 자리에 와서 매일 아침 인사를 건네고 크리스마스나 생일 카드를 보내는 일을 당신이 중요하다고 느낀다는 사실을 내가 알고 있다고 해보자. 그럼 나는 아침 인사를 무시하고 당신에게 카드를 보내지 않음으로써 당신이 내 비위를 맞추게 할 수 있을까? 다시 한번 말하지만 분명 그럴 수 있다.

그런 일이 부랑자에게 건넨 따뜻한 우유 한 잔처럼 의미 없고 별것 아닌 것처럼 여겨질 수 있지만, 현실 세계에서는 얼마든지 일어나는 일이다. 나는 다른 사람들이 당신이 가지고 있다고 인식하는 힘을 발휘해 이득을 취하라고 말하는 게 아니다. 그저 그런 현실 상황을 알고 있어야 한다고 말하는 것이다.

여기서 기억해야 할 점은 2가지다.

1. 상대가 당신이 그들에게 도움을 주거나 해를 끼칠 수 있다는 확신을 갖고 있지 않으면 그들은 절대 당신과의 협상을 중요하게 여기지 않을 것이다.

2. 적대적인 관계에서, 내가 당신을 돕거나 당신에게 해를 끼칠 수 있다고 당신이 생각한다면, 나는 거기서 당신의 양보나 지분의 재조정 등 나와 우리 관계에 실제로 이득이 되는 뭔가를 얻어내기 전까지는 나의 힘에 대한 당신의 인식을 제거해서는 안 된다.

힘의 인식을 제거하지 말라는 뜻은(그 인식이 사실이든 아니든) 다음의 예에서 설명할 수 있다. 지미 카터 대통령은 취임 후, 외교 정책에서의 인권 문제에 관해 이야기했다. 거기까지는 전혀 잘못된 부분이 없었다. 하지만 유감스럽게도 그는 즉각 미국이 할 것과 하지 않을 것에 대해 이야기했다. 그 발언으로 일부 미국의 숙적들은 그 즉시 미국을 동네 고양이에게조차 위협이 되지 못하는 종이호랑이로 보기 시작했다.

지미 카터는 뭔가를 얻어내지 못한 채 공식적으로 자신의 옵션을 제거해버리는 실수를 저질렀다. 가령, 세계의 도덕적 지도자로서 그는 미국이 아프리카나 중동에 절대로 군대를 파견하지 않겠다고 발표했다. 피델 카스트로는 시가를 씹으며 말했다.

"그래? 미국이 아프리카에 군대를 파병하지 않을 거라는군! 정말 사려 깊네! 그렇다면 쿠바에서 아프리카로 군대를 **보내지 뭐!**"

쿠바는 앙골라와 아프리카 북동부 지역에 군대를 파견했다.

지미 카터 대통령은 카스트로를 계속 **견제했어야** 했다. (실제로 사용을 하든 안 하든) 상대방의 인식이라는 옵션을 계속 갖고 있으면서 군사 공격 회의를 하며 외교적 압력이나 군사적 압력을 **행사했어야** 했다. 이렇게 **말했어야** 했다.

"우리가 도덕적 리더인 것은 맞지만 우리가 무엇을 할지, 안 할지는 알 수 없습니다. 사실 우리는 크리스마스이브에 하노이에 B-52 폭격기를 보낸 나라가 아니던가요? 상황이 나빠지면 우리 전투병들이 **어떤** 계획을 세울지 어떻게 알겠어요?"

그렇게 말했다면 카스트로는 시가를 뱉어냈을 것이다. 그런 상태에서 쿠바 용병들을 아프리카로 보냈다면 그들은 구름 사이로 비행기가 지날 때마다 시도 때도 없이 하늘을 올려다보았을 것이다.

교훈 당신을 종이호랑이로 만들지 마라. 경쟁하는 상황에서는 보상을 얻어내기 전까지 상대측의 스트레스를 줄여주거나 옵션을 제거하지 마라. 당신이 목표를 이룰 때까지 상대를 의심하게 만들라. 지정학에서는 당신이 기꺼이 위험을 감수하고 힘을 발휘할 거라는 인식이 잠재적인 공격 기회를 없앨 수 있다.

9. 동일시의 힘

상대가 자신과 당신을 동일시하게 된다면 당신의 협상 능력을 극대화할 수 있다.

설명을 해보겠다. 여러분은 같은 쇼핑센터 안에서도 왜 이 가게보다 저 가게를 더 선호하는가? 차에 기름을 넣을 때 왜 같은 주유소로만 가는가? 왜 계좌를 이 은행이 아닌 저 은행에서 개설하는가? 비즈니스를 할 때 왜 다른 경쟁 기업이 아닌 그 회사와 거래하는가?

그 이유가 단지 품질이나 편리성, 가격, 비용 때문만은 아닐 것이다. 당신이 접촉하고 노출되는 사람과의 동일시 정도가 어떤 식으로든 그 선택에 영향을 미친다.

메이시스에서 일하는 누군가가 당신 기분을 좋게 만들고, 당신을 중요한 사람처럼 느끼게 해준다고 생각해보자. 그렇게까지는 아니더라도 당신을 편안하게 해주고 당신에게 필요한 것이 무엇인지 잘 알아준다면, 당신은 블루밍데일의 판매 조건이 훨씬 좋더라도 메이시스와 그 직원을 동일시해 좋은 감정을 가지고 메이시스로 갈 것이다.

당신이 거래할 사람이 자신을 당신과 동일시하게 만드는 능력은 이유를 막론하고 매우 중요하다. 예를 들어 IBM의 성공은 단지 겉모습이나 고객에 대한 접근 때문만이 아니라 직원들의 전문성에도 기반을 두고 있다. 몇 년 전, 나는 IBM의 고객에게 왜 다른 경쟁 기업에 비해 값비싼 시스템인 IBM 제품을 구매했는지 물었다. 내 고객은 이렇게 대답했다.

"다른 곳이 더 싼 건 알았죠. 기술적으로도 IBM의 품질이 최고는 아니었어요. 하지만 이건 복잡한 시스템이기 때문에 문제가 생겼을 때 도움을 받을 수 있다고 생각했어요."

이게 바로 동일시다!

다른 사람들을 당신과 동일시하게 만들려면 어떻게 해야 할까? 다른 사람들과 거래할 때 전문적으로, 합리적으로 행동한다면 그들의 협조와 충성심, 존경심을 얻을 수 있다.

당신의 권위를 강요하거나 과신하지 말라. 그보다는 이해와 연민의 마음을 전달하려고 노력하라. 상대방의 필요 사항과 기대, 꿈, 갈망에 대해 이야기하라. 그들에게 도움이 되고 문제를 해결해줄 수 있다는 기대를 가지고 각 사람에게 인간적으로 접근하라. 이런 행동을 보인다면 당신은 〈피리 부는 사나이〉에 나오는 마법의 피리처럼 미묘하고 설득력 있는 힘을 발휘하게 될 것이다.

리더십과 카리스마에 대해 말할 때 우리는 종종 본받을 만하고 영감을 얻을 만큼 존경할 만한 행동을 하는 사람들을 이야기한다. 때때로 대단한 희생을 하면서까지 리더를 따르는 사람들은 그런 리더의 승리를 자신이 직접 거둔 승리와 동일시한다.

역사 속에는 석가모니와 그리스도, 아이젠하워 장군, 마더 테레사와 같은 예가 넘쳐난다. 같은 등급이라고는 할 수 없지만, 미디어 스타들은 인기도를 이용해 자신들이 일으킨 동일시를 널리 퍼뜨린다.

〈투나잇 쇼Tonight Show〉의 호스트였던 '토크쇼의 황제' 자니 카슨은 자신의 돈을 보관하기 위해 트레일러트럭이 필요했을지도 모르지만, TV 스크린에서는 그저 호감 가는 모습으로, 품위 있게, 열린 마음으로 자신의 감정을 솔직하게 드러냈다. 그는 북아메리카의 거실과 안방에서 자조적인 위트를 구사하며 인간적이고 공감 가는 사람의 이미지를 심어주었다. 사람들은 그를 좋아했다.

동일시의 힘은 비즈니스 거래나 정치뿐만 아니라 모든 개인 간의 관계에서도 존재한다. 예를 들어, 나는 가끔 여러 분야의 전문가들을 만나 어떤 이슈에 대해 번갈아 토론한다. 나는 특별한 경우가 아니면 보통은 내가 알고 존경하는 사람, 실력이 입증된 사람의 말을 더 많이 신뢰한다. 나는 믿음이 가는 사람의 감정과 직관을 따라간다. 그 사람을 믿고 그 사람과 나를 **동일시하기** 때문이다.

이 동일시를 인정하거나 대놓고 이야기하는 경우는 많지 않다. 하지만 스테레오 구매에서부터 지지하는 정치 후보를 결정하는 일에 이르기까지 이는 매우 중요한 요인이다. 자료와 사실이 넘쳐나고 문제는 복잡할 때, 우리는 우리가 동일시할 수 있는 사람으로부터 영향을 받는다. 그 결과 특정 정치 후보와 자신을 강력하게 동일시한 나머지 우리 자신의 경제적 이익과 반해서 표를 던지기도 한다.

동일시는 또 반대로도 작용한다. 어떤 사람이 어떤 문제에 관해 옳은 말을 하더라도, 그에게 편견이 있고 또 그가 매우 불쾌한 느낌을 주는 사람이라면 그의 말에 전혀 귀 기울이지 않게 된다. 많은 사람은 A 후보자가 적합하다고 생각해서가 아니라 B 후보자가 싫어서 A에게 표를 던진다. 거래나 결정을 내릴 때도 그런 일이 빈번히 일어난다.

이 원칙에 관해 직접 경험한 이야기를 들려주겠다.

내가 로스쿨을 막 졸업했을 때 미국에 경기침체가 있었다. 아무도 내게 경기침체가 있다고 말해주지 않았기에, 나는 일자리를 구할 수 없는 이유를 내게 문제가 있어서라고 생각했다. 10년이 지나서야 그 당시에 경기침체가 있었다는 사실을 알고 기분이 조금 나아졌다.

짧은 실업 기간이 지나고 나는 법률 구조 협회에서 일하며 경범죄를 저지른 가난한 사람들을 변호하게 되었다. 내가 초반에 변호를 맡았던 사람은 절도 용의자였다. 돌이켜보면 그는 유죄가 맞았다. 왜 그런 말을 하느냐고? 첫 번째, 그는 서로 다른 법집행 장소 두 곳에서 두 번 자백을 했다. 두 번째, 그는 범죄 현장 곳곳에 지문을 남겼다. 그리고 세 번째, 그는 훔친 텔레비전으로 방송을 보다가 체포되었다.

그다지 강력하게 변호할 만한 사건은 아니었다. 하지만 승소 확률과 상관없이, 나는 젊었고 양심적이었기 때문에 내 의뢰인이 법 아래에서 온전한 권리를 보호받길 원했다. 나는 변호 준비를 위해 교도소로 피고인을 찾아갔다.

몇 번 인터뷰를 하면서 그는 계속해서 자신의 진술과 알리바이를 바꾸었다. 내 의뢰인은 확실히 멍청한 데다 거짓말쟁이였다. 나는 그를 증인석에 세울까 말까 고민했다. 그의 이야기를 듣다 보면 너무 쉽게 모순을 알아챌 수 있기 때문이었다.

나는 그를 대신해 증언할 **누군가**를 찾아야 했고, 그의 어머니를 선택했다. 어머니들은 항상 자기 자식을 위해 어떤 상황에서도 증언을 하게 되어 있다. 내 의뢰인의 어머니는 증인으로서 외양적으로도 나쁘지 않았다. 희끗희끗한 머리에 두꺼운 안경을 쓰고 지팡이를 짚고 다니는 나이든 여인. 길을 건널 때 자동으로 도움의 손길을 내밀게 되는 그런 모습의 여인이었다.

그녀가 안내를 받아 증인석에 앉고 나서 나는 질의를 시작했다. 2분 만에 내 의뢰인의 문제는 유전적인 면도 있다는 사실을 확인할 수 있었다.

내 의뢰인의 어머니도 멍청한 데다 거짓말쟁이였다. 그녀는 2분 동안 네 번이나 스스로 모순을 드러냈다. 나는 입이 말랐고,

속으로 이 사건은 패배라고 인정하며 자리에 앉았다.

　무슨 이유 때문인지는 알 수 없지만, 검사는 재판이 이대로 흘러가도록 내버려 두지 않겠다고 각오한 것 같았다. 그는 나이 든 여자와 대치했고 날카롭게 반대 심문을 시작했다. 검사는 그녀의 아들인 피고가 그냥 유죄가 아니라 **아주** 유죄, 아주 많이 유죄, 이 법정에서 재판받은 사람 중 가장 큰 유죄로 판결받기를 바라는 것 같았다.

　검사는 증인으로 나선 피고인의 어머니를 깎아내리려고 하면서 과잉 살상이 뭔지를 제대로 보여주었다. 그는 나이든 여자를 괴롭히고 다그치며 질문하고, 소리치며 질책했다. 그녀는 감정을 주체하지 못하고 흐느껴 울었다. 그녀는 훌쩍거리며 눈물을 닦으려다가 안경을 떨어뜨렸다. 그런데 뒷걸음질을 치던 검사가 실수로 뒷굽으로 안경을 밟아 부서뜨리고 말았다.

　판사는 서둘러 휴정을 선언하면서 내게 오열하는 여자가 증인석에서 내려가도록 도와주라고 손짓했다. 그래서 나는 그렇게 하면서 무심코 배심원석을 흘끗 쳐다보았다. 나는 그 순간 놀랍게도 다음에 일어날 일을 알아차렸다. 배심원단은 검사를 혐오했다. 나는 그들의 생각을 읽을 수 있었다.

　'저 가엾은 피고 어머니는 범죄자 아들을 둔 것만으로도 충분히 안됐어. 그런데 저 괴물 검사가 저렇게 심하게 다루기까지 하다니?'

배심원들은 무죄 평결 쪽으로 금세 마음을 바꾸었다. 그 당시 내가 따낸 몇 안 되는 승소 중 하나였다.

잘못된 판결에 대해 날 비난하진 말기 바란다. 나는 그 사건에서 승리한 게 아니다. 상대측에서 실패한 것이다. 왜? 검사의 행동 때문에 배심원들이 검사 혹은 검사가 제시하려고 했던 핵심 포인트에 동감하지 않았기 때문이다. 그래서 배심원들은 제시된 증거와 반대되는 평결을 내렸다.

동일시는 (좋은 쪽이든 나쁜 쪽이든) 사람들이 생각하는 것보다 더 자주 협상과 의사결정에 있어 커다란 역할을 한다. 그 때문에 다른 사람에게 친절하게 행동하고 도움을 주려고 애쓰는 일은 고비사막에서 물 한 병을 들고 있는 것과 같은 효과를 낸다.

10. 도덕성의 힘

서양 국가에서 자란 사람들 대부분은 비슷한 윤리, 도덕 기준을 갖고 있을 것이다. 학교나 교회를 다니면서 배우고, 가정에서 행동을 통해 알게 된다. 비즈니스 세계에서나 거리에서 지인들을 통해 배우는 것들도 있다.

공정성에 대해 우리가 갖고 있는 개념은 저마다 어느 정도는 비슷할 것이다. 우리가 하는 일이 인류에게 혹은 '사람들에게'

유익하다는 생각이 들지 않는데 그냥 계속 그렇게 살아가는 사람은 거의 없을 것이다.

그 때문에 사람들에게 무조건 도덕성을 요구하는 방법이 종종 먹힌다. 방어나 가식 없이 사람들의 자비를 구한다면 그들은 굴복할 것이다. 왜 그럴까? 그들은 당신에게 공감하고, 정말로 무방비한 사람들을 이용해먹기를 망설이기 때문이다.

누군가 법적으로 유리한 위치에 있고, 이론적으로 당신을 짓밟을 수 있더라도 당신이 "원하는 대로 하세요. 하지만 그게 옳은 일인가요?"라고 말하며 자비를 호소한다면 싸울 기회가 생길 수 있다. 이것은 사법 제도에서도 먹힌다. 피고인들은 때때로 법정에서 자비를 호소하고 법정은 자비를 베푼다.

예를 들어, 판사 앞에 선 어느 피고인이 간청한다.

"판사님, 저를 오랫동안 철창 안에 가둬두는 게 옳은 일일까요? 저는 집에 어린아이 3명이 있습니다. 아내도 있습니다. 저를 감옥에 보내시면 제 **가족들에게** 벌을 주는 것일 뿐입니다.

판사님, 제가 벌을 받는 것은 얼마든지 괜찮습니다. 하지만 그 오랜 수감 생활이 제 가족에게 어떤 영향을 미칠지 생각해보세요. 저는 이런 범죄를 저질렀으니 영원히 감옥에서 썩는다고 해도 할 말이 없습니다. 하지만 그게 선량한 제 가족들에게도 옳은 일일까요?"

그렇게 하면 판사가 형량을 결정하기 전에 조금 더 시간을 들여 깊게 고민할 것이다.

이런 종류의 호소가 다른 문화권에서 다른 가치를 가진 사람들에게 먹힐까? 아니다. 이런 호소가 완전히 다른 사고를 가진 이들에게 먹힐까? 아니다.

우리와 다른 방식으로 프로그램된 사람들, 가령 이슬람 시아파 원리주의자들은 우리의 용서에 대한 개념, 한쪽 뺨을 맞았을 때 다른 쪽 뺨을 내밀고 먼저 화해를 청하는 개념을 이해하지 못한다. 그들이 이해하는 것은 힘과 기회주의, 복수다. 그런 사람들에게 속지 마라. 거래할 때에는 **상대방이** 기준으로 삼고 있는 개념을 바탕으로 삼아야 한다.

하지만 당신이 접촉하는 사람 대부분은 당신과 배경을 공유한다. 예를 들어 당신 혹은 당신의 배우자, 상사, 부하 직원과 가깝게 지내는 사람이 당신을 부당하게 대우하고 깎아내리고 비열한 짓을 하고 비겁하게 복종시키고 약속한 것을 행하지 않는다면, 상대에게 그것이 정당하고 옳은 행동인지 물어라. 그 질문은 가장 세속적이고, 이기적이며 질릴 대로 질린 행동까지도 흔들어놓을 것이다. 다른 어떤 말도 거기에 비할 수 없다.

11. 전례의 힘

시어스 냉장고 상황에서 대부분 사람은 정찰제 매장에서는 협상을 할 수 없다고 믿는다고 말했다. 그러면서 나는 전례의 힘에 대해 언급했다. 내가 그들에게 왜냐고 묻는다면 그들은 이렇게 대답할 것이다.

"그럼 왜 거길 정찰제 매장이라고 부르겠어요?"

그럼 나는 이렇게 말한다. 당신의 한정된 경험이 보편적인 진실인 것처럼 행동하지 말라. 당신의 경험 밖으로 나가 당신이 세운 가정을 테스트해보라. 케케묵은 방식 안에 자신을 가두지 말라.

자신을 가두거나 다른 사람들에 의해 가둬지기는 쉽다. 전례의 힘은 "소동을 일으키지 마라"라든가 "성공을 가지고 언쟁할 수는 없다", "우리는 항상 이런 식으로 해왔어"라는 측면을 기반으로 두기 때문이다. 이 힘은 현재 하는 일은 이런 방식으로 혹은 이전에 했던 방식대로 하라고 압력을 가한다. 현재나 과거의 관습, 정책, 관행은 신성하게 여겨진다. 전례의 힘은 그 일을 그 방식**대로만** 하라고 말한다. '변화'는 불결한 단어로 여긴다.

예를 들어 워싱턴의 새 대통령, 비즈니스의 새로운 사장, 설립된 지 오래된 조직의 새 리더에게 가장 골치 아픈 업무는 과거의 관행을 뼛속까지 바꾸는 일이다.

1968년 선거 이후, 리처드 닉슨은 이렇게 발표했다.

"이제 큰 정부는 과거로 보내고 주머니에서 작은 정부를 꺼내야 할 때입니다!"

몇 주 후, 그는 미국 역사상 가장 큰 규모의 연방 예산을 제안했다.

하지만 전례의 힘에는 또 다른 측면도 있다. 전례의 힘은 변화를 위한 구실로 이용되기도 한다. 미국 자동차 노동자 연합에서 7퍼센트 임금 인상을 요구할 때, 캐나다 자동차 노동자들은 미국의 경우를 예로 들며 같은 수준의 임금 인상이 정당하다고 주장하여 협상에서 승리를 거머쥐었다. 그들이 내세운 논리는 단순했다.

"우리의 본보기가 있다. 그들은 얻어냈다. 우리도 얻어내야 한다."

테네시주 멤피스 시장은 파업하는 경찰관과 소방관을 해고하겠다고 발표했다. 그들은 파업했고, 일자리를 잃었다. 며칠 후, 분위기가 안정되자 시장은 그들을 복직시켰다. 이어 시카고에서도 소방관들이 파업했다. 그들은 일단은 해고되더라도 상황이 안정되면 다시 복직될 거로 생각했다. 그 후에 일어난 일은 그들이 예상한 대로였다.

달리 말하면, A 지점에 있는 사람들이 뭔가를 했을 때 B 지점의 사람들이 거기에 대해 배운다면 그것은 B 지점의 사람들이 행동하는 데 영향을 미친다. 정보는 빠르게 퍼진다. 우리는 모두 같은 방송국 채널을 본다. 그래서 당신이 어떤 상황을 통제하려고 하는데, A에서 일어난 일이 B에서 일어나는 일에 영향을 미치길 원치 않는다면 B의 사람들에게 그들의 시스템과 A의 시스템이 어떻게 다른지를 보여주어야 한다.

이 전례의 힘에 '끌려가지' 않으려면 이 힘을 당신에게 유리하게 사용하라. 당신이 하는 일, 요구하는 일을 정당화하고 싶다면, 항상 당신이 현재 하는 일과 비슷한 다른 상황, 당신 혹은 다른 사람들이 이미 이렇게 저렇게 했던 일, 당신이 원하는 결과를 이끌어냈던 일에 대해 언급하라.

예를 들어 당신은 아울렛 매장에서 어떤 물품의 가격을 당신이 원하는 수준으로 협상하려고 한다. 판매 직원은 이렇게 말할 것이다.

"죄송하지만 저희는 가격을 흥정하지 않습니다."

어떻게 할 것인가? 당신은 이렇게 말한다.

"잠깐만요. 흥정**하던데요?** 2주 전에 여기 하드웨어 코너에서 망치를 하나 샀어요. 그런데 망치가 좀 깨져 있어서 점원이 2달러를 할인해줬다고요!"

전통이 비논리적이라고 해도 잘 알려진 전통의 구속력 있는 '논리'를 이용하라. 가전제품이나 자동차를 구매하려고 한다면 이렇게 말하라.

"올해 모델 말고, 작년 모델을 사고 싶어요."

왜 이렇게 말해야 하는가? 작년 모델이 완전히 새것이라 해도 올해 모델보다는 훨씬 싸다는 사실을 모두가 알고 있기 때문이다. 작년과 올해 냉장고 모델의 차이점이 뭔 줄 아는가? 아마도 안정판이 있고 없고의 차이일 것이다. 금전적인 관점에서 보면 이 제품을 전혀 사용하지 않았을 경우 할인을 해주는 게 이치에 맞지 않는 것 같다. 하지만 전통과 전례는 당신에게 훨씬 유리하게 되어 있다. 그 점을 이용하라.

12. 집요함의 힘

집요함은 탄소를 주입해 강철을 만드는 힘과 같다. 제방을 갉아먹는 쥐도 충분히 오래 그 일을 하면 온 나라를 물에 잠기게 할 수 있다.

사람들은 대부분 협상을 할 때 충분히 집요하지 않다. 상대측에 뭔가를 제시하고 나서 상대가 당장 '구매'하지 않으면 어깨를 으쓱하고 다른 것으로 넘어간다. 당신도 그런 사람이라면 바꾸길 제안한다. 버티는 법을 배워라. 집요해져라. 이 점은 지미 카터 대통령의 놀라운 능력이었다. 그는 집요했고 확고부동했다. 놀라울 만큼 집요했다.

나는 지미 카터 대통령을 대단히 도덕적이고, 예의 바르고, 도덕적인 사람이라고 생각한다. 하지만 동시에 그는 미국 역사상 가장 재미없는 리더였다. 그와 함께 15분만 있으면 졸음이 올 것이다. 누군가가 이렇게 말한 적이 있다.

"카터가 난롯가에 앉아 이야기를 시작하면 불도 꺼져버린다."

간단히 말하면, 그가 방 안에 들어가면 누군가가 방금 떠난 것 같은 분위기가 된다.

하지만 그는 메릴랜드 힐스에 있는 한적한 대통령 별장에서 이집트의 안와르 사다트와 이스라엘의 메나헴 베긴과 함께하면서 이런 면을 카리스마로 바꿔 효과적으로 사용했다.

캠프 데이비드는 **절대** 서양 세계의 소돔과 고모라가 아니다. 자유분방한 사람들을 위한 사교적인 장소라고는 할 수 **없다.** 적당히 사는 사람들을 위한 곳마저도 아니다. 거기서 가장 흥미진진한 활동은 솔방울 냄새를 맡는 것이다.

지미 카터는 그런 사실을 알고 '수용할 수 있는 최소의 결과'를 얻어내려고 했다. 그는 현명하게도 그곳에 사람은 14명인데 자전거는 겨우 두 대밖에 없으며 다른 레크리에이션 시설도 턱없이 부족하다는 사실을 깨달았다. 사람들은 연장된 체류 기간 동안 저녁마다 재미없는 영화 세 편 중 한 편을 골라 봐야 했다. 모두가 같은 영화를 두 번씩 봤고 지루해 죽을 지경이었다.

하지만 사다트와 베긴은 매일 오전 8시에 오두막의 문을 두드리는 친숙하고 단조로운 목소리를 들어야 했다.

"안녕하세요. 지미 카터입니다. 오늘도 또 다른 하루가 시작되었네요. 또 지루한 일들을 열 시간 동안 계속해봅시다."

이렇게 13일을 보내다 보면 당신이 사다트와 베긴이었더라도 거기서 빠져나가려고 아무 데나 서명을 해버렸을 것이다. 캠프 데이비드의 평화 협정은 지미 카터의 인내와 집요함 덕분에 체결된 대표적인 성과였다.

여러분이 캠프 데이비드 평화 협정에 관련되지는 않을 것이다. 하지만 개인적으로 다른 여러 상황에 처할 수 있다. 보험 회사와 청구 문제로 대립하는 경우를 보자. 당신의 6년 된 자동차는 상태가 아주 훌륭한데 사고로 완전히 망가졌다. 장부 가격은 500달러밖에 되지 않는다. 하지만 당신은 800달러 이하로는 차를 내놓을 수 없다. 그 장부는 그저 흰 종이 위에 써진 검은 글자일 뿐이다.

어떻게 해야 하는가?

보험 회사에 800달러 이하로는 받아들일 수 없다고 단호하게 전달해야 한다. 이렇게 말하라.

"필요하다면 법정에라도 가겠어요. 재판 비용이 얼마가 들더라도, 언론에 제보해서라도 끝까지 할 겁니다!"

당신의 재판 비용과 언론 제보에 대한 언급에 손해 사정인의 귀가 번쩍 뜨일까? 당신이 가장 좋아하는 버번위스키 한 병을 걸어도 좋다. 그는 소송이 뭘 의미하는지 잘 안다. 연기, 불확실성, 정부 기관과 주 보험부로부터의 질의, 청구인을 다루는 방식에 있어 회사 평판의 손상 등…. 또한 소송에는 법률 비용이 수반된다는 사실도 안다. 다른 데 투자했더라면 수익을 가져올 수도 있는 비용이다.

보험 회사가 법정에서 당신 얼굴을 대면하길 꺼려하는 데에는 실질적인 고려 사항이 작용한다. 증거 제시가 불가능한 점에서부터 변호인단의 등골이 빠지는 엄청난 작업량에 이르기까지 그 사항은 여러 가지다.

당신은 800달러를 얻어낼까? 그렇다. 손해 사정인과 그의 상사에게 계속 이야기하고 메일을 쓰고 추가 정보(수리 비용과 영수증)를 제공해 당신의 자동차가 장부의 범위 내에 있지 않은 '유일한 자동차'임을 정당화한다면 말이다. 집요함은 성과를 가져온다.

13. 설득의 힘

문명화된 사회에서 우리 대부분은 일을 실현시키기 위해 추론 능력에 강하게 의존한다. 우리는 논리가 승리한다는 믿음을 키

위왔다. 논리는 그 자체로는 사람들에게 거의 영향을 미치지 않는다. 대부분의 논리는 작동하지 않는 경우가 많다.

당신이 나를 설득해서 뭔가를 믿게 하거나 사게 하고 싶다면 당신은 3가지 요인에 의존해야 한다.

1. 내가 당신이 하는 말을 이해해야 한다. 당신은 논리를 사용해 나의 경험, 특별히 각인된 생각 따위를 유추해내야 한다. 그러려면 나의 세계로 들어와야 한다(그렇기 때문에 멍청이나 미치광이와 협상하는 일은 매우 어렵다).

2. 당신이 내세운 증거가 너무나 압도적이어서 내가 반박할 수 없어야 한다.

3. 당신의 말이 나의 필요와 요구 사항을 충족한다고 내가 믿어야 한다.

이 3가지 요인 중에서 세 번째 요인(나의 필요와 요구를 충족시키는 것)이 단연코 가장 중요하다. 왜 그렇게 말하냐고? 당신이 아무리 내가 이해할 수 있는 압도적인 증거를 제시하더라도 나는 그 결론에 시큰둥하고 여전히 설득되지 않을 수 있다. 당신의 사실과 논리가 완벽하더라도 그것이 나의 현재 필요와 요구 사항을 충족시키지 않으면 나는 그것을 받아들이지 않는다. 십대

청소년을 둔 부모는 비논리적 현상을 누구보다 더 잘 이해하지만 이는 설득이 실패하는 가장 큰 이유이기도 하다.

행동에 동기를 부여하는 광고 산업 비즈니스는 이 개념을 잠재적 소비자들에게 영향을 미치는 데 이용한다. 여러분은 텔레비전에서 데오도란트 광고를 본 적이 있을 것이다. 양쪽 겨드랑이에 치익-치익- 스프레이를 뿌리면 당신 몸에 24시간 지속되고 보이지 않는 방패막이 형성된다.

광고주는 우리가 그 광고를 이해하는지 아닌지, 그의 요구를 지지할 확신이 있는지 없는지 신경 쓰지 않는다. 광고주는 단지 이 스프레이가 어떻게 **당신의** 필요와 요구를 충족시키고 사회적으로 수용이 가능한지 보여주고 싶어 한다.

솔직히 말하겠다. 나는 그 광고가 이해가 가지 않는다. 보이지 않는 방패막 이론을 지지해줄 증거도 없다. 보이지 않는 방패막도, 그런 걸 가진 사람도 보지 못했다. 단지 보이지 않는 방패막이라서가 아니다! 하지만 나는 보이지 않는 방패막이 날 둘러싼다는 사실을 **믿고** 싶다. 방패막을 믿으면 안심이 되고 어떤 상황에서도 자신감을 갖게 될 테니까.

예를 들어, 우리는 어떤 모임에서 만났고, 내가 당신에게 뭔가 사적으로 말을 건네려고 당신 쪽으로 몸을 기울인다. 당신은 약간 뒤로 물러선다. 미리 데오도란트를 뿌려두지 않은 나는 당신의 동작을 보면서 내게 개인적, 위생적인 문제가 있다고 여길 수 있다. 하지만 나를 감싸고 있는 보이지 않는 방패막의 효과가 20시간 더 지속된다면 나는 당신과 함께 온 당신 옆 사람에게 문제가 있다고 생각할 것이다.

이야기를 더 해보자면, 사람들은 몇백 년 동안 태양이 지구 주위를 돈다고 생각해왔다. 사람들은 지구가 우주의 중심이라고 확신했다. 그런데 코페르니쿠스라는 똑똑한 사람이 나타나 태양계에 대한 새 이론을 제시하며 그 확신을 뒤흔들려고 했다. 그는 지구가 태양 주위를 돈다고 딱 잘라 말했다.

당시 영향력 있는 사람들은 하품하며 고개를 끄덕였다. 그들은 추상적이고 지적인 방식으로 코페르니쿠스를 이해했다. 그의 논리는 분명 압도적이었다. 멍청이들만 그의 증거에 이의를 제기할 수 있었다.

하지만 그의 발견은 누구의 인생에도 아무 변화를 가져오지 않았기 때문에 아무도 그의 이론을 직관적으로 받아들이지 않았다. 오히려 하품할 정도로 지루해했다. 지구가 태양 주위를 돈다는 사실은 고양이가 쥐를 먹는다는 사실만큼도 중요하지 않아 보였다.

어느 날, 누군가가 불쑥 말한다.

"이봐, 잠깐만! 이 천문학이라는 새로운 과학 분야를 우리가 이용할 수도 있어! 그거 알아? 바다로 항해를 떠날 수도 있지! 사람들을 뽑아서 먼 땅으로 보내면 실업률을 줄일 수도 있고,

이교도들을 만나면 그 땅을 정복하고 지배하고 착취할 수도 있을 거야. 금과 은을 많이 채취해서 이곳으로 가져올 수도 있지! **그러면** 우리의 필요와 요구 사항을 채울 수 있을 거라고!"

사람들은 하품을 멈춘다. 다른 누군가가 말한다.

"지난 이론은 잊어버려. 우리는 폴란드인 코페르니쿠스의 이론을 따를 것이다!"

과학은 다시 전진한다.

교훈 사람들을 설득하고 싶다면 당신이 하는 말이 **상대방의 필요와 요구**를 어떻게 충족시키는지 직접적인 관련성과 가치를 제시하라.

14. 태도의 힘

누구를 위해 협상한다고 할 때 가장 최악의 인물은 누구인가?

자기 자신이다.

다른 사람을 위해 협상한다면 훨씬 더 잘 할 수 있다.

왜 그럴까?

어떤 협상을 하든 사람은 **자신의** 문제는 너무 심각하게 받아들이기 때문이다. 스스로를 위해 협상할 때 당신은 자기 자신에 관해 너무 많이 신경을 쓸 것이다. 그래서 압박감을 느끼고 스트레스를 받는다.

다른 사람을 위해 협상에 나설 때는 마음이 훨씬 편안하다. 좀 더 객관적이 된다. 그렇게 많이 신경 쓰이지 않는다. 그 상황이 재미있거나 게임처럼 여겨지기 때문이다. 실제로 협상은 게임이 **맞다.**

누구나 개인적으로 관련된 일에는 너무 많은 신경을 쓰게 된다. 최근에 나는 해외 주거래 은행을 위한 대규모 재정 협상을 맡았다. 몇백만 달러가 걸린 거래였고 모두가 긴장을 늦추지 않았다. 나만 빼고. 나는 여유롭게 여행을 즐기며 맑은 정신으로 생각했다.

내가 그렇게 큰 협상 건을 맡고 어떻게 그렇게 침착할 수 있었을까? 그 협상에 돈이 걸려 있는 사람은 내가 아니라 은행 사람들이었기 때문이다. 입장을 바꿔 생각했을 때, 일이 잘못되어 몇백만 달러를 잃는다면 나도 걱정이 많았을 것이다(나는 내가 어떨지 너무나 잘 안다). 하지만 나는 일당을 받고 있었기 때문에 내 태도는 이런 식이었다. "하루에 돈 얼마 더."

나는 그들의 재정 협상을 재미있는 게임으로 여겼다. 물론 나도 신경이 쓰이기는 했지만 그렇게까지 많이 쓰이지는 않았다. 하지만 집으로 돌아와 딸의 성적표를 받았을 때, 재미와 게임은 끝이었다. 식탁에서 이루어진 가족과의 협상은 심각했고, 나는 신경을 너무 많이 썼기 때문에 해외에서 했던 것처럼 잘 해냈는지 확신할 수 없었다.

직업을 포함해 모든 만남과 상황을 게임이나 판타지 세계라고 생각하라. 조금 뒤로 물러나 그냥 즐겨라. 최선을 다하되 모든 게 원하는 대로 전개되지 않는다고 해서 무너지지 마라. 어떤 일이든 보기와는 다르다는 사실을 기억하라. 영화배우 오스카 레반트는 말했다.

"가짜 양철을 벗겨 내면 그 아래에 무엇이 있을까? **진짜** 양철이 있다."

모든 협상에 있어서 이렇게 말하는 연습을 하라.

"이게 잘못되면 내 인생이 끝장날까?"

이 질문에 대한 답변이 '아니다'라면 이렇게 말하는 연습을 하라. "그게 무슨 대수야!" "누가 상관해?" "그래서 뭐?" 신경을 쓰지만 그렇게 많이 신경 쓰지 않는 태도를 길러라. 미국 극작가 유진 오닐은 말했다.

"이 작품은 하나님 아버지의 시선으로 보면 기묘한 막간극에 불과하다."

일에서든 아니든 모든 협상과 만남이 '게임'일 뿐이라고 생각하는 다소 건강하고 즐거운 태도를 기르면 3가지 이점이 있다.

1. 항상 에너지 넘치고, 더 많은 에너지를 얻게 된다. 항상 일을 즐기면서 할 수 있기 때문이다. 힘든 하루가 끝날 때쯤에 쓰러질 듯한 피로감을 느끼다가, 그 피로감이 누군가 재미있는 게임으로 여겨지는 무언가를 제안할 때 폭발적인 활력으로 전환되는 경험을 한 적이 있을 것이다.

2. 스트레스가 줄어든다. 혈액 내 요산 수치가 줄고 고혈압 위험이 줄어든다. 건강 상태가 좋아져 조깅하는 횟수를 줄여도 된다. 일이 즐거워지면 불안감도 탁구를 칠 때 같은 수준으로 낮아질 것이다.

3. 더 나은 결과를 얻게 된다. 당신의 태도가 힘과 인생에 숙달된 느낌을 전달하기 때문이다. 당신은 자신감을 발산하며 당신의 옵션을 보여주게 되고, 사람들은 당신을 따르기 시작한다.

아이러니하게도 이런 태도를 특히 잘 드러내는 사람은 한 유명 목사다. TV와 라디오 스타이기도 한 아이크 목사는 특이한 스타일과 메시지로 많은 추종자들을 끌어들였다. 그는 '돈의 힘'을 설파하며 종종 청중들에게 '하나님께 헌금을 많이 드리길' 촉구했다.

어느 날 그는 신도들 사이를 걸어 다니며 계속해서 말했다.

"걱정하지 마십시오. 아무 걱정할 것 없습니다."

한 교인이 손을 들고 말했다.

"아이크 목사님, 목사님은 모르세요. 제겐 심각한 문제가 있습니다. **저는** 걱정을 안 할 수 없어요."

목사는 쿨한 태도로 대답했다.

"뭐, 잊어버리세요."

"아니, 아니요! 그럴 수 없어요. 이건 심각한 문제예요. 걱정된다고요."

목사가 말했다.

"말해봐요. 뭐가 그렇게 문제죠?"

교인이 말했다.

"은행 문제요. 저한테는 6천 달러 은행 빚이 있어요. 대출이 내일 만기예요. 그런데 갚을 돈이 하나도 없어요. 너무 걱정이 된다니까요."

아이크 목사는 한 박자도 놓치지 않고 말했다.

"착한 분이군요. 왜 걱정을 합니까? 심각한 건 그 은행이죠!"

아이크 목사의 조언은 오래된 농담을 흉내 낸 듯한 의심을 지울 수가 없지만 그런 태도가 이점이 많은 것은 사실이다.

여기까지 힘에 대해 자세히 살펴보았다. 이제 모든 협상에서 가장 중요한 3가지 변수를 복습해보겠다.

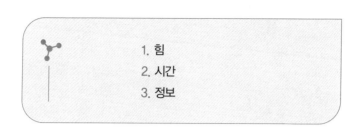

1. 힘
2. 시간
3. 정보

이제 시간에 대해 알아볼 시간이다.

5

시간:
협상은 인내심 싸움이다

끝나기 전에만 도착하면
절대 늦은 게 아니다.

제임스 J. 워커

시간은 흐른다. 이는 자명한 이치다. 시간은 우리가 뭘 하든 모든 사람에게 같은 속도로 움직인다. 우리는 시간을 통제할 수 없기 때문에 시간의 흐름이 협상 과정에 어떻게 영향을 미치는지 살펴보아야 한다.

사람들은 협상에 시작과 끝이 분명히 있는 것처럼 말한다. 만약 그렇다면 정해진 시간의 틀이 있을 것이다. 어느 날 오전 9시에 협상이 시작된다고 해보자. 기한이 지난 임금 인상 요청 건으로 상사와 미팅 약속을 잡았다. 그런데 상사의 비서가 상사는 다음 몇 시에 다른 미팅이 있다고 알려준다. 이제 당신은 시간제한이 있다는 사실을 안다. 당신은 미팅을 오전 10시까지 끝내야 한다고 생각한다.

다음 일화는 협상의 시작점인 G(당신이 사무실에 들어가는 시점)와 종료점인 K(상대가 일어서서 당신을 문으로 안내하는 시점)를 묘사한다. 이 종료점을 우리는 보통 마감 시한이라고 부른다. 이 얼마나 불길하게 들리는 말인가?

이 시점이 정확하다고 가정하면 가장 큰 양보는 언제 일어날까? G, H, I, J? 사실상 모든 협상에서 양보는 J와 K 시점 사이, 마감 시한에 근접했을 때 가장 많이 일어난다. 합의와 타결은 K 시점(또는 거의 L 시점), 즉 마감 혹은 그 이후에야 일어난다.

다시 말해 상사가 당신과의 협상 건의 장점을 인지하고 최종적으로 임금 인상에 동의해준다면 그 결정은 오전 9시 55분쯤에 내려질 것이다. 모든 행동은 막판에 일어난다는 사실은 모든 협상에 해당된다.

대부분 사람들은 소득세 신고서를 언제 제출할까? 비서에게 보고서를 7일 안에 타이핑하라고 말하면 언제 완성될까? 학기말 리포트 쓸 기간을 두 달 주면 학생들은 언제 리포트를 제출할까?(제출은 차치하더라도 리포트를 언제부터 쓰기 시작할까?) 심지어 미의회같이 규율을 잘 따르고 책임감 있는 집단에서도 휴회 직전에 법을 통과시킨다.

그러므로 어떤 협상에서든 가장 큰 양보와 합의는 마감이 임박했을 때나 기대해볼 수 있다. 그렇다고 해도, 나는 당신의 마감 시한을 아는데 당신은 나의 마감 시한이 언제인지 모른다면? 누구에게 유리한가? 당신은 시간을 문자 그대로 받아들이는 사람이고(써 있는대로 지켜야 한다고 믿는 사람) 나는 시간에 대해 유연한 사람이라면("이게 마감이고, **진짜** 마감은 따로 있지") 누구에게 유리할까? 당연히 나일 것이다. 당신이 마감 시한으로 인지하고 있는 시점에 가까이 다가갈수록 당신의 스트레스 지수는 증가하고 결국 양보를 할 것이기 때문이다.

내 마감 시한도 당신의 마감 시한과 별 차이 없긴 하지만 당신이 초조해하는 모습을 보면 나는 당신에게 무언가를 양보하는 일을 뒤로 미루게 된다. 다음 이야기를 들으면 내가 얼마나 힘들게 이 개념을 배웠는지 알 수 있을 것이다.

20년 전, 나는 다국적 기업에 고용되었다. 관리직으로서 나의 주요 업무는 상사들의 "이봐, 코헨, 설탕 둘, 크림 둘 부탁해!"라는 말로 축약할 수 있다. 코미디언 로드니 데인저필드의 유행어대로 "나는 항상 푸대접이야!"였다.

윗사람들 커피를 픽업하면서 나는 해외 출장에서 이국적인 이야기를 가득 담고 돌아온 사람들을 만났다. 가끔은 업무 시작 전에 아침 식사를 하면서 그들과 만나기도 했다.

내가 묻는다.

"이번엔 어디 갔다 왔어요?"

1명이 말한다.

"아, 싱가포르에서 막 돌아왔어요. 900만 달러짜리 거래를 성사시켰죠."

그러고는 다른 사람에게 묻는다.

"어떻게 지냈어요?"

그가 말한다.

"아, 난 아부다비에 갔다 왔어."

난 아부다비가 어디 있는지도 몰랐다. 그 사람들이 조심스럽게 묻는다.

"넌 어디 갔다 왔어?"

내가 무슨 말을 할 수 있었겠는가?

'글쎄, 동물원에 갔다 왔고… 수족관도 갔죠. 그보다는 식물원에 가고 싶었는데.'

난 할 말이 없었다. 젊은이들에게는 '영웅담'이 필요한 법이다. 나는 금요일마다 상사를 찾아가 계속 애원했다.

"제게도 큰 건을 맡을 기회를 주세요. 저도 밖에 나가 활동하게 해주세요. 협상가가 되게 해주세요."

나는 계속 상사를 졸랐다. 마침내 그가 허락했다.

"좋아, 코헨. 도쿄로 보내줄 테니 일본인들과 거래해봐."

너무 기뻤다. 나는 잔뜩 흥분해서 말했다.

"지금이야! 운명이 날 부른다! 일본인들 다 쓸어주겠어. 그런 다음 전 세계로 뻗어나가는 거야!"

일주일 후, 나는 14일간의 협상을 위해 도쿄행 비행기에 몸을 실었다. 나는 일본인들의 사고방식, 심리에 관한 책들을 전부 가져갔다. 나는 계속해서 되뇌었다.

"진짜 잘 해낼 거야."

비행기가 도쿄에 착륙하고 나는 빨리 나가고 싶어 몸이 근질거린 나머지 승객 중 가장 먼저 나와 램프를 내려왔다. 램프 아래서 일본 남성 2명이 나를 기다리고 있다가 공손하게 고개 숙여 인사했다. 마음에 들었다.

2명은 나의 세관 통과를 도와주었고 나를 커다란 리무진으로 안내했다. 나는 리무진 뒷좌석을 뒤로 눕혀 편안하게 앉았다. 그들은 접이식 의자에 뻣뻣한 자세로 앉아 있었다. 내가 넓은 마음으로 제안했다.

"이쪽에 와서 앉지 그래요? 뒤에 자리도 많은데."

그들이 대답했다.

"아, 아니에요. 선생님은 중요한 분이시니까요. 편하게 쉬셔야죠."

그것도 마음에 들었다.

리무진이 이동하자 1명이 물었다.

"그런데 언어는 좀 아시나요?"

내가 대답했다.

"일본어 말씀이신가요?"

그가 말했다.

"네, 맞아요. 그게 일본에서 쓰는 언어죠."

내가 말했다.

"아, 아니요. 그래도 표현 몇 가지는 배우고 싶어서 사전도 가져왔어요."

그의 동료가 말했다.

"돌아가는 비행기 시간 맞출 수 있을지 걱정되세요?"

(그때까지만 해도 나는 그런 걱정은 전혀 하지 않고 있었다.)

"저희가 돌아가실 때도 공항까지 이 리무진을 이용하실 수 있게 일정을 잡아놓겠습니다."

나는 속으로 생각했다.

'정말 사려 깊은 분들이군.'

나는 주머니에서 돌아가는 비행기 티켓을 꺼내 그들에게 건넸다. 리무진이 언제 날 데리러 와야 하는지 알 수 있도록. 그때 나는 깨닫지 못했지만 이제 그들은 나의 마감 시한을 알게 되었고, 나는 그들의 마감 시한이 언제인지 몰랐다.

그들은 당장 협상을 시작하지 않고 내게 일본식 접대와 문화를 경험하게 해주었다. 일주일이 넘도록 나는 황궁에서부터 교토 신사까지 온 나라를 돌아다녔다. 심지어 절에서 일본식 종교에 관해 배울 수 있는 영어 강좌까지 들었다.

아침마다 4시간 반 동안 나는 마룻바닥에 방석을 놓고 앉아 전통 식사와 놀이를 체험했다. 몇 시간 동안 딱딱한 마룻바닥에 앉아 있는 게 상상이나 가는가? 이렇게 해서도 치질에 안 걸리는 사람이 있다면 앞으로도 절대 치질에 걸릴 일은 없을 거다.

내가 협상은 언제 시작하느냐고 물어볼 때마다 그들은 말했다.

"시간은 많아요! 아주 많습니다!"

마침내 12일째 되던 날, 우리는 협상을 시작했지만 일찍 끝내고 골프를 치러 가야 했다. 13일째, 다시 협상을 시작했지만 일찍 마치고 송별회를 했다. 마침내 14일째 아침, 우리는 본격적으로 협상을 시작했다. 가장 곤란한 부분에 다다랐을 때, 날 공항으로 데려갈 리무진이 도착했다. 우리는 리무진 안에서 격렬한 논쟁을 벌이며 조건들을 협의해나갔다. 리무진이 날 터미널 앞에 세워줬을 때에야 비로소 협상이 마무리되었다.

내가 그 협상을 잘 해냈을까? 그 후로 몇 년 동안 내 상사는 그 일을 가리켜 '진주만 공습 이후 일본의 첫 위대한 승리'라고 불렀다.

나는 왜 그런 참패를 당했을까? 상대는 나의 마감 시한을 알고 있었고, 나는 그들의 마감 시한을 몰랐기 때문이다. 그들은 내가 빈손으로 집에 돌아가지 않을 것임을 정확히 예측했기 때문에 양보를 미루었다. 게다가 나는 초조해하는 모습을 보이면서 비행기 출발 시각을 반드시 지켜야 한다는 생각을 드러냈다. 그게 도쿄를 떠나는 마지막 비행기라도 되는 것처럼.

가장 경험이 풍부한 협상가들도 때로는 비슷한 술책에 넘어간다. 예를 들어 미국이 베트남 전쟁에서 손을 털고 싶어 하던 때를 기억하는가?

미국은 북베트남인들을 협상 테이블로 끌어들이기 위해 몇 달 동안 애를 썼다. 직접 호소하기도 하고 중개인을 이용하기도 했지만 아무 소용도 없었다. 북베트남인들의 주장은 이랬다.

"우리는 627년 동안 전쟁을 해왔다. 여기서 128년을 더 싸운 다고 한들 뭐 어떻겠는가? 32년 전쟁은 우리한테는 엄청 짧은 기간이다!"

미국인들은 그 말을 믿을 수가 없었다. 32년이 짧다니!

북베트남인들은 말 그대로 32년이 짧다고 말한 것일까? 당연히 아니다. 그들에게 마감 시한이 있었을까? 그랬다. 내가 도쿄에서 협상했을 때 그랬던 것처럼. 적어도 분쟁을 이 단계에서 마무리해야 한다는 압박을 받고 있었을까? 당연히 그랬다. 하지만 그들은 미국인들이 동남아시아에서 무기한 투쟁을 벌이지 않으리라는 사실을 알고 있었기 때문에 계속 허세를 부렸다.

몇 개월 동안 전투를 벌인 끝에 북베트남인들은 마침내 수그러들었다. 미국 대통령 선거를 앞두고 그들은 파리에서 평화 회담을 여는 데 동의했다. 미국은 윌리엄 에버렐 해리맨을 재빨리 대표로 파견했고, 그는 파리 중심, 방돔 광장에 있는 리츠 호텔에서 일주일 단위로 방을 빌렸다.

그때 북베트남인들이 한 일을 기억하는가? 그들은 파리 외곽에 있는 별장을 2년 반 동안 임대했다. 시간에 대한 북베트남인들의 태도가 나중에 협상 테이블에서 계속된 논쟁 끝에 마침내 합의를 이루는 데 영향을 미쳤을까? 분명히 그렇다. 돌이켜보면 왜 파리 협정이 전쟁을 성공적으로 끝맺지 못했는지, 적어도 왜 미국에 만족스럽지 못한 상태로 끝났는지 이해할 수 있다.

시간에 대해 전혀 상관없다는 태도를 보이긴 했지만 북베트남인들에게도 마감 시한은 **있었다.** 모든 '상대측'에게는 **항상** 마감 시한이 있다. 그 점에 있어서는 내 말을 신념처럼 믿어도 좋다. 협상에 대해 압박감이 전혀 없는 상대는 절대 찾을 수 없을 것이다.

하지만 상대측이 몇 번이고 계속해서 아무런 압박도 없다는 듯 행동한다면 그런 태도는 분명히 효과가 있다. 당신은 시간의 압박을 느끼기 때문에, 그리고 그 압박감은 상대가 느끼는 압박감보다 항상 더 크게 느껴지기 때문에 효과를 발휘한다. 이는 어느 협상에서나 적용된다.

시어스의 냉장고 판매 직원이 가끔씩 돌아와 "아, 결정은 하셨나요?" 하고 한 마디씩 툭 건네던 것을 기억하는가? 그 직원의 침착한 얼굴 밑에는 불안에 시달리는 인간이 숨어 있을지 모른다. 바로 그날 아침에 상사에게 이런 말을 들은 것이다.

"오늘도 냉장고 한 대도 못 팔면 내일은 쫓아낼 줄 알아."

믿어도 좋을 만한 또 다른 사실이 있다. 당신의 그리고 다른 사람들의 마감 시한은 당신이 생각하는 것보다 훨씬 더 유연하다는 점이다. 마감 시한을 누가 정하는가? 누가 당신에게 마감 시한을 부여하는가? 근본적으로는 자기 훈련이나 시간 관리의 일환으로 스스로 정한다. 당신의 상사, 정부, 고객, 또는 가족들이 영향을 미칠 수 있지만 근본적으로 **당신의 마감 시한은 당신 자신이 정하는 것이다.**

그렇다면 마감 시한을 맹목적으로 지킬 필요는 전혀 없다. 마감 시한을 무시해야 한다고 말하는 게 아니다. 마감 시한을 분석해야 한다는 것이다. 마감 시한도 협상의 산물이기 때문에 협상이 가능하다. 항상 스스로에게 물어라.

"마감 시한을 넘기면 어떻게 될까? 손해를 보거나 처벌을 받을 게 확실한가? 처벌은 어느 정도일까? 감수해야 할 위험은 얼마나 클까?"

예를 들어 미국에서 소득세 신고서 제출 기한은 4월 15일이다. 그런데 신고서 제출을 늦게 하면 어떻게 될까? 누가 총을 들고 집 문을 쾅쾅 두드리며 감옥으로 끌고 갈까? 그렇지 않다.

이 마감 시한을 분석해보자. 당신의 행동 기준은 당신이 정부에게 빚을 지고 있는지 혹은 정부가 당신에게 빚을 지고 있는지의 여부이다. 당신이 상당한 금액을 빚지고 있는데 신고서를 늦게 제출했다면 국세청은 빚진 금액에 대해 이자와 벌금을 부과하는 등의 벌칙을 부과할 것이다. 하지만 정부의 돈을 사용할 때 정부에서 얻는 수익률과 은행의 대출 수익률을 비교해보면 정부의 조건이 훨씬 더 유리할 수도 있다는 사실을 알게 된다.

진짜 해야 할 질문은 이렇다.

"당신은 누구와 비즈니스를 하고 싶은가? 높은 금리를 제시하는 지역 은행인가 아니면 합리적인 금리를 제시하는 미국 정부인가?"

나라면 이렇게 대답할 것이다.

"당연히 미국 정부지!"

정부가 당신에게 돈을 빚지고 있는데 당신이 소득세 신고서를 늦게 제출했다면 어떻게 될까? 세금 환급을 받으려면 좀 더 기다려야 하겠지만 벌금은 없을 것이다. 왜 그럴까? 국세청 입장에서는 당신이 이자를 받지 않는 것만으로도 다행이기 때문이다.

하지만 세금을 환급받게 된다는 사실을 아는 사람들은 4월 15일 자정이 되기 전에 마법의 소인을 받으려고 신고서를 제출한다. 일부는 마감 직전에 서두르느라 계산을 실수하는 바람에 결국 감사를 받으며 더 많은 시간과 비용을 들이기도 한다.

스스로에게 물어라.

"정부가 내게 빚을 지고 있는데 왜 내가 서두르는 거야?"

그런 다음 자신에게 말하라.

"환급받을 금액을 여유 있게 검토하고 다시 한 번 검산해본 다음, 편한 시간에 우체국에 가서 발송하는 거야."

앞서 본 대로, 우리의 시간에 대한 관점, 우리가 시간을 사용하는 방식은 성공에 매우 결정적인 영향을 미친다. 시간은 심지어 관계에도 영향을 미친다. 약속 시간보다 늦게 도착하면 자신 감 또는 적개심의 표현으로 받아들일 수도 있지만, 일찍 도착하면 불안해하거나 다른 사람에 대한 배려가 부족하다고 여길 수도 있다.

시간은 상황에 따라 한쪽에 유리하게 작용하기도 한다. 협상 분위기에 영향을 미칠 수 있는 이런 일시적인 해석에는 구애받지 말고, 이미 확실히 관찰이 이루어진 부분에 대해 반복해 되새길 필요가 있다.

1. 모든 양보 행동과 합의는 마감 시한에 이르러 혹은 마감 시한을 지나서 일어나므로 인내심을 가져라. 싸우거나 도피하지 않고 긴장을 유지할 수 있는 능력이야말로 진정한 힘이다. 자동으로 방어를 유지하는 법을 배워라. 침착하면서도 경계를 늦추지 않고 행동에 유리한 순간을 주시하라. **인내하면 대가를 얻는다.** 뭘 해야 할지 모를 때는 아무 일도 하지 말아야 한다.

2. 적대적인 협상에서 최선의 전략은 상대측에 당신의 진짜 마감 시한을 드러내지 않는 것이다. 마감 시한은 협상의 산물이므로 사람들의 생각보다 훨씬 더 유연하다는 사실을 항상 마음에 새겨라. 절대로 마감 시한을 맹목적으로 따르지 말고 시한이 다가오거나 임박했을 때

혹은 시한을 넘겼을 때 당신에게 어떤 이익과 손실이 있는지 평가하라.

3. '상대측'이 겉으로는 침착하고 평온해 보일지 몰라도 그들에게도 마감 시한은 있다. 대부분은 그 고요함 뒤에 엄청난 스트레스와 압박감을 감추고 있다.

4. 당신에게 확실히 유리한 상황이 아니라면 서두르지 마라. 일반적으로 최고의 결과는 빨리 얻어지지 않는다. 천천히 참을성 있게 행동할 때에만 최고의 결과를 얻는다. 마감 시한에 가까워질 때 힘의 재편이 일어나기도 한다. 상대측은 창의적인 해결책을 제시하거나 적대적으로 나오기도 한다. 사람은 바뀌지 않지만 시간이 흐르면서 상황이 달라진다.

힘과 시간에 대해 살펴보았으니 이제 다음 단계인 정보로 넘어가보자.

6 정보:
상대가 말하지 않는 정보까지 캐내라

어떤 이들은 비를 느끼고,
다른 이들은 비를 맞는다.

로저 밀러

정보는 문제의 핵심이다. 정보는 성공이라는 금고의 문을 열 수 있다. 이는 우리가 내리는 결정과 현실 평가에 영향을 미친다. 그런데 왜 우리는 적합한 정보를 얻는 데 실패할까? 사람들과 접촉하는 협상을 제한된 행위나 사건으로 여기는 경향이 있기 때문이다. 위기나 '중요한 사건'이 발생하기 전까지는 우리에게 정보가 필요할 거라는 사실을 예측하지 못한다. 이 때문에 연속적인 기능 이상이 초래된다.

우리는 긴급 상황이나 마감 시한이 닥쳤을 때에만 협상이 시작되었다고 여긴다. 우리는 급작스럽게 상사의 사무실로 들어가거나 불시에 자동차 대리점을 방문하거나 시어스의 냉장고 판매 직원과 만난다. 물론 이런 조건에서 정보를 얻는 것은 정말 어렵다.

시간에 대해 이야기하면서 우리는 협상의 마감 시한은 생각보다 훨씬 더 유연하다는 사실을 알았다. 마찬가지로 협상의 시작점은 항상 면대면 만남이 이루어지기 몇 주 혹은 몇 달 전이 된다. 이 책을 읽는 동안에도 여러분은 아직 벌어지지 않은 많은 협상의 '사전 단계'를 지나고 있을지 모른다.

그러므로 협상(혹은 의미 있는 상호 작용)은 **사건**이 아니라 **과정** 이다. 협상은 근무 평가나 정신 질환 같은 것으로, 정확히 시간으로 구분 지을 수 없다. 예를 들어 정신과 의사가 6월 6일 금요일 오후 4시에 어떤 환자에게 정신 질환 진단을 내렸다면 정확히 그 순간에 병에 걸렸다는 뜻일까? 환자가 3시 59분에는 정상이었는데 갑자기 60초 뒤에 미쳐버렸다는 뜻일까? 당연히 그렇지 않다. 그 환자는 오래전부터 증상이 있었다. 정신 질환은 오랜 기간에 걸쳐 나타나는 과정이기 때문이다.

실제 협상이 벌어지는 동안에는 한쪽 혹은 양측 모두 자신들의 진짜 관심, 필요, 우선순위가 뭔지에 대해서 감추는 경우가 많다. 정보가 곧 힘이기 때문이다. 상대방을 온전히 신뢰할 수 없는 상황에서는 특히 더 그렇다. 경험 많은 말 거래상은 절대로 판매자에게 어떤 말에 진짜 관심이 있는지 말하지 않는다. 그러면 그 말의 가격이 올라갈 것이기 때문이다.

물론 상대가 진짜로 원하는 것, 상대의 제한 조건, 마감 시한을 알 수 있다면 당신에게 크게 유리하다. 하지만 숙련된 협상가와 적대적인 분위기에서 협상이 진행되는 동안에는 이런 정보를 얻어낼 기회는 거의 없다고 봐야 한다.

그렇다면 이런 정보는 어떻게 얻을까? 일찍 시작해야 한다. 일찍 시작할수록 정보를 얻기가 훨씬 쉽다. 정식 대결이 시작되기 전에는 항상 더 많은 정보를 얻을 수 있다. 비유를 해보자면 사람들은 TV 카메라에 빨간 불이 들어오기 전에는 기꺼이 터놓고 이야기한다. 그러나 일단 빨간 불이 들어오면 그들의 태도는 방어적이 된다. 그들은 말한다.

"덤벼! 이제 아무 얘기나 해주지 않겠어. 협상 시간이다!"

협상에 앞선 정보 수집 기간 동안에는 조용하고 착실하게 조사에 임하라. 종교 재판에 나선 판사처럼 굴지 **말고**, 그냥 여드름 좀 난 변변찮은 사람이 되어 접근한다.

상대방에게 위협적이거나 완벽하게 보이면 상대방이 더 많은 말을 해줄 거라고 추측하는 사람들도 있다. 실제로는 반대다. 혼란스럽고 무방비 상태인 것처럼 보일 때 그들은 선뜻 정보와 충고를 건네며 당신을 도와주려고 한다. 대출 상담용 정장은 집에 놔두고 화장도 생략하라. 뾰루지 한두 개 정도 보여도 괜찮다. 이런 식으로 접근하면 말을 많이 하지 않고도 훨씬 더 쉽게 이야기를 들을 수 있다.

답변을 내놓는 것보다 질문을 더 많이 하라. 답변을 알고 있다 하더라도 질문을 하라. 그렇게 하면 상대방을 신뢰해도 좋을지 시험해볼 수 있다.

당신은 누구에게서 정보를 얻고 수집하는가? 함께 일하는 사람? 협상에서 만날 사람? 과거에 거래한 적 있는 사람? 여기에는 비서나 직원, 엔지니어, 관리자, 배우자, 기술자, 과거 고객 등이 포함된다. 그들은 당신이 위협적으로 접근하지만 않으면 기꺼이 당신에게 답을 들려줄 것이다.

수년간 협상을 하면서 사람들은 내게 수익이 될 만한 정보를 많이 알려주었다. 어느 해 여름, 나는 판매업에 종사한 적이 있는데 어떤 감독관과 사적으로 대화를 나눴던 기억이 난다.

"당신네 제품이 테스트를 통과하고 기준을 충족시킨 유일한 제품이에요. 이봐요, 코헨! 다음 달 협상을 언제 마무리지을 수 있을까요? 우리 재고가 거의 떨어져 가요!"

나는 그 정보를 일단 받아먹고, 구매 매니저와 다음에 면대면으로 정식 협상할 때 기억에서 끄집어낸다.

현실적으로 상대측 동료들과 직접 접촉할 기회는 쉽게 얻을 수 없다. 그럴 때는 제삼자를 이용하거나, 전화를 이용하거나, 과거에 그들과 협상했던 사람들과 이야기를 나눠볼 수 있다. 상대와 접촉한 전적이 있는 사람이라면 누구든 그들의 경험을 통해 배울 수 있다.

또 다른 정보의 출처로 사용할 수 있는 곳은 상대의 경쟁자들로, 이들은 기꺼이 당신에게 비용에 대해 이야기를 해줄 것이다. 당신이 구매자로서 판매자의 비용 정보에 접근할 수 있다면 당신은 협상에서 어마어마하게 유리한 위치에 서게 된다. 이 정보를 얻기란 생각보다 어렵지 않다. 사적 출판물에서 정부 간행물까지 요청에 따라 얻을 수 있는 자료는 매우 다양하다.

기억하라. 당신이 협상에 들어가기 전에 알고 싶어 하는 정보는 상대측의 실제 한계다. 상대측에서 그 이상으로는 절대 양보하지 않으려는 선이다. 상대측의 재정 상태, 우선순위, 마감 시한, 비용, 실질적인 필요 사항, 조직의 압력 등에 관한 정보를 더 많이 알수록 당신은 협상을 더 잘하게 된다. 그리고 더 일찍 정보 수집에 나설수록 더 쉽게 많은 정보를 얻는다.

허름하게 차려입고 "도와주세요" 놀이를 하기보다 더 많은 정보를 얻을 수 있는 방법이 있다. 여러분이 가진 정보를 건네고 정보를 얻는 것이다. 당신은 다음과 같은 3가지 이유로 선별한 정보를 점진적으로 건네게 된다.

1. 성경에 따르면 받을 때보다 줄 때 더 많은 축복을 받는다.

2. 통찰력 있는 사람이라면 수다 수준을 넘어서 서로 위험을 감수해야 할 정도의 대화는 하지 않으려고 할 것이다. 상대는 당신이 그에 상응하는 정보를 공유하기 전까지는 자신의 정보를 공유하지 않으려고 할 것이다. 어

떤 사람을 새로운 장소로 나아가도록 설득하려면 당신
도 공평하게 그들처럼 새로운 장소로 나아가야 한다. 이
것이 상호간에 위험을 감수하는 행동, 즉, 의도적인 양
방향 신뢰 구축 방식이다.

3. 이 '사전 협상 단계'에서 통제된 정보를 조심스러운 표
현으로 제공하면서 본 협상에서 상대측의 기대 수준을
낮추길 기대한다.

여기서 세 번째가 특히 중요하다. 협상을 하다가 갑자기 새로
운 내용을 툭 던지면, "말도 안 돼. 그런 얘기는 처음 듣는데요"
라는 반응을 얻을 것이기 때문이다.

당신이 깜짝 내용을 제시했을 때 마감 시한이 가까워지고 있
다면 협상은 교착 상태에 접어들 확률이 매우 높다. 하지만 새
로운 개념을 '사전 협상 단계'에서 일찍 소개했다면, 그리고 나
서 몇 번 더 그 내용을 언급하고 교묘하게 시간 간격을 두었다
면 그 개념은 상대측에게 훨씬 더 친숙하게 다가간다. 협상 중
간에 이런 문제가 벌어졌다면, "아, 그거요. 그거 전에 들은 이
야기네요" 하는 반응이 나올 것이다.

본래 새로운 아이디어에 적응하기까지는 시간이 걸린다. 미
리 친숙해진 문제일수록 더 잘 받아들이게 된다.

그러므로 협상에 앞서 새로운 요청을 처음 거절당했을 때 너

무 놀라지 말라. "아니요"는 반응이지 입장이 아니다. 당신의 제안에 부정적으로 반응하는 사람들은 단순히 그 제안을 평가하고 그들의 생각을 정리할 시간이 필요할 뿐이다. 충분한 시간을 두고 반복해서 노력하면 거의 모든 "아니요"를 "아마도" 혹은 "예"로 바꿀 수 있다. 상대방이 처음에 "아니요"라고 말하며 고려조차 하지 않던 새로운 정보를 그들에게 제공하고 그것을 받아들일 시간을 충분히 준다면 그들을 설득할 수 있다.

리처드 닉슨 대통령 탄핵에 대한 대중의 초기 반응도 마찬가지였다. 처음 이 아이디어를 제시했을 때, 1,600명을 대상으로 유권자들의 표심을 미리 파악하기 위한 설문 조사가 이루어졌다. 그때 92퍼센트가 반대한다고 밝혔다. 그 이유는 다음과 같았다. "그런 건 처음 들어본다." "대통령의 권위를 약화시킨다." "미래 세대에 안 좋은 선례가 될 수 있다."

3개월 후, 같은 사람들을 대상으로 다른 설문 조사가 이루어졌는데 그때는 찬성하지 않는 사람들의 비율이 80퍼센트로 떨어졌다. 그로부터 몇 개월 후에 다시 조사했을 때는 탄핵 반대가 68퍼센트였다. 맨 처음 유권자들에게 조사한 시점으로부터 1년이 채 지나지 않은 시점에 행해진 마지막 조사에서는 60퍼센트가 대통령 탄핵에 **찬성**했다.

이 많은 사람들이 어떻게 결심을 바꿨을까? 거기에는 분명 다음과 같은 2가지 이유가 있다.

1. 추가 정보를 받았다.

2. 처음에 생소했던 아이디어에 익숙해졌다.

변화와 새 아이디어는 한입 크기로 잘라 천천히 제시할 때 더 잘 받아들여진다는 사실을 기억하라. 누군가의 견해, 생각, 인식, 기대를 바꾸려고 할 때 이 점을 깊이 새겨라. 대부분은 현상태에 머무르는 편이 훨씬 더 쉽고 편안하다. 그저 정도의 차이일 뿐 사람들은 그 사실에 크게 신경 쓰지 않는다. 인내를 통해서만 그들을 변화시키고 당신의 목표를 시행할 수 있다.

그러다 마침내 협상이 시작되면 여러분은 훈련을 통해 효과적으로 듣는 기술을 연습해야 한다. 주의 깊게 집중하면 상대측의 감정, 동기, 실제 필요 사항을 많이 파악할 수 있다. 물론 주의 깊게 듣기와 관찰하기가 그냥 하는 말을 듣기만 하는 것은 아니며 생략된 내용을 이해할 수 있어야 한다.

사람들은 노골적인 거짓말은 꺼려하지만 얼버무리고, 둘러대고 회피하기는 주저하지 않는다. 일반론적인 이야기가 들려오기 시작하면 그것을 신호로 구체적인 질문을 하면서 실제 들은 내용을 확인하라.

최근 몇 년간 이 신호에 대한 연구와 해석이 인기를 끌고 있다. 신호는 간접적인 메시지로, 그 의미가 모호해 해석이 필요한 경우를 말한다. 특히 신호는 3가지 기본 범주로 나뉜다.

1. **의도하지 않은 신호.** 의도치 않게 흘러나온 메시지로, 행동이나 말로 전달된다. 무의식중에 흘러나온 실언이 여기에 속한다.

2. **언어 신호.** 말하는 내용과 상반되는 목소리 톤이나 강조가 있다.

3. **행동 신호.** 태도나 얼굴 표정, 아이 콘택트, 손짓 등의 보디랭귀지로 표현된다. 회의실 테이블에 앉은 위치가 될 수도 있고, 누군가를 쿡쿡 찌르거나 어깨를 토닥이는 행동이 될 수도 있다(우리 문화권에서는 토닥거리는 사람이 토닥거림 당하는 사람보다 더 많은 힘을 가졌다고 추정할 수 있다).

상황 설정을 통해 행동 신호 또는 '비언어적 분위기'의 의미를 좀 더 자세히 설명해보겠다. 남편이 장기 출장을 마치고 돌아오는 길이다. 출장 중에 금욕적인 생활을 하느라 욕구가 가득 쌓였다. 집을 향해 걸어가면서 보니 희미한 불빛이 새어나온다. 더 가까이 가보니 집에서 감미로운 음악이 흘러나온다. 불안감에 걸음을 빨리 한다. 아내 같아 보이는 여자가 속이 비치는 잠옷을 입고 마티니를 양손에 한 잔씩 들고 문가에 서 있다.

남자가 여자에게 말한다.

"애들은 어딨어요?"

아내가 대답한다.

"몇 시간 동안은 안 들어올 거예요."

자, 이제 묻겠다. 이게 신호인가? 어떤 사람들은 집을 잘못 찾았다는 신호라고 생각할지 모르겠다.

요점은 우리는 비언어적 신호들을 주고받는 시대에 살고 있다는 것이다. 평소에 오늘밤은 안 된다고 말하던 사람이 오늘밤이 **바로 그날**이라는 신호를 어떻게 배우자에게 전달할까? 메모를 남길까? "야간 활동 요함: 선약 취소 바람." 이렇게? 반대로 평소에는 밤마다 허락하던 사람이 배우자에게 오늘밤은 그날이 **아니라고** 어떻게 알릴까?

우리는 아기였을 때부터 우리에게 필요한 것, 좋은 것, 싫은 것을 말로 하지 않고도 표현하는 방법을 배워왔다. 그 능력은 어른이 되어도 여전히 남아 있어서 종종 눈썹을 치켜올리거나 미소를 짓거나 만지거나 노려보거나 윙크를 하거나 대화 중에 눈을 마주치기를 꺼리는 등의 형태로 나타난다. 이런 행동은 모두 행동 신호 혹은 보디랭귀지의 한 형태다.

이 주제에 관한 출판물과 강의가 늘어났고, 사람들은 비언어적 메시지를 발송하고 해독하는 기술(행동 신호 읽기)에 매력을 느끼게 되었다. 이런 연구 분야에 공간과 그 안에 있는 사람들의 움직임을 연구하는 학문이라는 의미로 근접공간학(근접학, 공간학 또는 프록시믹스proxemics라고도 부른다)이라는 이름이 붙으면서 타당성도 부여되었다.

물론 말 없는 언어의 가치는 협상에서 한계가 있다. 대부분의 보디랭귀지 해석은 명백하다. 그럼에도 상황을 보지 않고 제스처만 떼어놓고 보면 보편적인 의미를 잘못 해석할 소지가 있다.

해석이 다소 명백한 상황의 예를 들어보겠다. 예기치 않게 이른 아침에 볼일이 생기는 바람에 회사에 지각을 했다. 헐떡거리며 사무실에 도착해보니 상사가 당신 책상에 앉아 있다. 가까이 다가가니 그는 의자에 기대 몸을 뒤로 눕히며 양손으로 머리를 받치고 팔꿈치를 넓게 편다. 벽시계를 보며 무심하게 묻는다.

"지금이 몇 시인 줄 아나?"

상사가 시계를 볼 줄 안다고 가정하고, 당신에게 시간을 묻는 이유를 추측하기 위해 전문가가 되어야 할 필요는 없다.

모든 몸짓에 의미를 정해 목록을 만들려는 사람이 있다면 다음의 예만으로도 충분할 것이다. 당신은 내게 서비스나 상품을 판매하려고 한다. 상품에 대해 설명하는 중간에 내가 엄지와 집게손가락으로 턱을 문지르기 시작한다. 이게 무슨 의미인가? 구매를 하기로 혹은 하지 않기로 결정을 했다는 뜻인가?

이게 **무슨** 의미인지 말할 수 있는 사람은 **아무도** 없을 것이다. 프로이트도 그게 무슨 뜻인지 알 수 없을 것이다. "뾰루지가 났네" 혹은 "면도하다가 베었어" 아니면 "캐리 그랜트처럼 턱이 갈라졌으면 좋겠어", "이중턱을 좀 가리고 싶어"라는 뜻이거나, 내가 알지 못하는 신경 근육성 습관이 있는지도 모른다.

상황과 분리해서 하나의 신호만 보고 해석하려는 것은 시간 낭비라는 말이다. 그렇다고 해도 커뮤니케이션에서 숨겨진 의도를 파악하는 센스는 중요하다. 어떤 사람들은 비언어적 분위기를 파악하려고 편집증적인 모습을 보이기도 하지만 더 많은 사람들은 그것을 그냥 있는 그대로 받아들인다.

보고 들은 대로만 믿는 시청각적 사람들이 있다. 그런 사람들은 하나같이 이렇게 말한다. "글로 작성합시다." "이쯤해서 장부에 기록하죠." 그러고는 마침내 묻는다. "왜 나만 못 알아차린 거죠?" 문자 그대로만 해석하는 직해주의자들은 '벽에 쓰인 글씨'를 볼 때조차 메시지는 읽지 않고 그 글씨체를 주의 깊게 관찰한다. 헨리 루이스 멩켄은 말했다.

"직해주의자는 양배추보다 장미 향기가 더 좋다고 해서 수프를 만들 때도 양배추보다 장미가 더 낫다고 결론짓는다."

협상가라면 모든 커뮤니케이션에서 비언어적 요인에 민감해야 한다. 심지어 성 바울도 이런 충고를 했다.

"글자는 사람을 죽이지만 정신(영)은 사람을 살린다."

그러므로 협상 중에는 한 걸음 뒤로 물러나 '제3의 귀'로 듣고, '제3의 눈'으로 관찰하라. 이렇게 한 걸음 물러서면 비언어적 상황에 숨겨진 단어와 패턴을 듣고 볼 수 있게 된다. 협상에서 어떤 신호가 여러 신호의 일부이면서 특정 방향을 나타낸다면 그 신호는 의미가 있다.

패턴의 일부로 나타난 신호의 의미를 알려주기 위해 거기에 딱 들어맞는 사례를 들어보겠다. 당신은 상사에게 아이디어를 제안하려고 한다. 설명을 시작하는데 상사는 창밖의 전봇대를 쳐다보고 있다. 그 자체로는 아무 의미 없는 신호일지 모른다.

당신은 설명을 계속한다. 이제 상사는 의자를 젖히고 양손 끝을 붙여 첨탑 모양을 만든 뒤 그 사이로 가늘게 눈을 뜬 채 당신을 쳐다본다. 이것은 또 다른 신호다. 첫 번째 신호와 결합하면 의미가 있을 수 있다. 그럼에도 당신은 설명을 계속한다.

상사는 왼쪽 검지로 책상을 두드리기 시작한다. 이것은 앞의 두 신호와 패턴을 이루는 또 다른 신호다. "잘하고 있어! 계속해! 아주 좋아!"라는 뜻일까? 그럴 가능성은 거의 없다. 보이는 대로만 해석하는 사람이라면 이렇게 생각할 수 있다.

'내 상사가 라틴 아메리카 비트를 치고 있네!'

이제 상사는 일어서서 당신 어깨에 팔을 두르고 당신을 문 쪽으로 조금씩 밀어낸다. 이것도 또 다른 신호다. 절반 정도만 알아차려도 이 신호 패턴이 확연히 드러난다(직해주의자라면 이렇게 생각할 수 있다. '무슨 뜻이지? 갑자기 왜 이렇게 노골적으로 굴어? 왜 날 유혹하려는 거야? 이 사람 결혼한 줄 알았는데!'). 당신이 직해주의자가 아니길 바란다. 당신이 문 앞에 다다를 때쯤엔 상사가 이해하기 힘든 눈빛으로 잘 가라고 고개를 끄덕인다.

여기서는 과장해서 이야기했지만 요점은 신호를 읽어낼 줄만 알면 그 신호들이 당신이 목표를 향해 어떻게 진전하고 있는지 피드백을 제공한다는 것이다. 이 패턴이 당신 마음에 들지 않으면 당신이 주도권을 갖고 있는 시간 동안(문까지 오기 전에) 필요한 조정을 할 수 있다.

이것을 협상에 어떻게 적용할 수 있을까? 어느 협상가든 상대측에 대해 갖고 싶어 할 핵심 정보는 상대측의 실제 한계치 혹은 상대가 이 거래를 성사시키기 위해 어디까지 양보를 할 것인가 하는 점이다. 다시 말해 판매자는 어느 수준까지 가격을 내릴까? 혹은 구매자는 얼마나 높은 가격까지 지불할 용의가 있을까? 이 부분은 상대측의 양보 행동 패턴을 관찰함으로써 확인할 수 있는 경우가 많다.

나는 시장에 새로 출시된 값비싼 최첨단 스테레오 장비를 구매하기 위해 당신과 협상을 하려고 한다. 편의상 내 예산이 1,500달러라고 해보자. 신제품이기 때문에 당신은 이 정교한 기술을 탑재한 제품에 대한 고객의 요구가 어느 정도인지 알아내기 위해 시험을 해보려고 한다.

나의 첫 오퍼가 1천 달러이고 다음 오퍼가 1,400달러라면 내 예산이 얼마라고 추정하겠는가? 우리 관계가 신뢰가 거의 없는 적대적인 관계라면 당신은 내가 1,600달러 혹은 1,800달러, 심지어 2천 달러를 쓸 거라고 예측할 수 있다. 1천 달러에서 1,400달러 사이의 증가폭이 너무 크기 때문이다.

당신은 내가 1,500달러 이상을 갖고 있다고 예상할 것이다. 아무리 내가 1,500달러밖에 없다고 맹세하고, 그 점이 사실이라 해도 이 거래를 경쟁으로 인지한 당신은 내 말을 믿으려 하지 않을 것이다. 우리는 모두 상대측의 주장을 무시하는 경향이 있으며, 허용치의 진짜 한계를 보여주는 가장 정확한 기준은 양보 행동의 증가폭이라는 사실을 경험을 통해 알기 때문이다.

그런 이유로 협상 환경이 경쟁적이면 당신은 나를 적으로 간주할 것이고, 나는 협력적인 결과를 얻어내기 위해 경쟁적인 게임을 벌여야 한다. 이런 분위기에서 내가 지불할 수 있는 최대 금액이 1,500달러라는 사실을 어떻게 알려야 할까?

최소 제시가를 900달러로 하고, 당신이 거절하게 한다. 다음엔 1,200달러로 조금 높인다. 그런 다음 1,350달러로 늘린다. 다음엔 조금 증가분을 낮춰 1,425달러로 한다. 주저하면서 1,433달러 62센트로 올린다. 이런 식으로 하면 당신은 내 예산이 1,500달러라는 사실을 쉽게 믿는다. 성급하게 행동하지 않고 증가폭을 꾸준히 낮추었기 때문이다. 이렇게 서서히 가격을 올리는 것을 '돈 쌓기 게임monetary-increment game'이라고 한다.

이 책을 읽는 사람들 중에는 스포츠 저널리스트 하워드 코셀의 가르침을 따르는 사람들도 있을 것이다.

"나는 게임을 좋아하지 않는다. 왜 그냥 있는 그대로 말하면 안 되나?"

분명 그렇게 할 수도 있지만 **경쟁적인 분위기에서 협력적인 결과를 얻으려면 게임을 해야 한다는 사실**을 기억하라. 그렇게 하고 싶지 않다면 다른 대안이 있다. 우리 사이에 신뢰를 구축해 관계의 분위기를 바꾸는 것이다. 신뢰 관계 구축에 어느 정도 성공했는지에 따라 게임을 최소화할 수 있다. 요컨대 현실을 있는 그대로 받아들이고 항상 그 현실에 맞춰서 작전을 실행해야 한다. 다시 한번 말하겠다. 적대적인 분위기에서 협력적인 결과를 얻어내려면 경쟁적인 게임을 해야 한다.

그러고 보니 '돈 쌓기 게임'을 **하지 않는** 사람과의 재미있었던 협상이 떠오른다. 우리 이웃집에 '전문직' 의사 한 분이 살았다. (여기서 '전문직'이라 함은 전문 직업을 가진 사람으로서 돈 벌기는 좋아하지만 돈 얘기는 좋아하지 않는 사람을 칭한다.) 그의 집이 계속된 폭풍우로 피해를 입었을 때, 그가 우리 집 벨을 누르고 말했다.

"허브, 날 좀 도와주겠어요? 손해 사정인이 가격 흥정을 하러 오기로 했거든요. 당신이 이런 일을 처리하는 사람이라고 해서요. 나 대신 이야기 좀 해줄 수 있겠어요?"

내가 말했다.

"기꺼이 해드려야죠. 얼마 정도 생각하고 계신가요?"

그가 대답했다.

"보험 회사에서 300달러 정도 줄지 한번 볼까요?"

나는 고개를 끄덕이고 물었다.

"피해 보신 거 고치는 데 얼마 들었죠?"

그가 대답했다.

"300달러 넘게 든 건 확실해요!"

내가 말했다.

"그럼 350달러 받으면 어떨까요?"

그가 말했다.

"아, 그러면 정말 좋죠."

나는 나중에 가서 이러쿵저러쿵 말이 나오는 것을 피하기 위해 목표치에 대한 약속을 받아냈다.

30분 후, 손해 사정인이 우리 집 벨을 눌렀다. 내가 그를 우리 집 거실로 안내하자 그는 서류 가방을 열고 말했다.

"코헨 씨, 당신 같은 사람은 큰돈을 다루는 데 익숙하다는 걸 알아요. 제가 그 기준에 많이 미치지 못할 것 같아 걱정이네요. 그럼 **첫 제시가**로 **단돈 100달러**는 어떤가요?"

나는 잠시 침묵에 잠겼고 얼굴에서 핏기가 확 가셨다. 알다시피, 나는 첫 오퍼에 대해 아래와 같은 반응을 보이도록 교육과 훈련을 받은 사람이다.

"제정신이에요? **미친 거 아니야? 그건** 받아들일 수 없어요!"

게다가 나는 이미 사춘기에 접어들 무렵에 첫 오퍼가 항상 두 번째, 세 번째 오퍼를 함축하고 있다는 사실을 깨달았다. 거기에다가 '단돈'이라는 단어를 사용했다는 것은 자신도 그런 쥐꼬리만 한 금액을 제시하는 게 무안할 지경이라는 뜻이다. 그런 제안을 받은 것에 대해 달리 어떤 느낌을 가질 수 있겠는가?

내가 콧방귀도 뀌지 않자, 손해 사정인이 머뭇거리며 말했다.

"알겠어요. 죄송합니다. 아까 말한 건 잊어버리세요. 그럼 조금 더 해서 200달러는 어떻습니까?"

내가 대답했다.

"조금 더 해서요? 절대 안 되죠."

그가 계속해서 말했다.

"좋아요. 그럼, 300달러는 어떠세요?"

나는 잠시 멈췄다가 말했다.

"300달러요? 쳇… 모르겠어요."

그는 침을 꼴깍 삼키고 말했다.

"좋아요. 그럼 400달러로 하죠."

내가 말했다.

"400달러요? 쳇… 모르겠어요."

그가 말했다.

"좋아요… 그럼 500달러로 하죠."

내가 말했다.

"500달러요? 쳇… 모르겠어요."

그가 말했다.

"좋아요… 그럼 600달러로 하죠."

여러분에게 묻겠다. 이제 나는 뭐라고 말해야 할까? 그렇다. 여러분의 추측대로 나는 이렇게 대답했다.

"600달러요? 쳇… 모르겠어요."

왜 내가 계속 "쳇… 모르겠어요"라고 말했을까?

'쳇… 모르겠다. 하지만 미친 듯이 잘 먹혀든다. 이제 달리 뭐라 말해야 할지 모르겠다!'

결국 청구 금액은 950달러로 정해졌다. 나는 서명을 받으러 옆집으로 갔다. 이웃집 의사가 고마워하며 말했다.

"어떻게 하신 거예요?"

나는 무심결에 이렇게 대답했다.

"쳇… 모르겠어요."

지금까지도 나는 이날 내가 협상을 잘했는지 잘 모르겠다. 손해 사정인의 의도하지 않은 신호 때문에 너무 흥분한 상태였기 때문이다.

교훈 양보 행동의 증가분을 관찰하라. 상대가 가진 권한의 실제 한계가 어디까지인지를 보여주는 강한 메시지가 그 안에 들어 있다.

3

YOU CAN NEGOTIATE ANYTHING

2가지
협상 스타일

절대 화내지 마라.
협박하지 마라.
논리적으로 설득하라.

돈 코를레오네, 〈대부〉

몇 년 전, 출장 중에 비행기 옆 좌석에 앉은 사람이 물었다.

"무슨 일 하세요?"

내가 대답했다.

"협상가입니다."

옆 사람은 눈을 빛내고는 다 알겠다는 듯한 미소를 감추려고 했다. 그 반응으로 나는 그의 생각을 알아차릴 수 있었다.

'그래, 당신이 뭘 알아? 분명 벽돌 아파트에 사는 사람들에게 알루미늄 외장재를 파는 사람이겠군.'

불행히도 '협상가'라는 말에 대한 이 부정적인 반응은 많은 사람들의 오해 때문에 생긴다. 사람들은 협상가라는 말을 들으면 순진한 사람을 희생양으로 삼아 승리를 거머쥐려는 말빨 좋은 사기꾼의 모습을 자동적으로 떠올린다. 분명히 그런 식으로 협상을 하는 사람들도 있기는 하다. 하지만 경쟁적인 전략은 원하는 것을 얻어내기 위한 하나의 접근 방식일 뿐이다. 실제로 경쟁적인 협상(나는 이기고, 너는 지고)과 협력적인 협상(양측이 함께 이길 수 있다) 사이에는 굉장히 다양한 협상 스타일이 존재한다.

이제 우리는 분쟁 해결을 위해 개인들이 사용하는 2가지 기본적인 협상 행동 방식에 초점을 맞춰보려고 한다.

제7장에 나오는 '무슨 수를 써서라도 이긴다, 소련 스타일'의 협상가들은 상대측을 희생해서라도 자신들이 원하는 것을 얻어내려고 한다. 당신이 이 전략을 절대 사용하지 않을 거라고 해도 이 협상 방식을 인지하는 능력은 갖춰야 한다. 그렇지 않으면 당신이 희생자가 될 수 있기 때문이다.

그런 다음 제8장과 제9장 '협상은 쌍방을 위한 것, 윈윈 스타일'과 '상호 만족을 위한 협상의 기술'에서는 상대를 굴복시키려는 노력이 아닌 문제를 굴복시키고 상호간에 수용 가능한 결과를 얻어내기 위한 노력으로 나아가는 협상에 중점을 둔다. 여기서는 모두가 양측의 필요를 충족시킬 수 있는 창의적인 해결책을 찾아내기 위해 고민한다.

7 "무슨 수를 써서라도 이긴다" 소련 스타일

온유한 자는 땅을 상속받을 것이나
광물권은 차지할 수 없을 것이다.

J. 폴 게티

알프레드 P. 둘리틀은 〈마이 페어 레이디My Fair Lady〉에서 이렇게 노래했다.

> 저 위의 주님은 인간을 만드시고 이웃을 도우라고 하셨지.
> 육지든 바다든, 항해 중이든, 어디에 있든
> 약간의 행운만 있다면
> 이웃이 주변에 있을 때 너는 집에 없을 것이다.

노래 자체는 영국 풍이지만 앨런 제이 레너가 쓴 가사는 거의 모든 서양 문화에 적용될 수 있다. 많은 사람들에게 이 노래는 한 사람의 성공이 잠재력에 비해 얼마나 일을 잘 해냈는지가 아니라 얼마나 남들보다 앞서는지로 평가되는 경쟁적인 세상을 보여준다. 우리는 모두 잠재적인 승자-패자 상황이 팽배한 사회에 살고 있다. 거기서 '좋은 대학'에 입학하려는 경쟁적 투쟁은 맥도날드와 버거킹 사이의 경쟁처럼 치열하다.

어떤 이들은 인생은 이기고 지는 일이 반복되는 싸움이 전부라고 해석한다. 그들은 세상에는 그들의 직장, 지위, 돈, 승진, 주차 공간, 줄 선 자리, 배우자를 빼앗으려는 라이벌과 경쟁자들이 가득 넘친다고 생각한다.

그런 경쟁적인 협상가는 거의 모든 일을 계속해서 이기고 지는 싸움으로 여긴다. 그런 사람은 상대측의 필요와 수용 여부에 대해서는 걱정하지 않고 무슨 수를 써서라도 자신의 목표를 달성하려는 거친 싸움꾼이다.

그는 분명 마음속으로 자신의 믿음과 접근이 옳다고 생각할 것이다. 그런 사람들은 승리를 하나씩 거머쥘 때마다 짜릿한 스릴을 느낀다.

그런 견해와 전략이 실제 적용되는 일은 드물지만 협력자와 진짜 적 사이의 구분 없이 이런 스타일을 계속 적용하는 사람들도 있다. 그런 사람들은 자신의 승리에만 관심이 있어서 결과적으로 상대측은 패배감을 느낀다. 앞으로도 계속 이어질 관계라면 그 협상 결과가 미래 관계에까지 영향을 미친다.

경쟁적인(승패식) 접근은 누군가 혹은 어떤 집단이 적으로 간주한 상대측의 희생을 담보로 자신들의 목표를 달성하려고 할 때 나타난다. 상대측을 **누르고** 승리를 쟁취하려는 시도는 노골적인 협박 시도에서부터 미묘한 조작에 이르기까지 다양한 방식으로 나타날 수 있다. 나는 이런 자기중심적 전략을 '소련 스타일'이라고 부른다. 이 용어는 그저 설명을 위한 것으로, 소련의 지도자들이 그 누구보다도 다른 국가나 집단을 희생시켜 승리를 쟁취하려는 방식을 지속적으로 시도했기 때문이다.

오해하지 말기 바란다. 나는 한 국가나 민족의 의사소통 방식에 대해 말하려는 게 아니다. 나는 하나의 협상 스타일에 관해 이야기할 뿐, 지리적 문제와는 전혀 관련이 없다. 각 지역의 훌륭한 가문 출신들은 물론, 어디서나 만날 수 있는 사람들 중에도 이런 소련 스타일로 협상하려는 사람들이 있다.

이런 승패식 협상가를 어떻게 알아차릴 수 있을까? 분명한 건 그들은 절대 속셈을 드러내지 않는다. 그들은 말솜씨가 너무 좋아 전혀 '소련' 스타일의 협상가 같아 보이지 않는다. 수수하고 사려 깊어 보이는 그들은 당신의 필요 사항을 고려하는 듯 보인다. 당신과 마주할 때면 입가에 미소를 머금고 눈을 반짝반짝 빛낸다. 왼손에는 성경책을 들고 병에 성수를 담아 가지고 다닌다. 오른손으로는 당신을 축복하고 부드럽게 속삭인다.

"주님의 평화가 함께하시길!"

그들이 자리를 뜨고 난 후에야 당신은 바닥으로 피가 흘러내리는 것을 알아차린다. 그제서야 등에 박힌 단도 때문에 코트를 벗기가 힘들다는 사실을 깨닫는다. 그제야 당신은 중얼거린다.

"이… 이… 소련 놈들!"

그들이 떠나고 나서야 당신은 그들이 입힌 손해를 알아차리지만 수습할 방법은 별로 없다. 다시 한번 질문하겠다. 소련 스타일을 어떻게 알아차릴까? 상대측의 특정 행동으로 알아차릴 수 있다. 모든 '소련' 스타일의 사람들은 협상 과정에서 똑같이 여섯 단계를 거친다.

1. **극단적인 초기 입장.** 항상 지나친 요구 혹은 터무니없는 오퍼를 내세워 상대측의 기대치에 영향을 미친다.

2. **제한된 권한.** 협상가들에게 양보를 할 수 있는 권한이 극히 적거나 없다.

3. **감정적 전술.** 얼굴을 붉히고, 목소리를 높이고, 몹시 화를 내며 우위를 차지한다. 가끔은 발끈하며 회의장을 박차고 나가버린다.

4. **적의 양보를 약점으로 간주함.** 당신이 굴복하고 무언가를 양보하더라도 상대는 그에 보답을 하지 않는다.

5. **양보에 인색.** 양보를 최대한 미루고 꼭 해야 할 때는 그들의 입장에 거의 영향을 미치지 않는 아주 작은 부분만 양보한다.

6. **마감 시한 무시.** 그들은 인내심이 있고 시간이 아무 의미도 없는 것처럼 행동하는 경향이 있다.

소련 스타일의 여섯 단계를 대략 설명했으니 이제 각 단계를 구체적인 예와 비유를 들어 설명하겠다.

1. 극단적인 초기 입장

값비싼 고가 품목 상품을 구매할 때마다 그들은 첫 오퍼를 쥐꼬리만한 수준으로 넣을 것이다. 보통은 비밀리에, 비공개로 진행해 추가 구매자들의 입찰을 차단한다. 이 전술로 판매자가 그들과 거래하는 것 이외의 옵션은 없다고 생각하게 만든다. 예를 들어, 소련이 캐나다나 미국에서 밀을 구매한다는 사실을 우리는 언제 알았을까? 보통은 해외 선적용 특별 대형 선박에 몇 톤을 적재한 이후였다. 어떤 곳에서는 이 거래를 '곡물 대강도 사건'이라고 불렀다.

다음은 소련이 구매자일 경우의 또 다른 예다. 거의 30년 전, 그들은 롱아일랜드의 북쪽 해안에 위치한 넓은 토지를 획득하는 데 관심을 보였다. 소련 대사관 직원들을 위한 레크리에이션 센터를 지을 계획이었다. 그 당시, 소련 측에서 원했던 땅의 가격은 36만 달러에서 50만 달러 사이였다. 감정가는 42만 달러였다.

비밀스러운 러시아인들이 42만 달러를 제시했을까? 아니면

36만 달러를 제시했을까? 둘 다 아니다. 러시아인들은 '낮은 견적'으로 과거에 이름을 날린 사람들이 아니던가. 그들의 초기 제시가는 12만 5천 달러였다. 정말 코웃음이 나오는 수치다. 하지만 아무도 웃지 않았다. 소련은 이 일을 어떻게 넘겼을까? 그들이 항상 구매할 때 하던 식으로 했다. 비밀리에 협상함으로써 경쟁 가능성을 제거했다.

이 경우에는 1년 독점 옵션에 적은 금액을 지불하면서 이 거래를 비밀에 부친다는 조건을 달았다. 부동산 소유주들은 12만 5천 달러는 터무니없는 금액임을 알고 있었다. 하지만 그들은 비밀 제한 때문에 다른 오퍼를 받을 수 없었다. 3개월 동안의 형식적인 흥정과 실망을 경험한 후, 소유주들은 말했다.

"좀 우습지만 우리가 가격을 **조금** 높게 책정했던 것 같네요."

그래서 그들은 제시가를 42만 달러에서 36만 달러로 낮추었다. 심리적으로 소련은 그들을 장기판의 졸로 만들었다.

소련이 액수가 큰 상품을 판매하는 입장이 되면 그들은 정반대의 행동을 한다. 지나친 요구를 하고 문을 활짝 열어 경쟁 입찰을 부추긴다. 다양한 입찰자들이 서로 경쟁하고 입찰 가격을 계속 올리도록 부추겨 최종 판매가를 가격 대비 성층권 수준까지 끌어올린다.

1980년 모스크바 올림픽 때 TV 중계권을 판매했던 방식을 예로 들어보겠다. (미국이 올림픽을 보이콧하며 문제를 탁상공론으로 만들기 이전 일이다.)

CBS가 1960년 로마 올림픽 때 지불한 금액과 ABC가 1976년 몬트리올 올림픽 때 입찰을 따낸 금액을 비교해보면 중계권 비용은 그 사이에 현저히 치솟았다. 대략적인 중계권 판매가는 다음과 같았다.

1960년 50만 달러

1964년 300만 달러

1968년 500만 달러

1972년 1,300만 달러

1976년 2,200만 달러

소련은 전형적인 교활한 속임수를 써서 그동안 이어온 예측 가능한 패턴을 깨부쉈다. 몬트리올 하계 올림픽 동안 세 방송사의 최고 간부들은 세인트로렌스강에 정박한 **알렉산더푸시킨호**의 호화 파티에 초대받았다. 각 방송사는 개별적으로 연락을 받았고 소련은 다음과 같이 요구했다. "2억 1천만 달러를 현금으로 원한다!" 소련의 제시가는 그동안의 중계권 비용 증가 비율을 따르지 않았다.

소련은 먹느냐 먹히느냐의 치열한 경쟁을 벌이면서 내가 앞서 언급한 대로 했다. 그들은 경쟁 입찰을 부추겼다. ABC,

NBC, CBS의 대표들을 소련의 수도로 초대하며 사실상 세 검투사들을 원형 경기장 안에 던져 넣었다. ABC 스포츠 사장인 룬 엘레지는 격렬히 비판했다.

"그들은 우리를 병 안에서 싸우는 세 마리 전갈로 만들고 싶어 했다. 싸움이 끝나면 둘은 죽고 승리한 한 마리는 기진맥진해져 있을 것이다."

나는 모스크바의 협상가들과 맨해튼 거물들 사이의 싸움을 일부 목격했다. 나는 그 당시에 소련에 있으면서 다른 협상에 참여하고 있었다. 그러다가 어느 칵테일파티에 참가해 검투사들의 사기를 북돋아줄 기회가 있었다. 그때처럼 질 좋은 보드카, 맛있는 캐비어, 긴장하고 단호한 얼굴들을 본 적이 없었다.

본격적으로 협상에 들어갈 때 입찰가는 NBC 7천만 달러, CBS 7,100만 달러, ABC 7,300만 달러였다. ABC는 과거 열 번 중 여덟 번 올림픽 방송 중계 경험이 있어 협상에 유리할 것으로 추측되었다. 하지만 CBS는 독일 뮌헨 출신 전문 중개인 로타르 보크를 고용했다.

보크의 도움으로 1976년 11월, CBS 회장 윌리엄 패일리 그리고 소련 협상가들 간에 자리가 마련되었다. 이 기회에 CBS는 입찰가를 한 번 더 올리며 더 많은 부분을 양보하기로 합의하고 거래를 성사시켰다.

모두들 CBS가 이 경쟁에서 승리할 것으로 추정했다. 하지만 소련은 또 한 번 '입질'을 하기 위해 1976년 12월 초, 또 다른 입찰 라운드를 발표했다. CBS 경영진은 화가 났지만 12월 15일에 있을 마지막 결전을 위해 모스크바로 돌아갔다. 소련은 지금까지의 과정으로 세 방송사가 최종 협상 단계에 들어갈 자격을 얻게 되었다고 말했다. 미국 방송사들은 소련의 몰염치함에 충격을 받아 그들의 협박에도 불구하고 모든 것을 내려놓고 집으로 돌아갔다.

이로써 소련 협상가들은 빈손이 되었다. 소련 당국에 빈손을 보여주면 큰 곤경에 빠질 게 분명했다. 미국 관리들이 협상에서 실수하면 생계에만 영향을 받겠지만 소련 관리들이 협상에서 실수하면 **목숨**이 위협받을 수 있었다.

소련 측은 새로운 경쟁을 불러일으키려고 필사적이었고 마침내 네 번째 옵션을 만들어냈다. 그들은 이제 올림픽 TV 중계권이 SATRA라는 그다지 알려지지 않았던 뉴욕 소재 미국 무역회사의 손에 넘어갔다고 발표했다. SATRA는 누가 봐도 미디어 대기업이라고 할 만한 회사는 전혀 **아니었다**. 그들에게 권리를 넘기는 것은 폴라로이드 카메라 하나만 가진 아이에게 "얘야, 잘 해봐. 이제 올림픽은 너에게 달렸어"라고 말하는 것과 마찬가지였다.

소련은 SATRA 레버리지 효과를 교묘하게 이용하며 보크에게 방송사들과 다시 접촉해보라고 설득했다. 그는 실제로 그렇게 했고 NBC 측에 자신의 인맥과 서비스를 제공했다.

모스크바와 맨해튼 사이를 날아다니며 구슬리고, 연락을 돌리고 흥정하면서 로타르 보크는 최종적으로 NBC에게 8,700만 달러에 올림픽 중계권을 팔았다. 그 총액에 더해 NBC는 보크에게 거의 600만 달러에 달하는 서비스료를 지불하고 엔터테인먼트 특집 방송에도 추가 금액을 지불하기로 했다.

물론 이후에 벌어진 사건들로 NBC는 숙적들로부터 거둔 이 승리를 후회했다. (참고: 초기 제시한 터무니없는 금액 2억 1천만 달러는 소련도 진지하게 여기지 않았다. 나중에 알려진 바로는 소련 측에서 원했던 중계권 가격은 6천만 달러에서 7천만 달러 사이였다.)

위에 언급한 이야기는 소련과 관련된 예지만 이런 비슷한 전술은 우리 사회에서도 오래전부터 사용되어 왔다. 몇 해 전에 나는 대형 상해 보험 회사에서 일했다. 그 회사가 내세운 철학은 "모든 청구를 신속, 공정하게 합의할 것. 모두에게 공손하고 배려 있게 대할 것"이었다.

이런 고결한 철학을 내세우면서도 회사는 소련식 협상 스타일로 첫 제시가를 말도 안 되는 가격으로 낮게 제시하는 손해 사정인에게 보상하는 시스템을 갖고 있었다. 이 전술은 먹혀들었다. 보험 수혜자들은 회사를 대표하는 그 손해 사정인과 협상하는 것 외에는 다른 옵션이 없다는 잘못된 믿음을 갖고 있었기 때문이다.

물론, 보험 수혜자들에게는 다른 옵션이 있다. 주州 보험 부서에 항의하거나 보험 회사 사장에게 편지를 쓰거나 손해 사정인 책임자를 찾아가 개인적으로 청구 매니저를 만나거나, 소액 청구 법정에 제소하거나 변호사를 고용해 대신 일을 처리하게 하거나 아니면 적에게 피해를 입히기 위해 시간적 압박을 가하며 기다릴 수도 있다.

제시가가 지나치게 높거나 향후 구매자들 사이에 치열한 경쟁 구도가 형성되는 상황도 많이 들어봤을 것이다. 이런 상황은 모든 경매에서 볼 수 있는데, 입찰자들은 치열하게 가격 경쟁을 벌이며 실랑이를 한다. 구하기 어려운 상품이나 원자재, 서비스를 가진 판매자들은 자신들의 필요를 즉각적으로 만족시키고자 하는 예비 구매자들의 탐욕을 이용할 줄 안다.

예전에 일본에서 수입한 자동차 마쯔다 RX7의 수요가 폭발적으로 늘어나자 일부 딜러들은 입찰과 거기에 대항하는 입찰을 조직적으로 신속하게 계획했다. 그 결과 마쯔다 RX7은 정가보다 2천 달러가 더 비싸게 팔렸다.

이런 소련 스타일 전술은 왜 먹혀들까? 우리가 먹혀들도록 놔두기 때문이다. 우리는 극단적인 초기 입장에 흔들리고, 협상하는 상대측에게 권한이 부족해 보일 때 더욱 당황한다.

2. 제한된 권한

내가 농기계 제조사 인터내셔널 하베스터의 대표이고 소련에게 트랙터를 팔 권한을 위임받았다고 해보자. 소련이 관심이 있다면 나는 최종적으로 소련 정부를 대표하는 국제 무역 대리점의 거칠고 경험 많은 협상가들을 만나게 될 것이다. 그들은 제품의 사용을 감독하거나 구매 여부를 결정할 사람들도 아니다. 소련에서는 모든 것을 중앙 위원회에서 선택된 일부 사람들이 결정하기 때문에 3개월 동안 나와 함께 협상 테이블에 앉아 있는 사람들에게는 양보나 합의를 할 재량권이 없다.

이 딜레마는 어떤 효과를 가져올까? 나는 거래를 성사시킬 충분한 권한을 가지고 있지만 상대측은 어떤 행동을 할 때마다 항상 그 자리에 없는 중앙 위원회 위원들과 상의해야 한다. 그들에게 권한이 없다면 일정 기간 협상을 할 때 어떤 일이 벌어질까? 나는 오퍼를 넣거나 양보를 할 수 있지만 상대측이 내게 줄 수 있는 것은 보드카와 동료애밖에 없다.

한동안 자리를 비웠다가 돌아온 나는 이제 **좀** 진전을 보여야 한다는 강박을 느낀다. 그 결과 나는 계속해서 오퍼를 넣는다. 내가 뭘 하고 있는 거지? 나는 나 자신에게 대항해 입찰을 한다. 그렇기 때문에 권한이 하나도 없는 사람과는 절대 협상을 하지 말아야 한다. 단, 정말로 외로울 때만 빼고. 그럴 때 하는 협상은 아마도 이 책의 범위를 넘어서는 내용일 것이다.

이런 형태의 술책은 자동차 딜러들이 자주 사용한다. 자동차 전시장에서 일하는 영업 사원들에게 제한된 권한만 부여하는 것이다. 당신이 흥정을 벌이고 있는 사람은 항상 매니저나 대리점 대표와 상의해보겠다는 구실을 댄다. 실제로 그는 아무하고도 이야기를 하지 않을지 모르지만 그 시간은 분명 협상을 평가하는 데 도움이 된다.

여러 해 전, 유난히 추웠던 시카고의 겨울, 나는 자동차를 사러 중고차 매장을 찾았다. 영하의 기온이었기 때문에 나는 오퍼를 넣고 서둘러 구매를 마무리짓고 싶었다. 재미있게도 나와 거래를 진행하던 사람은 자신은 가격을 정할 권한이 없다고 주장하면서 말했다.

"잠시만요. 컨테이너 사무실에 있는 책임자와 상의를 해야 하거든요."

이제 여러분에게 묻겠다. 사무실 안에 정말로 사람이 있었을까? 컨테이너 안에서 시카고의 겨울을 견뎌낼 사람이 있을까?

하지만 동전에는 항상 양면이 있는 법이다. 당신 자신, 혹은 당신 대신 협상하는 누구에게든 무제한의 권한을 부여하지 마라. 유명한 마지막 대사가 있다.

"당신이 뭘 하든 괜찮습니다… 당신에게 전권을 부여하겠습니다."

영국 총리 네빌 체임벌린이 전권을 부여받고 히틀러와 협상하러 뮌헨으로 갔던 일을 기억하는가? 당연히 그는 협상가로서 그다지 잘 해내지 못했다.

다른 사람에게 권한을 부여한다면, 성취할 목표를 설정하는 과정에 그들을 참여시켜라. 당신이 그들에게 기대하는 성취의 목표치를 그들도 함께 결정했다고 느낄 필요가 있다. 당신의 협상가들은 심부름하는 아이들이 아니라 권한을 가져야 하는 책임감 있는 사람들이지만, 권한은 어느 정도까지만 가져야 한다. 그들에게 최종적으로 이렇게 말하라.

"가서 그 가격에 협상을 성사시키려고 노력해보세요. 할 수 있다면 잘된 일이고, 할 수 없다면 돌아와서 함께 더 논의해봅시다."

앞서 협상가에게 최악의 고객은 자기 자신이라고 말했다. 자신의 문제가 되면 협상에 지나치게 감정적으로 개입하게 되어 균형감을 잃어버리기 쉽다. 게다가 자기 자신을 위해 협상할 때는 전권을 가지게 되므로 시간을 적절히 사용하지 않고 그때그때 결정을 내리기 쉽다.

이런 경우는 어떻게 처리해야 할까? 스스로 계속 점검하고 균형을 유지하려고 노력해야 한다. 고의로 자신에게 제한을 둔다. 적어도 일정 기간 동안은 그렇게 하는 것이 좋다. 협상이나 대화를 시작하기 전에 스스로에게 약속하는 것이다.

"이 TV 받침대에 절대 1,200달러 이상은 지불하지 않겠어. 그게 최대 금액이야. 그 이상은 1센트도 안 돼. 오늘 그 가격에 못 사면 그냥 집에 가는 거야."

다시 말하면 자기 자신의 명령에 복종하는 것이다.

너무 많은 권한을 갖는 것이 협상에서 핸디캡이 된다면 조직을 위해 협상하는 최악의 인물은 최고 경영자임을 알 수 있다. 시를 위해 협상할 때 최악의 인물은 시장이며, 주를 위해 협상할 때 최악의 인물은 주지사, 미국을 대표하는 최악의 협상가는 미국 대통령이다. 그 특정 인물은 똑똑하고 인내심이 강하며 전문가일 수는 있지만, 권한이 너무 많다.

소련식 협상 접근법에 대해 또 이야기하고 싶은 것은 사회적으로 용인되지 않는 감정을 이용하는 방법이다.

3. 감정적 전술

수년 동안 소련은 서류를 쓸어버리고 이유 없이 회의장을 박차고 나가는 전략을 사용했다. 그들은 도발하거나 주의를 흐트러뜨리거나 상대를 위협하기 위해 인신공격까지 감행했다. 유엔 회의장에서 니키타 흐루쇼프가 신발로 테이블을 두드리던 모습을 어떻게 잊을 수 있겠는가? 그 사실을 알고 충격받은 사람들의 반응은 이랬다.

"세상에! 야만인 아냐? 저런 행동은 전 세계를 모욕하는 거야. 내 아이가 저런 짓을 했다면 분노 조절 장애라고 했을 거야. 아침에 잠에서 깰 때 속 좀 쓰리다고 세상을 폭파시킬 사람일세!"

몇 달 후, 어떤 사람이 흐루쇼프가 신발로 테이블을 내리치는 사진을 확대해 돋보기로 자세히 들여다보았다. 놀랍게도 테이블 아래 소련 지도자의 발에는 신발 두 짝이 신겨져 있었다. 이게 무슨 뜻일까? 3가지 가능성이 있다.

1. 흐루쇼프는 발이 세 개다. 그다지 현실적인 것 같지는 않다.
2. 그가 아침에 옷을 입을 때 그로미코를 보며 말한다. "동무, 종이 가방에 신발 한 짝을 더 넣으시오. 오후 3시에 사용할 테니까."
3. 그가 회기 중에 이바노비치 위원에게 전화로 말한다. "자네 신발 한 짝 벗어서 갖다줘. 이따가 필요할 것 같아."

그의 행동은 특별한 반응을 불러일으킬 목적으로 교활하게 사전에 계획된 것이었다. 그의 계산된 감정 폭발은 효과적이었을까? 그런 것 같다. 사람들은 힘과 결합된 부조리에 맞닥뜨렸을 때 불편함을 느낀다. 심지어 다치지 않으려고 그냥 위협에 굴복하는 경향도 있다. 그러고 보니 오래된 농담이 하나 떠오른다.

무게가 180킬로그램인 고릴라는 어디서 잠을 잘 수 있을까?

정답은 '자고 싶은 곳 아무데나'다. 소련이 원했던 반응이 바로 그런 게 아니었을까.

물론 감정적으로 보이기 위해 신발로 테이블을 내리칠 필요는 없다. 그냥 평범한 감정 표출만으로도 그런 효과를 낼 수 있다. 감정을 주체하지 못하고 우는 사람과 협상을 시도해본 적이 있는가? 정말 충격적이다. 이런 일을 직접 겪었던 경험을 떠올려보라. 배우자나 부모, 자녀들을 다룰 때 당신은 모든 사실과 논리를 동원한다. 당신이 가진 증거는 압도적이어서 그들을 도망칠 곳 없는 구석으로 몰아간다. 그런데 갑자기 그들의 눈에 눈물이 가득 차올라 볼을 타고 흘러내리기 시작한다.

어떻게 반응하겠는가? 이렇게 생각할까?

"좋아. 내가 이겼어. 다 죽었어."

당연히 그러지 않을 것이다. 대부분의 사람은 뒤로 물러나 이렇게 말할 것이다.

"이런, 울려서 미안해. 내가 좀 심했나 봐."

심지어 거기서 더 나갈지도 모른다.

"네가 처음에 원했던 것도 주고, 널 울린 것에 대한 보상으로 다른 것도 줄게. 자, 내 카드 가져가. 시내에 가서 사고 싶은 거다 사!"

나는 여자의 눈물만을 이야기하는 게 아니다. 개인적으로 남자의 눈물이 여자의 눈물보다 훨씬 더 효과적이다. 나는 12개월이 넘도록 한 덩치 크고 건강한 남자 직원 하나를 해고하지 못하는 회사를 알고 있다.

이 회사는 특히 해고에 관한 일은 매우 신중하게 접근하는 스타일이었다. 해고 통지서를 건네거나 불러들여서 "넌 해고야!" 하고 말하지 않았다. 대신에 상담 시간을 마련해 '회사 너머의 삶'과 다른 직업 선택 등에 관해 인사 담당자와 이야기를 나눴다. 보통은 직원이 이런 미묘한 힌트에 반응하고 스스로 회사를 떠나 퇴직금을 절약하곤 했다.

그런데 과거에 인사 담당자가 한 직원을 네 번이나 상담한 적이 있었다. 그때마다 인사 담당자는 회사에서 더 이상 그 직원을 필요로 하지 않는다는 신호를 여러 번 주었다. 그런데 여러 가능성 있는 대안을 알려주기도 전에, 이 덩치 큰 남성은 흐느끼다가 발작적으로 울부짖기 시작했다. 일부러 연기한 것일지도 모르지만 당황한 인사 담당자는 그럴 때마다 동료를 찾아가 말했다.

"이봐. 저 사람을 해고하고 싶으면 **당신이** 직접 가서 해. 난 못하겠으니까!"

최근에 그 회사는 그 직원과의 해고 상담을 포기했다고 들었다. 그 직원은 위기를 넘긴 것 같다.

자연스럽게 나온 것이든 연출한 것이든, 눈물만큼이나 분노도 효과적이다.

가상의 상황을 예로 들어보겠다. 당신과 내가 협상을 하고 있다. 오전에 당신 사무실에서 우리 회사 컴퓨터에 사용할 소프트웨어 프로그램에 대해 토론을 벌였다. 당신은 나에게 서비스를 판매하길 고대한다. 비용에 대해 토론하려고 할 때 당신이 시계를 흘끗 보고 말한다.

"잠깐 쉬면서 점심을 먹는 게 어때요? 요 근처에 제가 잘 아는 고급 식당이 있어요. 예약 안 해도 되고요."

당신은 평소에 앉던 자리로 안내받는다. 우리는 메뉴에서 값비싼 애피타이저를 훑어보고 음료와 음식을 주문한다. 나는 마티니를 홀짝이며 묻는다.

"말씀해보세요. 이 소프트웨어 프로그램 사용료로 얼마를 생각하고 계시죠?"

당신이 대답한다.

"아, 솔직히 말할게요, 허브. 저는 24만 달러 정도 생각하고 있어요."

나는 갑자기 폭발한다. 화가 나서 졸도할 지경이 된다. 목소리를 높이며 소리친다.

"지금 뭐 하자는 거야? **미쳤어?** 24만 달러? 그런 천문학적인 비용이라니? 당신 날 뭘로 보는 거야?"

사람들이 모두 우리 쪽을 쳐다보고 있어서 당신은 당황하며 입술에 손가락을 대고 속삭인다.

"쉬이이이잇!"

나는 목소리를 한 데시벨 더 높인다.

"정말 **제정신**이 아냐! 이건 **강도** 수준이라고!"

이제 당신은 탁자 밑으로 기어들어 가고 싶어진다. 이 식당의 손님들은 날 모르지만 당신을 아는 사람은 많으니까. 식당 지배인은 당신을 쳐다보면서 어떻게 해야 할지 몰라한다. 우리를 담당하던 웨이터도 꼬치구이를 들고 머뭇거리며 다가온다. 그는 다칠까 봐 겁을 낸다.

구경꾼들이 이렇게 생각하는 게 다 보일 정도다.

'뭐라고 했기에 저 사람이 저렇게 화를 내지? 속임수를 쓰려고 한 거 아냐?'

나는 화가 난 척하며 소련 스타일로 당신을 공개적으로 위협한다. 당신이 또다시 나와 이야기를 해야 한다면 공공장소에는 가지 않을 것이다. 하지만 다시 이야기를 한다면 분명 당신은 24만 달러보다는 훨씬 낮은 가격을 예상할 것이다.

이상하긴 하지만 상대하기 훨씬 쉬워 보이는 **침묵**도 눈물이나 분노, 공격성만큼 효과적이다.

모든 감정적 술책 중에서 내게 가장 큰 영향을 미치는 것은 바로 침묵이다. 나는 아내와 22년간 행복한 결혼 생활을 해오고 있지만 싸울 때 아내는 항상 침묵 전략을 사용한다(나는 이것을 금단 혹은 금욕이라고 부른다). 여러분은 먼저 나의 취약점을 이해할 필요가 있다. 나는 항상 출장을 다닌다. 2주 동안 해외 출장에서 돌아올 때 얼마나 사랑과 애정을 갈구하게 될지 생각해보라. 잔뜩 기대하며 집 안으로 들어서서 말한다.

"안녕, 안녕, 나 왔어요, 여보! 다들 어디 있어요?"

침묵.

잠시 대답을 기다린 후, 다시 시도한다.

"나 왔어요. 집에 아무도 없어요?"

침묵.

침묵이 끝나지 않을 것처럼 이어진 후, 마침내 아내가 모습을 드러낸다.

아내는 아무 말도 없고 내가 도착한 것에는 관심도 없어 보인다. 그럼에도 나는 서둘러 달려가 말한다.

"여보, 나 왔어요! 나 집에 왔어요!"

침묵.

"여보, 집에 무슨 일 있어요? 누가 아파요? 누가 죽었어요? 무슨 일인데요?"

침묵.

아내의 얼굴에는 아무 표정도 없고 날 쳐다보지도 않는다. 그럼 내가 무슨 생각이 들까?

'아, 아, 내가 모르는 뭔가를 알고 있는 게 분명해. 그럼 내가

할 수 있는 일은 하나뿐이지. 내가 먼저 자백하는 거야.'

그런데 엉뚱한 것을 자백하면 어떻게 될까? 한 가지 문제가 순식간에 2가지로 늘어난다.

당신이 누군가에게 침묵의 방법을 사용하면 불편에서 벗어나고 싶은 상대방이 먼저 말을 하게 되어 있다. 그럴 때 상대방은 이런 일이 없었다면 몰랐을 정보를 당신에게 건넨다. 결과적으로 힘의 균형이 당신에게 유리하게 바뀐다.

그 밖에도 확실한 감정적 전술은 많다. 웃음도 그중 하나다. 당신이 뭐든 진지하게 토론하지 않기로 결심했거나 주제를 바꾸기로 했다면, 혹은 어떤 사람을 깔아뭉개기로 했다면, 갑자기 조롱하듯 웃음을 터뜨려 보라. 사무라이의 검처럼 파괴적인 효과를 가져올 것이다.

당신이 중고 물품들을 판매하고 있는데 내가 주말에 지나다 들러 물건들을 살핀다. 오래된 썰매가 하나 있는데 종이에 손글씨로 이렇게 써 있다. "희귀 골동품…가격을 제시하세요." 〈시민 케인〉은 시대를 통틀어 내가 가장 좋아하는 영화였기에 이 '로즈버드'를 갖고 싶은 마음에 나는 다가가 불쑥 말한다.

"이 썰매, 7달러에 살게요."

무슨 영문인지 당신이 갑자기 웃음을 터뜨린다. 그럼 내가 무슨 생각을 할까?

'뭐가 웃기지? 내 바지 지퍼가 열렸나? 쳇. 그런 훌륭한 희귀

골동품을 그렇게 싼값에 부를 생각은 아니었다고!'

정말로 그 물건이 갖고 싶다면 그 낡은 썰매의 겉모습과 그에 대한 정보가 정말 확실하지 않은 이상, 오퍼를 상향 조정하지 않을 수 없을 것이다.

그냥 **나가버리는** 것도 또 다른 감정적 행동이다. 특히 전혀 예상치 못한 상황에서 갑작스럽게 철수해버리면 남겨진 상대방은 매우 놀라고 당황한다. 이는 추가적인 이슈와 문제를 야기하고 미래에 대한 불확실성을 만들어낸다.

이런 상황을 상상해보자. 남편과 아내가 퇴근 후 조용한 식당에서 만나 함께 저녁 식사를 한다. 식사 도중 아내가 멋진 소식을 들려준다. 50퍼센트 급여 인상과 함께 승진 제안을 받았으며, 이를 수락할 경우, 다른 지역으로 이사를 가야 한다는 것이다. 남편의 표정으로 보아 아내의 자부심과 기대감을 함께 나누는 것 같지는 않다.

남자가 말한다.

"그럼 나는? 내 일은요?"

여자가 대답한다.

"걱정 말아요. 당신도 나랑 함께 가야지요. 당신 일은 **어디서 하든** 똑같잖아요."

남자는 예고도 없이 갑자기 퉁명스럽게 "잠깐 실례할게요" 하고 말하더니 일어나서 문밖으로 나가버린다.

남자가 불시에 나가버리고 5분 후, 여자는 여러 가지 감정이 뒤섞이는 가운데 현재 자신이 처한 상황을 평가해보려고 한다.

지금 화나서 나간 건가?

저 사람 괜찮은가?

주차 미터기에 돈 넣으러 간 걸지도.

화장실에 갔거나 전화 통화를 하고 있는지도 몰라.

내가 뭐 상처 되는 말을 했나?

기분이 안 좋은가? 아니면 부러워서 그런가?

식사비 지불할 돈이 있던가?

사고 난 건 아닐까?

나 놔두고 아예 가버린 건가?

다시 돌아오려나?

집에는 어떻게 가지?

웨이터가 그녀의 불안감을 더욱 키운다.

"애피타이저는 지금 내올까요? 아니면 일행분이 돌아오실 때까지 따뜻하게 보관해둘까요?"

불안감을 키우는 것에 대해 말하자면 **베일에 싸인 위협**이 훨씬 더 강력한 무기가 된다. 상대측의 상상력을 이용하기 때문이다. 실제 **일어날 수 있는 일**보다 무슨 일이 일어날지 모를 때가 항상 더 두렵다. 상대방에게 언제든 위협을 실행할 능력이 있다고 생각하면 이미 벌어진 위협보다 어떤 위협을 가해올까 생각하는 쪽이 훨씬 더 무섭게 느껴진다.

예를 들어, 내가 당신과 적대적 협상을 벌이고 있고 당신의 스트레스 지수를 높이고 싶다면 나는 모호성과 일반론을 교묘하게 이용할 것이다. 나는 절대 이렇게 말하지 않는다.

"당신 오른쪽 엄지를 부러뜨리겠어!"

그건 너무 구체적일 뿐만 아니라 매우 촌스러운 협박이다. 대신에 나는 눈을 부릅뜨고 당신을 쳐다보면서 이렇게 말할 것이다.

"당신 얼굴 **똑똑히** 기억하겠어. 난 **절대** 빚지고는 못 살거든!"

그 말이 무슨 뜻인지 누가 알겠는가? 당신이 내게 그럴 능력과 결단력이 있다고 생각한다면, 또 내가 충분히 미쳤다고 생각한다면 당신의 평정심은 분명 무너질 것이다.

물론 상황 판단에 재빠른 소련식 협상가는 자신의 힘이 충분히 신뢰할 정도가 아니라면 그런 위협을 가하는 경우는 거의 없다. 실제로 위협을 가하고 나면 스트레스가 줄고 상대측은 거기에 맞게 대응하기 때문이다.

1979년, 뉴올리언스에서 경찰 파업 가능성 때문에 사순절 전날 축제인 마르디 그라Mardi Gras가 취소될 위기에 처했다. 이 파업은 실제 벌어질 수 있는 위협이었기 때문에 노동조합 조직 위원들은 시와의 협상에서 그들의 조직이 인정받을 수 있도록 최대한 힘을 발휘했다.

하지만 경찰은 실제로 파업하여 마르디 그라 행사가 축소되고 여론이 반대편으로 돌아서게 하는 실수를 저질렀다. 협상에서 지렛대 효과를 잃은 결과로 경찰 노조를 조직하려는 시도는 좌절되었다.

몇 년 전, 나는 매년 여름 열리는 뮤직 페스티벌, 라비니아Ravinia에 참가하러 시카고 북쪽 외곽으로 갔다. 행사장 근처 주차장은 늘 주차가 어려워 나는 그다지 멀지 않은 사유지 도로에 차를 댔다. 주차 공간을 찾아서 기분이 꽤 좋았다. 자동차에서 내린 나는 뒤에 주차된 자동차 앞유리에 광고판 같은 게 붙어 있는 것을 발견했다. 나는 잠시 걸음을 멈추고 그 내용을 읽어보았다.

본 차량은 사유지에 주차되어 있다. 차종, 모델, 번호판은 기록되었다. 이 부적절한 주차가 한 번 더 반복될 경우, 본 차량은 클램프너 브라더스 사로 견인되어 내부는 불태워지고, 차체는 46×90센티미터 정도 크기로 압축될 것이다. 압축된 자동차는 커피 테이블로 사용하도록 집으로 배송되어 사유지에 주차하면 안 된다는 사실을 계속 상기시켜줄 것이다.

이 내용은 분명 농담이다. 하지만 이 글을 쓴 사람이 어떤 상태인지 모르고, 커피 테이블로 바꾸기에는 아직 자동차가 더 필요했기에 나는 차를 다른 곳으로 옮겼다.

그 밖에도 다른 감정적 전술이 많이 있지만 여러분에게도 익숙할 전술에 대한 이야기는 여기서 마감하기로 한다. 다음에는 어머니와 장성해 독립한 자녀와의 통화 내용을 들어보자.

엄마 : 안녕, 팻! 누구게? 네 엄….

팻 : 세상에, 엄마, 어떻게 지냈어요? 전화하려고 했는데.

엄마 : 괜찮아. 나한테 전화할 필요 없어. 그냥 네 엄마일 **뿐**인데 뭐. 전화비 아깝게 왜 그런 데다 시간을 쏟아?

팻 : 아, 엄마, 좀. 일 때문에 계속 바빴어요. 기분은 어때요?

엄마 : 뭐 이 나이에 기분이 어떻겠니? 얘, 이번 주 토요일 밤에 너의 스물아홉 번째 생일을 축하해주려고 클럽에서 생일 파티를 하기로 했어. 내 친구들도 초대했어. 예쁜 케이크도 주문했고 네가 좋아하는 음식도 사 놨어. 그래서….

팻 : 그치만 엄마, 이번 주말에 여행 갈 건데. 전에 말했잖….

엄마 : 너무 바빠서 나한테는 몇 시간도 내줄 수 없다는 거니?

팻 : 아냐, 그런 게 아냐. 그냥 이번 여행은 전부터 계획한 거고….

엄마 : 좋아, 팻, 이해해. 방해해서 미안하다. 그냥 내 친구들한테는 네가 너무 바빠서 나한테 시간을 내줄 수 없다고 말할게.

팻 : 아, 엄마. 그런 거 아냐.

엄마 : 아냐, 이해한다니까. 괜히 나한테 신경 쓰지 마. 난 내가 알아서 할게. 뭐, 아들이 꼭 엄마를 만나야 한다고 법으로 정해진 것도 아니잖니.

다소 멜로드라마 같긴 하지만 이런 전술은 쉽게 **죄책감을** 안겨준다. 영화 〈2천 살 먹은 노인The Two-Thousand-Year-Old Man〉에서 멜 브룩스는 이 죄책감을 희화적으로 잘 사용한다. 그의 어머니와 아버지는 비를 맞으며 아들의 동굴을 찾아간다. 도착하니 아들이 따뜻하게 환대하며 안으로 들어오라고 한다. 하지만 부모는 그냥 밖에 서서 말한다.

"괜찮아. 우린 그냥 밖에 서서 비 맞고 있어도 괜찮아. 아무 상관 없어."

죄책감을 느끼게 하는 방법은 가까운 관계에서 주로 발생하지만 친구나 가족 외의 경우에도 이용된다. 상사에게 급여를 인상해달라고 요구할 때 상사가 이렇게 말하는 것을 들어본 적 있는가?

"자네가 불평할 입장이라고 생각해? 내가 어떤 짐을 지고 있는지 한번 얘기해볼까?"

당신이 어떤 부당함을 느끼든 당신의 문제는 최고 경영진에 대한 상사의 불만 사항과 비교하면 새 발의 피일 것이다. 당신은 방금 한방 먹었다. 그 순교자의 사무실을 나설 때는 하찮은 불평으로 그를 괴롭힌 것이 너무 이기적으로 느껴질 지경이다.

사람들은 왜 이런 감정적인 술책을 이용할까? **그게 먹혀들기 때문이다!** 실제로 무슨 일이 일어나고 있는지 우리가 알아차리지 못하면 그들은 계속 그 점을 이용한다. 우리는 스스로에게 이렇게 말한다.

"아, 그 사람은 원래 그래. 어쩔 수 없어."

마치 그들이 그런 술책을 쓰는 DNA를 갖고 태어나기라도 한 것 같다. 분명 그들 대부분은 계획적으로 그런 술책을 쓰지는 않는다. 계속해서 우위를 유지하려고 이미 성공이 입증된 기술을 무의식적으로 사용할 뿐이다. 하지만 연민과 죄책감을 습관적으로 자주 사용하는 사람들도 있다.

언젠가 이 감정적 전술을 과학의 영역으로까지 기막히게 발전시킨 사무용품 영업 사원의 이야기를 들은 적이 있다. 영업 활동을 할 때 그는 양복 재킷 안쪽, 셔츠 왼쪽 주머니에 항상 스톱워치를 가지고 다녔다. 이 성격 좋은 영업 사원은 문을 들어서면서부터 쉴 새 없이 말을 늘어놓는다. 판매가 성사되지 않을 거라고 느껴지면 그는 일어서서 고객에게 다가가 표면상 작별 인사를 한다. 그는 우울하고 풀 죽은 얼굴로 잠시 멈춰 서서 길게 악수를 한다.

가까이서 아무 말도 하지 않고 있으니 잠재 고객의 귀에 딸깍

거리는 "틱-틱-틱-틱" 소리가 들린다. 그런 소리를 들으면 보통 고객들은 물어볼 것이다.

"무슨 소리죠?"

영업 사원은 놀란 척하면서 가슴을 툭툭 두드리며 말한다.

"아, 그냥 심박 조율기예요. 그런데 물 한 잔만 마실 수 있을까요?"

내가 듣기로 그 영업 사원은 물을 마시고 나서 항상 물건을 팔았다. 내게 이 이야기를 들려준 사람은 그 전술의 피해자 중 하나였다. 그는 이렇게 말했다.

"펀칭기와 스테이플러, 계산기까지 구매하고 나서야 심박 조율기는 소리가 나지 않는다는 사실을 깨달았죠."

대부분은 이런 행동에 윤리적 문제를 제기할 것이다. 내가 이 이야기를 소개하는 이유는 따라 하거나 용납하라는 것이 아니라 그저 이해를 돕기 위해서다. 하지만 죄책감 전술을 변화시켜 거짓된 내용을 없애고 좀 더 높은 이상을 추구하는 데 사용하는 사람은 박수갈채를 받기도 한다.

마하트마 간디는 비폭력주의를 실천하여 존경받지만, 그의 전술은 낡은 죄책감 수법의 변형일 뿐이다. 이 수척한 금욕주의자가 정말로 영국에 하려던 말은 이렇다.

"인도를 독립시키지 않으면 나는 공개 단식 투쟁을 벌일 것이다. 매일 나의 건강은 악화될 것이며 너희에게 나의 죽음에 대한 비난이 쏟릴 것이다."

그의 최후는 고귀했을지 모르지만, 그 수단은 그저 오래된 죄책감 전술일 뿐이다. 그럼에도 그 전술은 세계의 양심을 자극하고 영국이 식민지 정책을 바꾸도록 강요함으로써 궁극적으로 먹혀들었다.

내가 왜 이런 소련식 감정 전술에 대해 자세히 설명했을까? 여러분이 그 전술을 사용하길 바라서가 **아니라** 그 전술을 인지해서 거기에 속지 않기를 바라기 때문이다. 아주 수상한 방식이라도 거기에 친숙해지고 그 구조를 이해하면 그로부터 피해를 보지 않을 수 있다. 죄를 알고 있는 것만으로는 죄가 되지 않는다. 죄를 저지르려면 범죄에 대한 지식과 더불어 동기와 **행동**이 있어야 한다. 내 말은 그것을 인지하라는 것이지 채택하라는 말이 아니다.

어떤 전술이든 그것이 어떤 것인지 인식하고 나면, 다시 말해 의도를 간파하고 나면 그 전술은 효과가 없어진다. 당신의 적은 권총을 들고 있을지 몰라도 이제 탄약이 없어졌다. 간파된 전술은 전술이 아니다!

예를 들어, 다시 '입질' 전략으로 돌아가 보자. 남성복 매장에서 원래 내 방식대로 양복을 다 둘러보았다. 멋지게 밑밥을 깔고 양복을 입어보며 말한다.

"넥타이 공짜로 하나 줄 거죠!"

판매 직원이 그 수작을 알아차리면 어떻게 될까? 깔깔거리며 큰 소리로 웃다가 이렇게 말할지도 모른다.

"그것참 대단한 입질이었어요. 그렇게 밑밥 까는 방식은 참 맘에 들어요. 하지만 그 방법을 나한테만 써먹는 건 공평하지 않죠. 다른 사람들과 나눠야 하지 않겠어요?"

그 직원은 이제 동료 직원들을 소리쳐 부른다.

"이봐, 아놀드, 래리, 어브! 이리 좀 와 볼래? 너희도 이 훌륭한 입질을 한번 들어봐! 정말 대단하다니까!"

그는 나에게 뒤돌아 여전히 웃으며 큰 소리로 말한다.

"이제 저 직원들한테 한번 해보세요. **맨 처음부터**. 아주 좋아할 거예요!"

내가 이 모든 소란에 어떻게 대처할까? 허둥거리며 당황해서 이렇게 중얼거릴 것이다.

"아, 그냥 장난 좀 친 거예요. 저쪽에 있는 양복 두 벌 주세요. 물론 정가로요!"

입질의 예를 하나 더 살펴보자. 당신은 어느 사업장의 영업 사원이거나 많은 금액을 투자한 투자자이다. 그런데 누군가 당신에게 입질 전략을 쓰려고 한다. 그런 사람을 내쫓거나 피하는 데 사용할 수 있는 간단한 방법 3가지가 있다.

1. **권한 없음.** 도와주고 싶지만 요청을 들어줄 권한이 없음을 명확히 하라. 이렇게 말하라. "죄송합니다. 책임자분이 해고되어서 지금 사우스 브롱크스 지점에는 책임자가 공석입니다."

2. **정통성.** 벽에 이렇게 써 붙여 놓아라. "저희는 판매 외 물품을 공짜로 제공하지 않습니다."

3. **다 안다는 듯 웃기.** 그런 고객들의 전략과 기술은 이미 다 알고 있다는 듯 가볍게 손님을 툭 친다. 고객을 비웃지 말고 고객과 함께 웃는다.

감정적 전술에 대응하는 법에 대해 말하자면 최근에 자주 들어본 질문이 떠오른다. 질문자는 대개 기업이나 정부의 여성 중역이다. 보통은 동료들이나 상사와의 회의 때 문제가 발생한다. 여성 중역이 의견을 개진하거나 보고서를 작성할 때 남자 직원이 습관적으로 책상을 쾅쾅 치거나 목소리를 높이고 소리를 지르는 등 언어적 괴롭힘을 가한다. 질문자가 조언을 얻고 싶었던 문제는 이것이었다.

"이런 전략적으로 자행되는 **언어적 괴롭힘**에 어떻게 대처해야 할까?"

근본적으로 소위 협박자 또는 '남자애'가 문제의 인물임을 깨닫는 것이 중요하다. 이런 도발을 하더라도 괴롭힘을 당하는 사람은 침착함과 평온함을 유지해야 한다. 괴롭히는 사람과 끝장을 볼 때까지 싸우려 들지 말고 굽히고 들어가서도 안 된다. 자신감을 가지고 계속해서 당신의 생각을 조리 있게 전달하라.

그래도 계속 괴롭힌다면 평소보다 목소리 톤을 더 낮춰라. 당신은 감지하지 못하더라도 당신의 통제력은 그의 유아적 행동과 극명한 대조를 이룰 것이다. 그 정도 되면 회의 참석자들은 당신에게 동질감을 느끼고 언어 폭력자를 거북하게 느끼며 그 상황을 즐겁게 받아들이지 않을 것이다.

이렇게 언어적 괴롭힘과 감정적 전략을 사용하는 사람들은 대개 어릴 때부터 이런 행동을 배워왔을 가능성이 크다. 본보기를 보고 배웠거나 시행착오를 거치며 습관이 들었을 수도 있다. 그런 전술은 보상이 따르면 유지되고, 처벌이나 고통이 따르면 버려진다.

얼마 전, 나는 백화점에서 어느 아이가 부모에게 하는 말을 들었다.

"장난감 안 사주면 에스컬레이터에 드러누울 거야!"

5분 후, 그 아이는 팔에 장난감 하나를 끼고 만족스러운 미소를 지으며 나를 지나쳐 갔다. 그런 아이가 위협과 짜증에 대한 보상을 계속 받게 되면 그 전술은 상대를 통제하는 아이의 접근 방식이 된다.

어른 협상가가 가끔 언어 공격을 일삼을 때면 대개는 무의식적인 행동에서 비롯되었을 수 있다는 사실을 기억하라. 이런 상황에서는 격해진 감정이 가라앉을 때까지 기다렸다가 상대에게 자기 견해를 매우 명확하고 강력하게 설명해줘서 고맙다고 이야기한다.

이런 반응을 보이면 대부분은 항상 상대에게 격한 감정을 드러낸 것을 후회하고 훨씬 더 타협적으로 나온다.

경쟁적인 소련 스타일 협상법의 나머지 세 단계는 앞서 언급한 내용과 일맥상통하므로 대략 훑고 넘어가겠다.

4. 적의 양보를 약점으로 간주

소련 권력자들의 이야기로 돌아가 보면 그들은 항상 권력을 존중하지만, 외국인들에 대해서는 종종 편집증에 가까운 불신을 드러낸다. 그들은 압도적인 힘을 사용하려는 의지를 드러내는 것이 상대의 협력을 얻어내는 가장 좋은 방법이라고 믿는다. 그런 면에서 긴장 관계 완화에 대한 러시아인들의 철학은 로마 제국의 철학과 닮았다. 로마 제국의 평화(팍스 로마나Pax Romana)는 언제든지 무력을 사용할 수 있다는 점을 바탕에 깔고 있었다.

외교관들은 일반적으로 협상이란 상충하는 양측의 입장을 조율하는 것으로 여기지만 소련은 승리해야 할 투쟁으로 여긴다. 그들에게 협상은 길거리 싸움에 비유할 수 있다. 상대편이 권투 규칙을 지키면 그들은 상대가 가진 진짜 힘에 의구심을 갖기 시작한다.

분명 무슨 수를 써서라도 승리하겠다는 이런 태도는 우리에게 익숙한 사고는 아니다. 물론 우리 사회에도 강력한 경쟁적 태도가 팽배한 영역이 있기는 하다. 대통령 선거나 경쟁 스포츠, 적대적인 법률 소송, 비즈니스 등이 그렇다. 이런 분야에서 우리는 '승진을 거머쥐다' 혹은 '경쟁에서 이기다'라는 표현을 쓰기도 한다.

무자비한 경쟁이 신성한 계획의 일부라고 믿는 소련식 사고는 이런 영역에서 관찰한 단편만 가지고 일반화한 것인지도 모른다. 이런 승패식 경쟁도 소수 존재하기는 하지만 우리는 대부분 독불장군처럼 행동하기보다는 모두에게 최선인 해결책을 수용하려는 경향이 있다. 게다가 우리는 협상하는 모든 **상대**에게 같은 동기와 철학을 부여하는 잘못을 저지를 수 있다.

무슨 뜻이냐 하면 전형적인 협상가는 협상이 교착 상태에 접어들었을 때 종종 먼저 양보를 함으로써 상황을 진전시킬 용의가 있다. 우리는 상대측이 그 진심과 협력 방식을 존중하고 그에 상응하는 보답을 할 거라고 추측한다. 그런데 소련 스타일의 상대와 협상을 할 때는 오히려 그 반대다.

한국전쟁 종식을 위한 휴전 협상에서 양측은 최종 휴전선의 위치와 관련해 서로의 요구 사항을 언급했다. 분명 양측의 초기 입장은 상당히 거리가 있었다. 그런데 유엔 협상가들은 적절한 적대적 협상 관행과 달리 재빨리 많은 부분을 양보했다. 북한 측 '소련인'들에게 화해의 제스처를 취하면서 실제로는 최종 대비책을 드러낸 셈이었다. 하지만 상대측은 이런 입장을 합리적이라고 받아들이기는커녕 약점으로 인식했고, 그 결과 그들의 협상 태도를 확고히 굳혔다.

판문점에서 유엔 협상팀을 이끌었던 미국 해군 장성 C. 터너 조이는 나중에 (친절하게 양보한 대가를 절대 돌려받지 못한) 이 빠른 양보가 협상에서 공산주의자들에게 커다란 이점으로 작용했음을 인정했다. 그는 이 경험에 관해 이렇게 썼다.

"교착 상태에 빠진 문제는 상호 양보로 해결해야 한다고 생각하는 미국인들의 성향 때문에 공산주의자들은 그들의 지연 전술을 적용하며 유리한 고지를 점했다."

핵심은, 소련 스타일의 상대와 협상할 때는 그들이 어떤 고귀한 혈통을 가졌든 무언가를 그들에게 너그럽게 양보했다고 해서 상대방도 그만큼 양보할 것이라고 기대해서는 안 된다.

소련이 롱아일랜드에 있는 북쪽 해안 땅을 구매하려고 했던 예를 기억하는가? 앞서 제시가 42만 달러의 땅을 소련 측에서 어떻게 12만 5천 달러에 오퍼를 넣었는지 살펴보았다. 3개월 후, 판매자가 제시가를 36만 달러로 낮췄을 때 소련 측에서 어떻게 반응했을까? 그 질문에 대해 답변하기 전에 묻겠다.

"우리가 소련과 같은 구매자의 입장이었다면 대부분 어떻게 했을까?"

"베푼 만큼 돌려받는다" 혹은 "누이 좋고, 매부 좋고"라는 말처럼 우리도 초반에 너무 낮게 책정했던 호가를 상향 조정해 카운터오퍼를 넣을 것이다.

하지만 소련 협상가들은 북한 협상가들처럼 그런 일은 하지 않았다. 오히려 12만 5천 달러를 더욱 굳건히 고수했다. 그들은 판매자가 6만 달러 양보한 것을 자애로운 행동으로 보지 않고 상대측이 약점을 드러낸 신호라고 해석했다. 그 결과 그들은 8개월 동안 초기 제시가를 그대로 고집하다가 13만 3천 달러로 가격을 쥐꼬리만큼 올렸다.

다음 단계의 전략적 패턴에서 이야기할 내용처럼 전혀 예상치 못한 상황은 아니었다.

5. 양보에 인색

먼저 소련은 체제 특성상 미국과 상대할 때 내재적으로 2가지 협상의 이점을 가지고 있을 수밖에 없음을 이해해야 한다.

1. 더 많은 정보. 자유로운 미국과 달리 소련 사회는 폐쇄적이다. 그런 성격 때문에 우리가 그들에 대해 알고 있는 것에 비해 그들은 항상 우리의 진짜 필요 사항, 우선순위, 마감 시한에 대해 더 많이 알고 시작한다. 소련 측 협상 대표자나 대리인은 미국의 방송을 시청하고, 신문을 읽고 과학 출판물을 구독하기도 한다. 우리가 그들에 대해 아는 것은 중앙 위원회가 알리고 싶어 하는 내용뿐이다.

2. 더 많은 시간. 대부분 소련 최고 지도부의 이직률은 매우 낮다. 흐루쇼프, 브레즈네프, 그로미코든 누구든 재임 기간이 끝도 없어 **보였다**. 반면에 미국은 정치 주기가 훨씬 짧기 때문에 정기적으로 지도부가 교체된다. 계속되는 인기도 여론 조사와 사회 역동성 때문에 인사이동이 잦고 구체적 성과를 빠른 시일 안에 만들어내야 한다. 그 때문에 시간을 효과적으로 사용할 수 없다.

딘 애치슨 국무장관은 30년도 더 전에 이렇게 말했다. "러시아인들을 상대하는 비즈니스는 길고 긴 작업이다."

국가의 통제를 받는 언론과 책임을 지지 않는 소련 체제의 성격 때문에 그들은 인내가 주는 사치를 누린다.

이런 이점을 가진 그들은 원하는 것을 얻기 위해 시간 설정을 훨씬 길게 할 수 있다. 이 기간 동안 그들은 계속해서 '**거부권**'을 남발하고 긴 간격을 두고 쥐꼬리만큼 양보하면서 끝없이 시한을 늦추며 우리에게 압력을 가한다.

대부분 미국인에게는 "시간이 돈이다." 그리고 이런 태도 때문에 우리는 일정과 마감 시한을 살피고 존중한다. 이런 태도와 아울러 우리는 효율을 중시하도록 교육받았기 때문에 회의와 협상은 짧고 굵게 마치는 편을 선호한다.

100년도 전에 알렉시스 드 토크빌은 미국인들의 특성에 대해 이렇게 말했다.

"미국인들은 순간의 열정을 충족시키기 위해 공들인 계획을 포기하는 경향이 있다."

어떤 협상의 결과에 있어 가장 큰 결정 요인은 상대측에 비해 한쪽에서 얼마나 크고 많은 양보를 했는가 하는 점이다. 말만 그럴싸하게 늘어놓는 소련식 협상가들은 어디서든 항상 상대가 먼저 양보를 하도록 유도한다. 그런 다음, 그에 상응하는 보답은 피하려고 애쓴다.

당신이 그들에게 뭔가를 양보하더라도 되돌아오는 것은 그에 비해 별 가치 없는 작은 부분일 것이다. 경쟁적인 협상가들은 선임자들의 사례를 답습해 당신이 그들보다 항상 더 많이, 큰 것을 양보하게 하려고 애쓴다.

허브 코헨의 협상의 기술 1

6. 마감 시한 무시

이 경쟁적인 승패식 협상 스타일에 관해 이야기하면서 나는 소련 방식을 예로 들었다. 상대측을 이용하는 데 사용한 그들의 핵심 전술은 **시간**이다.

앞서 살펴봤듯이 소련과 협상을 할 때는 인내심을 가져야 한다. 모든 게 제시간에 시작되지만, 끝없이 지연된다. 속도를 내려고 시도하면 상대측이 당신의 요청을 토론하고 검토하지만, 실제로 변하는 것은 아무것도 없다. 심지어 마감 시한이 가까워져도 그들은 서두르지 않는다. 마감 시한도 협상의 산물임을 알고 있기 때문이다. 그렇기에 사실 이 마감 시한은 얼마든지 협상할 수 있다!

그들은 당신에게 알려준 본래의 마감 시한이 진짜라고 믿게 만든다. 하지만 그들 자신은 절대 그렇게 믿지 않는다.

롱아일랜드의 북쪽 해안 땅을 구매하는 이야기로 되돌아가 보자. 협상이 중단되었을 때는 마감 시한을 4개월 앞둔 시점이었다. 소련은 제시가 36만 달러에 대해 13만 3천 달러로 오퍼를 넣었다. 그때부터 소련은 아주 천천히 야금야금 다음 행동을 개시했다. 왼쪽은 마감 시한을 기준으로 언제 오퍼를 넣었는지 기록한 것이며 오른쪽은 금액이다.

20일 전: 14만 5천 달러

5일 전: 16만 4천 달러

3일 전: 17만 6천 달러

1일 전: 18만 2천 달러

마감일: 19만 7천 달러

이 수치를 보면 소련의 모든 활동이 사실상 마감 시한 5일 전에 몰려 있음을 알 수 있다. 마감 시한이 지나고 양측은 아무 희망 없이 교착 상태에 빠진 것처럼 보였다. 그때까지도 양측의 입장 차이는 꽤 컸다. 소련의 제시가는 19만 7천 달러인데 판매자의 호가는 36만 달러였다.

부동산 중개인이 이 넓은 토지를 다시 시장에 내놓으려고 할 때 소련 측에서 마감 시한이 만료되고 하루가 지나 연락을 해왔다. 또다시 일주일 동안 바쁘게 협상을 벌인 끝에 소련은 '현금 유동성 문제'를 겪고 있어 현금이 절실히 필요했던 소유주에게 현금 21만 6천 달러를 지불하고 땅을 사들였다.

최종 판매가로 항상 모든 사실을 파악할 수는 없지만, 소련이 시장가보다 훨씬 저렴하게 땅을 구매한 사실에 대해서는 명백한 증거가 있다. 이 협상에 관한 이야기는 소련식 행동을 극단적으로 보여준다.

그 이후의 이야기도 흥미롭다. 땅의 소유주가 된 소련은 그들의 목적에 맞게 땅을 사용하기 전에 용도를 변경해야 했다. 그들은 용도 변경 허가를 위한 이사회에서 전 주인을 만났는데 그는 아직까지도 안 좋은 감정이 남아 부글거리고 있었다.

소련 측은 계획서 수정안을 여러 번 다시 제출하고서도 허가가 계속 지연되자 필요한 용도 변경을 허가받지 못하리라는 사실을 깨달았다. 그들은 원래 땅을 구입한 시기로부터 1년도 채지나지 않아 이 땅을 다시 37만 2천 달러에 팔았다. 그 후에는 한층 부드러워진 협상 전략으로 구겐하임 사유지에서 멀지 않은 롱아일랜드 킹스 포인트에 적당한 땅을 구입했다.

다시 한번 말하지만, 소련식 경쟁 스타일의 협상 전략을 자세히 소개하는 이유는 여러분이 이 방식을 행하길 바라서가 **아니다.** 앞서 말한 대로 여러분이 이 전술을 알아차리고 거기에 희생되지 않기를 바라기 때문이다. 한 번 더 말하지만 **간파된 전술은 전술이 아니다.**

소련식 전술이 먹혀들려면 3가지 기준이 있어야 한다.

1. 관계가 지속되지 않는다. 협상은 일회성 거래로 끝나고 가해자가 확실히 피해자를 다시 볼 일이 없어야 한다. 앞으로도 지속되는 관계라면 당신이 얻은 승리는 앞으로의 관계를 저당 잡히고 얻은, 이익이 없는 승리다.

예를 들어 소련식 협상가인 나는 당신을 '찌르고' 무사히 도망친다. 당신은 속았다는 사실을 언제 깨닫게 될까? 아마도 그 즉시는 아니고 시간이 지나면서 무슨 일이 일어났는지 깨달아갈 것이다. 신발에 묻은 피를 겨우 모른 척 넘어가려는데 누군가 당신의 어깨를 툭툭 치며 정중하게 말한다.

"실례지만 등 뒤에 금속 물체가 툭 튀어나와 있는데요…. 그리고 어머, 피가 엄청 흐르고 있어요."

아무리 빠릿빠릿하지 않은 사람이라도 그때쯤이면 무슨 일이 일어났는지 깨닫게 될 것이다.

화가 많이 나지만 기댈 곳도 없다. 하지만 우리가 다시 만나야 할 사이라면 당신은 날 기다릴 수 있다. 두 번째 만날 때도 내가 당신보다 더 많은 힘을 가지고 있다고 가정하면 당신의 태도는 이럴 것이다.

"이번에도 내가 쓰러질 거라면 당신과 함께 쓰러지겠어. 어차피 죽을 바엔 같이 죽는 거야."

이제 당신은 자신을 기꺼이 희생해서라도 내게 복수를 하고 싶어 한다. 이제 당신은 '너 죽고 나 죽자' 식의 **패패 전략**을 행하려고 한다.

2. 나중에 후회하지 않는다. 윤리, 도덕성, 종교적 훈육 등 어디에서 비롯되었든 간에 우리는 대부분 페어플레이에 대한 개념을 갖고 있다. 만약 소련식으로 협상해 이긴다면 당신과 당신의 양심은 승리를 얻어내기 위해 사용한 이 전술을 가지고 계속해서 살아가야 한다. 이후에도 그런 식으로 승리를 거머쥔 것이 가치 있는 일이었는가 하는 죄책감

과 회한에 사로잡혀 지내게 된다면? 고故 재니스 조플린은 이렇게 말했다.

"자신과 타협하지 말라. 그것이 당신이 가진 전부이므로!"

하지만 '모로 가도 서울만 가면 된다'고 믿는 사람들은 이런 기준에 아무런 불편함도 느끼지 않는다.

3. 피해자가 몰라야 한다. 잠재적 피해자는 적어도 그 당시에는 아무것도 모르는 상태여야 한다. 먹잇감이 사냥 게임임을 이해하면 불구덩이 속에 그대로 남아 있지는 않을 것이다. 그러므로 사냥꾼의 기술이 어떻든 간에 이상한 낌새를 눈치채지 못하게 할 필요가 있다.

경쟁적인 승패식 스타일을 인지해야 하는 이유는 이 세 번째 이유만으로도 충분하다. 많은 사람들이 승패식 스타일을 인지하게 되면, 순진한 사람들을 밟고 일궈내는 값싼 승리를 허락하지 않을 것이다. 실제로 이런 지식이 널리 퍼지면 우리는 경쟁적인 전술을 무력화시키고 불공정한 게임을 최소화할 수 있다.

좋다, 이제 독자인 여러분 이야기를 해보겠다. 여러분은 등에 단도가 꽂히지 않도록 자신을 어떻게 보호할 것인가? 피가 다리로 흘러내리지 않도록 어떻게 자신을 지킬 것인가? 정답은 소련식 스타일을 예측하고 인지할 줄 아는 능력에 있다.

기억하라. 소련식 스타일에서 함정을 만드는 첫 번째 기준은 '일회성으로 끝나는 거래'다.

당신의 고물 자동차가 갑자기 멈춰버려 뉴욕이나 로스앤젤레스, 필라델피아 시내에 있는 중고차 매장을 급히 찾아간다면 당신은 어떤 전술을 마주치게 될까? 이와 대비되는 경우를 생각해보자. 비즈니스와 생존을 지속하기 위해 좋은 평판이 요구되는 몬태나주의 빌링스나, 위스콘신주의 라인랜더에 있는 신차 매장과 비교해보자.

어디에 있든 상대측의 행동에서 '승패식' 전술을 감지하는 안테나가 진동한다면 당신에게는 3가지 옵션이 있다.

1. 항상 다른 대안이 있으니 발길을 돌려 나가버려라. 인생은 짧으니 혼자서 실컷 협상하라고 조작꾼에게 말하고 싶어질 수도 있다.

2. 시간과 의향이 있다면 싸움에 가담할 수 있다. 악마가 판을 벌인 게임에서 역공을 펼쳐 악마를 무너뜨릴 수도 있다.

3. 경쟁적인 승패식 경기에서 관계를 교묘하게 역전시켜 양측 모두의 필요를 충족시키는 협력적인 협상으로 전환한다.

다음 장에서는 이런 전환이 왜 필요한지, 그리고 그 전환을 어떻게 이뤄낼 수 있는지 보여주고 양측 모두 승리할 수 있는 협상에 대해 설명하겠다.

8 "협상은 쌍방을 위한 것"
윈윈 스타일

돈은 말한다. 하지만
진실을 말할까?

협상 분야에서 전해 내려오는 전설적인 이야기가 있다.

한 남매가 남은 파이를 두고 서로 큰 조각을 먹겠다고 실랑이를 벌인다. 두 사람 모두 더 큰 파이를 먹고 싶고 속임수는 용납하지 않는다. 사내아이가 나이프를 쥐고 자기가 더 큰 쪽을 차지할 태세를 갖추었을 때 부모님이 현장에 나타난다.

솔로몬 왕의 전통을 따라 부모가 말한다.

"기다려! 난 누가 파이를 자르든 상관하지 않아. 하지만 한 사람이 자르면 **다른 한 사람**에게 파이를 선택할 권리를 주어야해."

그러면 당연히 사내아이는 자신을 위해 파이를 똑같은 크기로 자를 것이다.

이 이야기는 지어낸 이야기일 수도 있지만 그 아래 깔린 교훈은 오늘날까지도 진가를 발휘한다. 당사자들의 필요 사항이 실제로 상반되는 경우가 아닌 상황은 많이 볼 수 있다. 상대를 물리치는 것에서 문제를 물리치는 것으로 초점이 바뀌면 모두가 이익을 볼 수 있다.

협력적인 윈윈 협상에서 우리는 양측 모두 이익을 볼 수 있는 결과를 얻어내려고 노력한다. 갈등은 인간 조건의 당연한 일부로 간주된다. 갈등을 해결해야 할 문제로 여기면 양측의 입장을 모두 수용하는 창의적인 해결책을 찾을 수 있다. 그러면 양측의 사이도 훨씬 더 가까워질 수 있다.

우연일 수도 있지만 이 파이의 은유는 노사 간의 단체 협상에서 습관적으로 많은 사람의 입에 오르내린다. 한쪽은 대개 이렇게 말한다. "우린 그저 우리 몫의 파이를 가지려는 것뿐입니다." 하지만 파이를 고정된 돈의 총액으로 볼 때, 한쪽이 이익을 얻으면 반드시 다른 한쪽은 손해를 보게 되어 있다. 다음의 경우를 고려해보자.

협상이 막다른 골목에 다다르면 노조는 파업에 돌입한다. 노조가 이기면 파업 기간 동안 잃는 임금은 그들이 얻을 이익보다 커진다. 반대로 파업을 하면 경영진은 파업 없이 그들의 요구 사항을 양보했을 때 들어가는 비용보다 더 많은 부분을 잃게 된다. 그러니 양측 모두 파업으로 손해를 본다. 파업이 없다면 그들은 신뢰 분위기 속에서 양측이 원하는 것을 충족시키기 위해 합의를 이루어낼 수 있다.

이런 논리에도 불구하고 우리는 노사가 손해 볼 뿐만 아니라 대중과 경제, 나아가 국가 이익에도 손해를 끼치는 파업을 종종 목격한다. 왜 이런 일이 일어날까? 아마도 부분적으로는 파이의 비유에 해당되는 문제일 것이다. 총액은 고정되어 있고 서로의 요구 사항과 그에 대응하는 요구가 나오고 결론과 최후통첩이 왔다 갔다 하기 시작한다. 창의적인 해결책은 나올 것 같지 않다.

그렇게 하는 대신 우리는 서로가 진짜 원하는 내용이 상호보완적이라고 여기고 서로에게 물어야 한다.

"어떻게 하면 파이의 총액을 키우는 방법을 찾을 수 있을까? 그러면 서로의 몫이 더 많아지지 않을까?"

이 이야기는 노사 관계에만 관련된 것이 아니며 진행 중인 모든 협상에 해당된다. 잠깐만 생각해보면 거의 모든 협상에 해당되는 이야기임을 알 수 있을 것이다.

모든 인간은 똑같이 만들어지지 않았기 때문에 당신의 필요 사항과 나의 필요 사항은 대개 같지 않다. 그러므로 우리 모두가 승리를 거머쥘 수 있다.

사람은 누구나 독특한 개성을 지니고 있다는 사실은 적어도 어느 정도 지적 수준만 있으면 모두가 받아들일 것이다. 그렇다면 우리는 왜 대부분의 협상이 적과의 만남이며 거기서 당신이 만족하려면 상대의 희생이 필요하다고 생각할까? 그 이유는 대부분의 협상에서 우리는 대개 '고정된 총액', 즉 돈에 관해 이야기하기 때문이다.

왜 협상을 할 때는 항상 돈이나 가격, 비율, 임금 등 돈의 다른 형태, 혹은 '핵심 쟁점'에 관해서만 이야기할까? 왜 모두들 돈에 매달릴까? '돈'은 특수하고 정밀하며 수량으로 나타낼 수 있기 때문이다. 당신의 요구 사항이 충족되었는가에 대한 피드백을 제공하기 때문이다.

돈은 협상에서 당신이 올리고 있는 점수를 파악하게 해준다. 당신이 잘하고 있는지 측정할 수 있는 방법이다. 일부 주부들이 매우 잘 알다시피 돈은 결정적인 가치의 척도이다. 불쾌한 메시지를 암호화하는 방법이기도 하다.

내가 상사에게 가서 이렇게 말한다면 어떨까?

"이런 굴욕적인 상황에서 당신 같은 머저리랑 같이 일해야 하니 돈을 더 받아야겠어!"

이렇게 솔직하게 말하면 상사에게 사랑받을 것 같진 않다. 그래서 나는 진짜 나의 감정과 실망감을 변환시켜 이렇게 말하는 방법을 배웠다.

"저는 돈을 더 벌고 싶습니다."

이렇게 하면 순전히 돈에 관한 메시지만 구미에 맞게 전달할 수 있을 뿐 아니라 상사는 당신의 어깨에 팔을 두르고 이렇게 말할 것이다.

"난 야망 있는 사람들이 좋아. 자네와 나, 우리 함께 위로 올라가자고."

우리 중 많은 사람은 어릴 때부터 돈을 대화 주제로 받아들이도록 천천히 훈련을 받아왔다. 어떤 사람들은 자신이 초록색(지폐 색상)을 가장 좋아해야 한다고 믿어왔을 것이다. 사람들이 하는 이야기를 듣고 당신은 때로 사람들이 살아 움직이는 돈 표시가 아닐까 하는 생각도 들 것이다. 하지만 대부분의 협상이 돈 위주로만 돌아간다고 생각한다면 그건 잘못이다. 사람들이 말하는 방식 혹은 보이는 것이 전부가 아니다. 분명히 돈은 필요**하지만** 많은 요소 중 하나일 뿐이다.

상대의 다른 필요 사항을 무시하고 돈에 관한 필요 사항만 만족시킨다고 해서 그들을 기쁘게 만들 수는 **없다**. 가상 상황을 통해 그 점을 증명해보겠다.

어느 날 저녁, 함께 살고 있는 두 사람(남편과 아내라고 해보자)이 잡지를 넘겨보던 중 광고 지면에서 배경으로 사용된 앤티크 시계를 발견한다.

아내가 말한다.

"이렇게 멋진 시계 처음 봐요! 우리 집 현관이나 입구 쪽 복도 가운데 걸어두면 멋있을 것 같지 않아요?"

남편이 대답한다.

"진짜 멋있겠네요! 얼마짜린지 모르겠네. 광고에 가격표는 없으니 말이에요.”

그들은 앤티크 매장에서 함께 시계를 찾아보기로 한다. 또 그들은 그 시계를 찾더라도 최대 500달러 이상은 지불하지 않기로 한다.

3개월 동안 찾아다닌 끝에 마침내 한 앤티크 전시회 부스에서 전시된 시계를 찾는다.

아내가 흥분해서 소리친다.

“저기 있어요!”

남편이 말한다.

“맞아, 저거예요!”

남편이 덧붙여 말한다.

“기억하지요? 500달러 이상은 지불하지 않기로 한 거!”

두 사람은 부스로 다가간다.

아내가 말한다.

“어머. 시계 위에 가격표에는 750달러라고 써 있어요. 그냥 집에 가야겠네요. 500달러 이상이면 사지 않기로 했잖아요. 그렇죠?”

남편이 말한다.

“그랬죠. 그래도 어쨌든 시도는 해보자고요. 오랫동안 찾아다닌 거잖아요.”

두 사람은 속닥거리며 500달러에 구매할 실낱같은 기회를 잡기 위해 남편을 협상자로 정한다.

남편은 용기를 내어 시계 판매원에게 다가가 말한다.

"저 **작은** 시계 판매하시는 거죠? 저 위에 써 있는 게 가격인가 보네요. 그런데 가격 판에 먼지가 앉아서 정말 앤티크 분위기가 많이 나는군요."

탄력받은 남편은 계속 이어 말한다.

"제가 저 시계에만 딱 한 번 오퍼를 넣을 생각이에요. 마음에 드실 것 같네요. 그럼 시작할까요?"

남편은 효과를 증폭시키기 위해 잠시 멈췄다가 말한다.

"250달러 어때요."

시계 판매원은 눈 한번 깜빡이지 않고 말한다.

"좋아요. 가져가세요."

그러면 남편의 첫 반응이 어떨까? 뛸 듯이 기뻐할까? 이렇게 생각할까?

'나 진짜 잘했어. 목표 가격보다 엄청 많이 깎았잖아!'

당연히 아니다! 여러분도 나만큼 잘 알 것이다. 우리는 모두 비슷한 상황에 처해보았기 때문이다. 남편의 첫 반응은 이럴 것이다.

"난 정말 바보야! 150달러를 불렀어야 했는데!"

두 번째 반응은 이럴 것이다.

"시계에 뭔가 문제가 있는 게 분명해!"

남편은 자동차에 시계를 실으면서 중얼거린다.

"왜 이렇게 가볍지. 난 **그렇게** 힘이 세지도 않은데! 안에 부품이 빠져 있는 게 분명해!"

어쨌거나 집에 가서 입구 쪽 복도에 걸어 놓는다. 멋져 **보인다.** 제대로 작동하는 것 같지만 그와 아내는 뭔가 찜찜하다.

부부는 잠자리에 들었다가 새벽 3시에 잠에서 깬다. 왜? 정각을 알리는 시계 소리가 들리지 않은 것 같아서다. 계속 이런 날이 이어지고 밤에 잠을 못 이룬다. 부부의 건강은 순식간에 악화되고 고혈압이 생긴다. 왜? 시계 판매원이 뻔뻔하게도 시계를 250달러에 팔았기 때문이다.

그 판매원이 합리적이고 배려 있는 사람이었다면 497달러까지 흥정하는 기쁨과 자기만족을 허락했을 것이다. 판매원은 그들에게 247달러를 절약하게 해주었지만, 그의 3배에 달하는 짜증을 안길 것이다.

협상에서의 이런 전형적인 실수는 모든 관심이 가격이라는 한 가지 단면에만 집중되어 있기 때문에 나온다. 그 부부가 돈과 관련된 부분만 원했던 1차원적인 사람들이라면 이 거래로 황홀했을 것이다. 하지만 우리 모두와 마찬가지로 그 부부는 다차원적이고 여러 요구를 갖고 있었다. 그중에는 무의식적이고 겉으로 드러나지 않는 부분도 있다.

가격에 대한 요구를 만족시키는 것만으로 그들을 기쁘게 할 수는 없다. 시계를 원하는 가격에 얻는 것만으로는 충분하지 않았다. 이 상황에서 그들에게는 협상이 너무 빨리 끝나버렸다. 그들은 약간의 실랑이와 대화를 통해 신뢰를 구축할 필요가 있었고 더불어 약간의 흥정이 필요했다. 남편이 판매원을 대할 때 성공적으로 기지를 발휘할 수 있었다면 그는 이 거래 과정을 거치며 구매 자체뿐만 아니라 자신에 대해서도 훨씬 자랑스러웠을 것이다.

앞서 협상은 양측이 자신들의 필요 사항을 만족시키기 위한 활동이라고 말했다. 그런데 실제 필요 사항은 겉으로 잘 드러나지 않는다. 협상가들이 그것을 감추거나 드러내지 않기 때문이다. 따라서 협상은 결코 공개적으로 이야기한 내용이나 가격, 서비스, 상품, 영역, 양보, 이자율, 돈 등 협상에서 논의된 내용만 가지고 하는 것이 아니다. 토론되는 내용과 **고려하는 방식**은 심리적 욕구를 충족시키기 위해 사용된다.

협상은 단순히 물질적 대상만 교환하는 것이 아니다. 협상은 이해와 믿음, 수용, 존중, 신뢰를 발전시켜 나갈 수 있는 행동과 태도의 **한 방법**이다. 당신의 접근 방식, 목소리 톤, 태도, 이야기를 전달하는 방식, 사용하는 방법, 상대측의 감정과 필요에 대해 당신이 드러내는 우려 등을 어우르는 것이다.

이 모든 것이 한데 어우러져 협상 **과정**을 이룬다. 그런 이유로 당신이 목표를 이루려고 노력하는 방식은 그 자체로 상대측의 필요 사항을 충족시켜주기도 한다.

여기까지 우리는 왜 협상이 종종 불필요하게 적과의 싸움이나 양측에 이익이 되지 않는 갈등으로 진창에 빠져 허우적거리게 되는지 알아보았다. 협상이 필요 사항을 만족시키기 위한 것이라면 협상 과정(갈등을 해결하는 방식) 자체가 협상 참여자들의 필요를 충족시켜야 한다. 더 나아가 모든 사람은 각자 다르기 때문에 양측의 서로 다른 입장 차에 조화를 이루고 합의점을 찾는 일은 얼마든지 가능하다.

이제 협상 과정과 상대의 필요 사항에 대해 합의점을 찾는 일이 어떻게 협력적인 윈윈 협상의 결과를 가져올 수 있는지 설명해보겠다.

1. 필요를 충족시키는 과정을 이용하라

협상을 처음 시작할 때에는 사포가 아니라 벨벳처럼 부드럽게 접근해야 한다. 온화하게 표현하고 머리를 긁으며 당신이 실수했을 수도 있음을 인정한다. 기억하라. "실수는 인간이, 용서는 신이 하는 것이다." 이렇게 말하길 주저하지 마라. "이 문제에 있어서는 당신 도움이 필요합니다. 저는 잘 몰라요."

항상 상대측에게 그들의 위엄에 대해 요령 있게, 신경 쓰고 있는 듯이 이야기하라. 아무리 그들이 불쾌하고 부정적이며 엇나가기로 유명한 사람들이라도 긍정적인 기대를 내비치며 접근하면 마음이 풀어질 것이다. 대부분 사람은 기회가 주어지면 그들이 제안받은 역할을 수행하고 협조하려고 노력한다. 달리 말하면 사람들은 상대가 기대하는 방식대로 행동하려는 경향이 있다.

상대의 관점 혹은 기준틀에 따라 문제를 보려고 노력하라. 상대의 이야기를 공감하면서 들어라. 다시 말하면 상대가 말하는 동안 반론하려고 하지 말라. 까칠하게 대하지 말라. 당신이 말하는 **방식**이 종종 상대의 반응을 결정한다. 상대의 말에 반응하면서 확고한 표현을 사용하지 말라. 답변을 시작할 때 다음과 같이 말하는 법을 배워라. "그러니까 제 생각에 지금 말씀하신 내용은…."

이런 **'매끄러운 태도'**는 당신의 말을 부드럽게 하고 행동을 성스럽게 하며, 마찰을 최소화한다. 이 지침을 따르면 상호 간에 수용 가능한 해결책을 찾는 협력 관계를 이룰 수 있다.

몇 해 전, 이런 접근 방식이 제대로 먹혀들었던 짧은 협상의 예를 소개하겠다.

나는 동료 1명과 맨해튼으로 출장을 갔다. 그날 아침 첫 미팅 전에 시간이 조금 남아 가볍게 아침 식사를 하고 있었다. 주문을 하고 나서 내 동료는 신문을 사러 밖으로 나갔다. 5분 후, 그는 빈손으로 돌아왔다. 그러고는 고개를 가로저으며 욕을 뇌까렸다.

내가 물었다.

"무슨 일이야?"

그가 대답했다.

"망할 자식! 길 건너 신문 판매대로 가서 거기 남자한테 10달러짜리 지폐를 건넸어. 그런데 이 사람이 돈을 안 받고 내 팔에 낀 신문을 바로 빼가는 거야. 깜짝 놀라서 가만히 있었더니 자기는 이런 러시아워에 거스름돈까지 챙겨줄 여유가 없다지 뭔가."

우리는 그 이야기를 하며 아침 식사를 마쳤다. 동료는 오만이 하늘을 찌르는 태도였고 그의 적은 아무한테도 10달러 지폐의 거스름돈을 주지 않는 "성미 고약한 놈"이었다. 이번에는 내가 도전하러 나섰다. 내가 길을 건너는 동안 동료는 식당 창문으로 내다보고 있었다.

신문 판매대 점원이 날 돌아보자 내가 부드럽게 말했다.

"선생님, 실례합니다. 제가 문제가 좀 있는데 도움을 받을 수 있을까 해서요. 저는 이 동네에 처음 왔는데 〈뉴욕타임스〉를 한 부 사려고 합니다. 그런데 10달러 지폐밖에 없는데, 어떻게 해야 하죠?"

그는 주저하지 않고 신문을 집어 내게 건네며 말했다.

"여기요, 가져가죠. 나중에 잔돈 생기면 갖다 줘요!"

나는 손에 '트로피'를 쥔 채 자신감을 뿜어내며 의기양양하게 길을 건넜다. 고개를 흔들며 그 광경을 지켜본 동료는 나중에 이 일을 '54번가의 기적'이라고 불렀다.

나는 별거 아니라는 듯이 말했다.

"과정도 성공에 중요한 영향을 미친다네. 접근 방법의 문제란 말이야!"

2. 필요 사항을 조율하거나 협의하라

불행히도 사람들은 상대를 적으로 간주할 때 거리를 두거나 제3자를 통해 거래하기도 한다. 이 거리를 통해 그들은 요구나 그에 대응하는 요구를 하며 결론을 표명하고 서로에게 최후통첩을 던진다. 각자 자신의 상대적인 힘을 키우려고 하기 때문에 중요한 자료, 사실, 정보를 숨기려 든다. 한쪽의 감정, 태도, 진짜 필요 사항은 불리하게 이용될까 봐 감춰둔다. 당연히 그런 분위기에서는 서로의 필요를 만족시키기 위한 협상이 사실상 불가능하다.

하지만 모든 인간이 다르다는 사실을 깨달으면 양측의 목표가 상호 배타적이지 않을 수 있음을 알게 된다. 이런 분위기에서는 허심탄회하게 신뢰를 쌓고 태도와 사실, 개인적 감정, 필요 사항을 서로 교환할 수 있다. 이런 자유로운 상호 작용과 공유가 이루어지면 양측을 모두 승리자로 만들 창의적인 해결책을 찾을 수 있다.

예를 들어 1940년대 중반, 하워드 휴즈는 영화 〈무법자The Outlaw〉를 제작했다. 주연 배우인 제인 러셀은 가슴골이 인상적인 갈색 머리의 미인이었다. 영화는 잊어도 그만이었지만 영화 광고판은 기억에 남을 만했다. 제인 러셀이 건초 더미 위에 나른한 표정으로 누워 있었던 기억이 난다. 당시 아직 어렸던 나는 황홀감에 취해 흥분을 가라앉히려고 애썼다.

당시 휴즈는 러셀에게 반해 1년 동안 100만 달러에 개인적인 서비스 계약을 체결했다.

12개월 후, 제인이 말했다.

"계약한 대로 돈 주세요."

하워드는 당장은 '현금'이 없지만 자산은 많다고 말했다. 여배우의 입장은 '변명은 필요 없고 돈을 원한다'였다. 휴즈는 러셀에게 일시적으로 현금 유동성 문제가 있다고 계속 말하며 기다려달라고 했다. 러셀은 계속해서 법률 계약서를 언급하며 1년이 끝나는 시점에 약속한 돈을 달라고 요구했다.

양측의 요구는 타협이 불가한 것처럼 보였다. 경쟁적인 상황에서 적처럼 행동한 그들은 변호사를 통해 협상에 나섰다. 이전에 가깝게 일하던 관계에서 승패 다툼을 벌이는 관계가 되었다.

이 문제로 결국 소송까지 갈 거라는 소문이 파다했다. (하워드 휴즈는 나중에 그가 소유한 항공사 TWA 논란으로 1,200만 달러의 소송 비용을 내게 된다는 점을 새겨두기 바란다.) 이 분쟁이 소송으로 넘어갔다면 누가 이겼을까? 아마도 승자는 변호사들뿐이었을 것이다.

하지만 이 분쟁은 다르게 해결되었다. 어떻게 해결되었을까? 러셀과 휴즈는 현명하게 처신했다.

"봐, 너와 나는 다른 사람이야. 우리는 목표가 달라. 우리가 신뢰의 분위기 속에서 정보와 감정, 필요 사항을 공유할 수 있는지 한번 보자고."

그 두 사람은 정확히 그렇게 했다. 그들은 협력자로서 두 사람 모두 만족할 수 있는 창의적인 해결책을 찾아냈다.

그들은 최초의 계약을 수정해 1년에 5만 달러씩 20년 동안 지급하는 계약으로 변경했다. 명시한 금액의 총액은 같지만 지불 형식이 바뀐 것이다. 그 결과 휴즈는 '유동성 문제'를 해결했고 원금에 대한 이자를 아낄 수 있게 되었다. 반면에 러셀은 과세 소득을 몇 년에 걸쳐 분산시킴으로써 세금을 줄이는 효과를 보았다. 또 그녀는 20년에 걸쳐 연금식으로 돈을 받아 생활비로 쓸 수 있었다.

배우라는 직업은 대개 그다지 안정적이지 않다. 그녀는 '체면 치레'를 했을 뿐 아니라 협상에서도 이겼다! 하워드 휴즈 같은 괴짜와 거래를 할 때는 아무리 당신이 옳아도 이기지 못할 수 있다는 사실을 기억하라. 개인적인(그리고 상이한) 요구의 측면에서 러셀과 휴즈는 둘 다 큰 승리자였다.

갈등

갈등은 인생에서 피할 수 없는 부분이다. 우리 중 일부는 반대되는 목표를 가지고 있다. 하지만 파이 한 조각을 분배하는 일에서 100만 달러를 나누는 일에 이르기까지, 어떤 일이든 간에 갈등은 생기게 되어 있다. 양측이 자신들이 원하는 것에 대해 합의를 본다고 하더라도 마찬가지다.

다음의 예는 양측이 같은 것을 원하는데도 그것을 어떻게 얻어내는지 그 수단에 대해 갈등이 생기는 경우다.

풋볼 게임이 끝나갈 때 홈팀이 골라인에서 2야드(약 1.8미터) 밖에 떨어지지 않은 지점까지 움직였다. 시간은 흐르고 쿼터백은 서둘러 터치다운을 하자고 재촉한다. 코치는 계속 필드골을 고집한다. 양측 모두 경기에서 승리한다는 같은 목표를 가지고 있다. 하지만 수단, 즉 그 목표에 접근하는 방법에 있어서는 의견이 일치하지 않는다.

개인 또는 집단 간 갈등의 성격이 어떻든 간에, 그 의견의 불일치가 왜, 그리고 어떻게 전개되어 왔는지 파악할 필요가 있다. 기본적으로 상대측의 협력을 얻어내는 첫 단계는 이 문제에 있어 양측이 어떤 입장에 처해 있는지를 파악하는 일이다. 어느 부분에서 의견이 일치하고 어느 부분에서 차이를 보이는가를 알아야 한다.

다음으로는 관점의 차이가 어떻게 생겨났는지를 분석해보라. 그 차이에 대해 상의하고 **그 원인을 진단**할 수 있다면 양측이 함께 협력적인 윈윈 협상을 도모하기가 훨씬 쉬워진다.

일반적으로 어떤 문제에 대한 입장 차이는 다음의 3가지 영역에서 비롯된다.

1. 경험
2. 정보
3. 역할

경험

우리는 사물을 있는 그대로만 보지 않는다. 우리는 사물을 **우리** 방식대로 본다. 각 사람은 분명 그들 각자의 경험의 산물이며 두 사람이 동일한 것을 습득할 수는 없다. 같은 부모 밑에서 자란 성별이 같은 한 살 터울의 형제도 세상을 다른 눈으로 바라본다. 한 지붕 아래서 자란 아이들도 그러한데 전혀 다른 환경에서 자란 사람들은 오죽할까? 칼럼니스트 월터 리프만은 이렇게 말했다.

"우리는 누구나 자기 머릿속 사진의 포로다. 우리는 우리가 경험한 세계가 실제 존재하는 세계라고 믿는다."

그러므로 당신이 생각하고 해석하는 방식을 이해하려면 나는 당신의 **세계 속으로 들어가야** 한다. 당신의 행동을 가늠하려면 나는 당신의 감정, 태도, 신념 체계를 파악하려고 노력해야 한다.

요즘 젊은이들의 표현대로라면, 나는 "당신이 어디서 왔는지" 알아야 한다.

정보

대개 사람들은 상이한 정보에 노출되고 그 과정에서 상이한 사실을 습득한다. 어떤 수치를 이야기할 때는 항상 "내가 가진 자료에 의하면"이라고 말한다. "당신이 가진 자료에는 없을 수도 있지만"이라는 뜻이다. 혹은 그 반대일 수도 있고. 우리가 가진 정보에 따라 우리는 각자 추론을 하고 결론을 내리며 쟁점의 틀을 잡고 행동 방침을 정한다.

상이한 정보 기반에 의해 일을 한다면 우리는 결국 완전히 상반되는 입장을 갖게 될 수 있다. 그로 인해 생기는 갈등을 최소화하려면 서로 지식을 공유해야 한다. 여기에는 재정적인 세부 사항뿐만 아니라 관련된 아이디어와 느낌, 필요 사항까지 포함된다.

다른 누군가가 당신의 관점을 이해하길 기대할 수 있는 유일한 방법은 그들에게 당신이 그런 관점을 갖게 한 실체를 제공하는 것이다. 그런 면에서 우리의 과제는 본질적으로 논쟁이 아닌 교육이다!

역할

견해 차이는 협상이라는 드라마에서 각자에게 주어진 역할 때문에 생기는 경우가 많다. 당신이 맡은 역할이나 일이 상황을 인지하는 방법에 영향을 미치고 공정한 해결을 이룰 가능성에 대한 당신의 관점에 색을 입힌다. 검사와 변호사가 매우 상이한 입장을 진실되게 지지할 수 있는 것과 마찬가지다.

누구를 대표하든 당신은 도덕적으로 끌려가는 경향이 있다. 이렇게 믿는 것이다.

"나는 천사들의 편에 서 있어. 나는 선한 힘을 대표하고 악한 힘에 대항해."

물론 그런 입장을 취하는 것은 말도 안 된다. 자멸을 가져올 뿐이다. 협상이 성공하려면 이런 감정적인 부분은 버려야 한다. 양측 모두가 이렇게 말하는 법을 배워야 한다.

"내가 저쪽 편에서 그쪽 고객의 입장을 대변했다면 나도 비슷한 입장을 취했을 거야."

내 말을 믿어라. 이런 태도를 취한다고 해서 상대측에게 약점이 잡히지 않는다. 물론 그렇게 이해심을 발휘하더라도 당신에게 급여를 지불하는 쪽이 누구인지 절대 잊어서는 안 된다. 하지만 이런 식으로 생각하는 것은 상대측의 제약, 문제, 진짜 필요 사항을 인지하는 데 도움이 된다. 이런 관점을 갖는 것이 창의적 문제 해결의 핵심이다.

더 진도를 나가기 전에 이 장에서 개략적으로 설명한 협상의 접근 방법을 요약해보자.

중요한 점은 교묘하게 상대측에게 술책을 쓰거나 조작하는 것이 **아니다**. 그보다는 신뢰를 바탕으로 한 진심 어린 관계를 발전시켜 양측 모두가 승리하는 것이다.

사람은 제각기 다르다고 했지만 그다지 복잡하지는 않다. 다들 그저 자신들의 필요 사항을 만족시키고 싶어 할 뿐이다. 내 요구 사항이 당신의 요구와 다르다고 해서 우리가 적은 아니다.

그러므로 내가 정당한 방법과 방식으로 당신에게 다가간다면 상호 필요 사항을 충족할 수 있고 양측 모두가 승리하는 방식으로 협상을 이끌 수 있다.

성공적인 협력적 협상은 상대측이 정말로 원하는 것이 무엇인지 알아내고 상대측에게 그것을 얻을 수 있는 방법을 제시하면서 당신이 원하는 것을 얻어내는 것이다.

상호 만족을 위한 협상의 기술

끝날 때까지 끝난 게 아니다.

요기 베라

협력적인 윈윈 스타일을 이용해 상호 만족을 이루려면 다음의 3가지 중요한 활동이 필요하다.

1. 신뢰 구축
2. 지지 얻어내기
3. 반대 세력에 대처하기

1. 신뢰 구축

지금까지 여러분은 내가 '사람은 필연적으로 탐욕스럽거나 사악하다는 냉소적 관점'을 갖고 있지 **않다는** 것을 깨달았을 것이다. 경쟁적인 사회에서 신뢰 관계를 구축하기 어렵다는 사실을 과소평가하지는 않지만 그간의 경험으로 나는 충분히 그렇게 할 수 있다고 생각한다.

계속되는 관계에서는 당신이 상대편을 더 신뢰할수록 상대편도 당신의 신뢰를 정당화한다. 상대가 정직하고 믿음직스럽다고 믿는 마음을 전달하면 상대는 당신의 이런 기대에 부응하려고 할 것이다.

그렇게 하지 않으면 어떻게 될까? 의심을 품고 상대를 불신하면서 접근해보라. 그러면 분명 당신의 예견대로 될 것이다. 그러므로 최악의 상황에서 벗어날 수 있는 유일한 방법은 최선을 기대하는 것이다.

그 최선은 **신뢰 관계**를 구축하는 일이다. 양측이 서로가 정직하며 신뢰할 수 있다는 확고한 믿음을 갖는 것이다. 이런 상호 의존 관계 즉 잠재적 동맹 관계가 형성되면 피할 수 없는 의견 충돌도 처리할 수 있게 된다. 이런 분위기는 갈등을 만족스런 결과물로 바꿔주는 토대가 된다.

상호 신뢰 관계는 협력적인 윈윈 협상의 원동력이다. 이제 어떻게, 그리고 언제 이런 관계를 구축할 수 있는지 이야기해보자. 앞으로 설명하겠지만 신뢰 구축 활동을 다음의 2가지 시기로 나눈 데에는 명백한 이유가 있다.

A. 사전 협상 단계
B. 공식 협상

A. 사전 협상 단계

앞부분에서 이 사전 협상 단계와 공식 협상 단계를 구분 지으면서 정신병에 비유해 설명했다. 기억하는지 모르겠지만 정신병은 장기간에 걸쳐 발전되거나 단계를 거쳐 진행된다고 말했다. 시간 기준으로 보면 정신병은 항상 환자가 진단을 받고 정신병으로 확인되는 공식적인 사건에 앞서서 진행된다.

협상에도 양측 간에 공식적인 상호 작용으로 최종 결론을 내기 전까지 이어져 온 과정이 있다. 그러므로 우리가 "협상은 3월 5일 오후 2시에 시작될 것이다"라고 말할 때는 단지 공식 협상만 언급하는 것이다.

이 협상의 마지막 단계는 대개 양측 간의 개인적인 만남의 형태를 띠지만 전화나 서면으로 이루어지기도 한다. 대부분 사람은 이 과정의 마지막 단계만 **협상이라고** 생각한다. 하지만 모든 최종적인 공식 협상은 그에 앞서 몇 주 혹은 몇 달씩 소요되는 사전 협상 단계를 포함한다.

공식 협상은 단지 긴 과정의 정점일 뿐이라는 인식은 일상생활에서도 폭넓게 적용된다. 맛있는 케이크를 굽거나 기말고사를 볼 때 그 결과물의 성공 여부는 사전 준비 과정과 시기적절한 작업에 달려 있다.

더 자세히 설명하기 위해 또 다른 비유를 들어보겠다.

당신의 딸과 예비 사위는 교회에서 정식으로 결혼식을 올리고 예식 후에 성대한 연회를 열고 싶어 한다. 신부의 행복한 부모로서 당신은 결혼식 준비를 하고 그 비용을 부담하기로 동의한다. 정식 결혼식은 기껏해야 7시간 정도 소요되지만 그 준비 과정은 6개월은 족히 걸린다.

'신수가 좋은 사람'이란 표현은 말 그대로 '운이 좋은 사람', '운을 잘 활용하는 사람'을 뜻하지만 실제로 그들은 이 준비 단계에서 조달 기간을 효과적으로 잘 활용하는 사람들이다. 케이크를 구울 때, 기말고사를 볼 때, 결혼식 준비를 할 때 사전에 들인 노력이 최종 결과를 결정한다.

그런 이유로 협상의 최종 결과를 결정하는 것은 운이 아니라 선택이다. 상황은 운으로 바뀌는 것이 아니라 준비 단계에서의 행동으로 인해, 아니, 그보다는 준비 부족 때문에 바뀌는 경우가 많다. 실제 협상이라는 행위가 일어나기 **전에**, 태도가 결정되고 신뢰가 형성되며 기대가 자란다. 협상에서 수확한 것이 의견 불일치라면, 협상 전 준비 단계에서 그 씨를 뿌리고 재배했을 가능성이 높다. 영국의 정치가 벤저민 디즈레일리는 이렇게 말했다.

"행운을 만드는 것은 우리 자신인데 우리는 그것을 운명이라 부른다."

그러므로 이 사전 협상 단계에 신뢰 분위기라는 씨를 뿌린 사람은 행운을 차지할 수 있다. 그 사이에 씨가 자라 협상할 때에는 잘 익은 열매를 수확할 수 있을 것이다. 미래를 예측하여 현재를 사용하는 능력이 차이를 만든다.

갈등이 공식화되기 전에는 상대측의 태도에 효과적으로 영향을 미칠 수 있다. 일단 TV 카메라에 빨간 불이 들어오면 상대측은 경계를 올리고 자신들의 취약점을 키울 만한 어떤 것도 노출하길 꺼린다.

공식 협상이 시작되기 전에 당신의 활동과 행동은 있는 그대로 받아들여진다. 하지만 경쟁적인 분위기에서는 일단 협상이 구체화되면 당신이 뭘 하든 계략이나 수, 술책으로 읽히는 경우가 많다.

약간 과장해서 설명해보겠다.

당신과 나는 협상에서 처음 만났다. 이 협상은 경쟁적인 장기 협상이 될 수도 있다. 당신은 내게 커피 한 잔과 담배를 제공하지만, 당신 자신은 아무것도 취하지 않는다. 그럼 내 반응이 어떨까? 우리 관계에 신뢰가 없다면 나는 이렇게 생각할 것이다.

"의도가 뭐지? 날 구워삶으려고?"

내가 의심이 많은 사람이라면 이렇게 생각할 수 있다. "이 사람이 날 밤새 잠 못 자게 하려는 모양이네. 내가 폐기종에 걸리길 바라는지도 몰라."

당신이 협상 전에 똑같은 제안을 했다면 나는 사려 깊은 사람이 베푸는 자애로운 친절이라고 여겼을지도 모른다.

요컨대 사전 협상 단계에서 한 행동들은 당신에게 플러스가 되고 호감과 믿음을 심어준다. 하지만 적대적인 분위기의 협상 중간에 똑같은 행동을 하면 마이너스가 되고 눈살을 찌푸리게 하고 부정적으로 받아들이게 한다.

그러므로 사전 협상 단계를 효과적으로 잘 활용해야 한다. 본대결이나 본 협상이 시작될 때까지 기다려서는 안 된다. 이 사전 협상 단계를 활용해 잠재적 충돌의 원인을 분석하고 진단하라. 앞서 우리는 상이한 **경험, 정보,** 우리가 맡은 **역할** 때문에 갈등이 생길 수 있다고 말했다.

본 협상이 시작되기 **전에** 이 세 영역에서 상충하는 관점을 좁히고 신뢰 관계를 구축할 수 있도록 조치를 취하라. 마침내 협상이 본격적으로 시작될 때 어떤 신뢰 관계를 구축하고 어떤 문제 해결 분위기를 만들 것인지 계속 머릿속에 그림을 그려라.

우리가 사는 세계 자체가 걸어 다니는 편집증적 존재일 수도 있지만 보편적으로 **신뢰는 그 세계에서 윤활유 역할**을 한다. 당신이 상대방의 정보를 신뢰하지 않는 한 아무도 당신에게 가치 있는 정보를 말해주지 않는다. 상대가 당신을 신뢰하지 않으면 절대 당신과 계약을 맺으려고 하지 않을 것이다. 그러니 사전 협상 단계에서 신뢰를 기반으로 한 관계를 구축하라.

B. 공식 협상

일단 신뢰 관계가 구축되면 서로의 취약점을 인식하도록 유도하고 협상에 차질을 일으키는 갈등이 전개되는 것을 막고 정보 공유를 장려하게 된다. 이런 분위기가 전개되면 태도가 바뀌고 기대치에 영향을 미치며 검투사는 문제 해결자로 바뀐다. 사전 협상 단계가 이런 변화를 가져오는 데 이용되면 양측은 공식 협상 때 서로의 필요를 충족시키는 해결책을 찾는 쪽으로 접근하게 된다.

공식 협상 초기에도 계속해서 공통 영역을 다지고 신뢰 관계를 구축하려고 노력하라. 긍정적인 접근으로 시작하면 양측의 즉각적인 동의를 얻어낼 수 있을 것이다. 협상이 그룹 미팅이라면 이렇게 말하라.

"여러분, 저희가 이곳에 모인 이유에 대해서는 다들 동의하시겠죠? 어떻게 생각하세요? 우리 모두에게 공정하고 공평한 해결책을 마련하기 위해서겠죠?"

물론 당신의 말은 피드백을 필요로 하지 않지만, 문제 혹은 목표에 대한 당신의 접근 방식은 동의를 얻어낼 것이다. 왜 그럴까? 당신의 발언은 안락한 가정이나 조국, 고아들을 위한 점심 식사에 대해 동의를 구하는 것과 마찬가지이기 때문이다!

토론 초기에는 항상 문제의 개요에 대해 동의를 얻어내는 데 초점을 맞춰야 한다. 모든 사람에게 이 협상의 최종 결과를 보게 할 수 있다면 그들은 에너지와 창의력을 동원해 모두의 필요를 충족시킬 수 있는 다른 대안과 새로운 방법을 찾아내려고 할 것이다.

반면에 '내 방식 대 너희 방식'이라는 식으로 수단과 대안에 관한 이야기부터 꺼내면 의견이 갈려 협상이 교착 상태에 빠지기 쉽다. 이때부터는 수요와 반수요가 뒤따르고 다음 단계로 그룹이 양극화되어 승자와 패자로 나뉜다.

그러므로 수단이 아닌 목적을 계속해서 강조하면 협상 참여자들은 전반적인 의견 불일치에서 전반적인 의견 일치로 나아갈 것이다. 그렇게 하면 불안감이 줄고 적대감이 완화되며 사실과 감정, 필요 사항에 대해 더 자유롭게 소통할 수 있다. 이런 창의적인 분위기가 만들어져야 폭넓은 새로운 대안이 개발되고 모두가 각자 원하는 것을 얻는다.

예를 하나 들어보겠다. 1년쯤 전에 아이오와주 에임스에서 사업을 할 때, 나는 오래 알고 지낸 부부와 식당에서 함께 저녁 식사를 했다. 개리와 재닛이라고 해보자. 메뉴를 살펴보고 나서 내가 물었다.

"무슨 일 있어? 이런 거 물어도 될까 모르겠는데 둘 다 좀 긴장한 것 같네."

개리가 포크를 만지작거리며 말했다.

"허브, 이 얘기 안 믿길 수도 있는데, 우리가 올해 2주 동안 휴가를 갈 예정인데 어디로 갈지 계속 결정을 못 하고 있어. 나는 미네소타주 북부나 캐나다로 가고 싶은데, 재닛은 텍사스주 우드랜드에 있는 리조트에서 테니스를 치고 싶대."

재닛이 끼어들어 말했다.

"우리 고등학생 아들은 〈해양 괴물 Creature from the Black Lagoon〉에 나오는 괴물처럼 물을 너무 좋아해서 미주리주 남부에 있는 오자크 호수에 가고 싶어 해. 초등학생 아들은 애디론댁 산맥에 다시 가고 싶대. 산을 좋아하거든…. 대학교 3학년 딸은 올해는 아무 데도 가고 싶지 않대."

내가 물었다.

"왜?"

개리가 툴툴거리며 말했다.

"조용하고 차분한 걸 좋아하거든. 그냥 뒷마당에서 햇볕이나 쪼이면서 로스쿨 시험 준비하고 싶대. 그치만 우리는 딸 혼자 집에 놔두는 건 안 내켜."

내가 말했다.

"으음…. 지리적으로 정말 확실하게 나뉘네. 미네소타, 텍사스, 애디론댁 산맥, 오자크 호수, 뒷마당까지 정말 제각각 떨어져 있군."

"휴가 이야기하는 게 재미있을 것 같지만 우리는 **싸움**밖에 안 한다니까! 갈등뿐이라고! 개리는 텍사스는 절대 가고 싶지 않대. 에어컨 바람 쐬는 건 못 참겠대."

개리가 말했다.

"지금 내 탓을 하는 거야? 난 일 년에 5개월은 코앞에서 에어컨 바람을 쐬며 지낸다고! 근육까지 아파. 게다가 습기도 못 참아. 텍사스는 너무 습도가 높다고."

재닛이 말했다.

"그게 다가 아냐. 남편은 재킷을 입고 넥타이를 매고 식당에 가고 싶어 하지 않아. 난 매일 저녁 근사한 식당에서 저녁 식사할 계획을 세우고 있는데. 휴가까지 가서 요리하고 설거지하고 싶진 않다고!"

개리가 말했다.

"난 올해는 좀 편하게 지내고 싶어. 당신이 테니스 칠 동안 나도 골프 치고 싶고, 식사하러 가느라 옷을 갈아입고 싶진 않다고. 우리 고등학생 아들도 옷 차려입고 식사하러 가는 건 싫다고 했어. 그 녀석은 그냥 청바지 입고 돌아다니고 싶어 한다고."

내가 그들에게서 취합한 정보를 토대로 물었다.

"그런데 운전해서 갈 거야? 아니면 비행기 탈 거야?"

개리가 말했다.

"운전해서 갈 거야. 난 비행기 타는 거 무서워."

재닛이 말했다.

"하지만 나는 일단 목적지에 도착하면 다시 집에 돌아올 때까지 차는 타고 싶지 않아. 평소에 운전 너무 많이 하니까. 놀러 가서도 무급 운전사 노릇 하긴 싫다고."

웨이터가 애피타이저 주문을 받아 적었다.

내가 말했다.

"미안하지만 내 생각에는 말야, 내가 두 사람 모두 오랫동안 봐 와서 하는 말인데, 문제 접근 방식이 잘못된 것 같아."

개리가 포크를 만지작거리며 말했다.

"말해봐."

"그냥 함께 지내기 위해서가 아니라 모두가 행복할 수 있는 해결책을 찾으려고 해야 해."

재닛이 담배를 비벼 끄며 물었다.

"어떻게?"

내가 말했다.

"내가 들은 대로라면 너희 식구 5명은 전부 협력적인 문제 해결자가 아니라 적처럼 행동하고 있어."

나는 개리를 돌아보며 말했다.

"네 말대로라면 너는 골프를 치고 싶고, 저녁 식사하러 갈 때 정장은 입고 싶지 않고, 에어컨을 꺼야 하고, 습도가 높은 곳은 피하고 싶다고 했군?"

"맞아."

나는 재닛을 돌아보며 말했다.

"너는 테니스를 치고 싶고, 식사는 나가서 하고 싶고, 운전도 하기 싫다고 했지."

재닛이 동의했다.

"맞아."

"그럼 꼭 텍사스나 캐나다로 갈 필요는 없겠네. 거기가 아니라도 네가 필요로 하는 부분을 충족시킬 수 있는 다른 방법이나 대안이 있어."

두 사람 모두 입을 다물었다.

종업원에게 물을 더 달라고 요청한 후 내가 계속해서 말했다.

"막내는 산으로 가고 싶고, 둘째는 수영이나 낚시 혹은 둘 다 하고 싶고, 첫째는 시험공부를 하고 싶어 한댔지. 아이들의 요구가 양립할 수 없는 거야?"

개리가 말했다.

"모르겠어. 아니겠지."

"들어봐. 난 너희 가족을 잘 알아. 서로를 좋아하고 신뢰하지. 그러니 이미 절반 정도는 진전된 거야. 전반적인 문제에 일단 동의하고 나서 가족 전체가 윈윈 할 수 있는 협력적인 대화를 시도해봤어?"

재닛이 말했다.

"아니."

내가 제안했다.

"그럼 집에 가서 한번 해보지 그래? 다 같이 모여 앉아서 아이들에게 가족 문제를 해결하는 데 도움을 요청해봐. 처음부터 각자의 대안이나 수단에 관해 이야기하지 말고 계속 최종 결과에 초점을 맞춰봐. 다시 말하면 '어떻게 하면 모두를 만족시킬 수 있을까?' 하는 부분 말이야."

개리가 눈썹을 찡그리며 말했다.

"재닛, 어떻게 할래? 한번 해볼 거야? 당신이 나보다 훨씬 더 요령이 있잖아. 당신이 가족회의 의장이 되어서 해봐."

재닛이 어깨를 으쓱하며 말했다.

"좋아. 해보자."

한 달 반 후, 개리가 내 사무실로 전화해 말했다.

"허브! 효과가 있어!"

내가 물었다.

"**뭐가** 효과가 있어?"

"우리 휴가의 협력적인 해결책 말이야!"

나는 떨떠름하게 말했다.

"다행이네. 그래서 어디로 갔어?"

개리가 말했다.

"콜로라도주에 있는 매너 베일 로지 리조트. 정확히 네가 말한 대로 했거든. 모두 함께 모여서 서로 느끼는 점과 원하는 것을 함께 공유했지. 그러고 나서 여행 자료를 펴놓고 모두의 필요 사항을 만족시킬 수 있는 해결책을 검토했어. 토론을 거친 끝에 콜로라도주의 베일 리조트로 정한 거야."

내가 물었다.

"왜 베일인데?"

"거기가 **모두**의 필요를 충족시키는 곳이었거든. 텍사스냐 캐나다냐 하는 문제에 있어서는 네 말이 맞았어. 다 좋은 장소지만 베일만큼 우리 식구들한테 딱 맞는 곳은 없었던 것 같아. 물론 이론상으로는 그랬지.

그런데 거기에 도착해보니 정말 **그랬어.** 재닛을 위한 테니스장, 나를 위한 골프장, 막내를 위한 진짜 커다란 산, 고등학생 아들을 위한 수영장과 낚시터도 있었지. 그 애는 심지어 급류 타기 체험도 했어.

습하지 않고 밤에도 시원해서 에어컨은 필요 없고, 딸아이가 공부하기에도 충분히 조용하고 차분한 곳이었어. 셔틀버스가 있어서 차를 운전할 필요도 없었고 매일 저녁 외식을 했지만, 정장을 입을 필요는 없었지. 어때?"

"훌륭하네. 여행 전 브레인스토밍 단계도 즐거웠겠는걸!"

개리가 말했다.

"아무렴. 모두가 더 가까워졌지. 에임스에는 언제 다시 와?"

내가 씩 웃으며 말했다.

"다음에 몸이 근질거릴 때."

개리가 말했다.

"허브, 너 꽤 쓸 만했다. 넌 확실히 뭔가를 고치는 메커니즘을 알고 있어."

"개리, 그렇지 않아. 너도 알다시피 난 기계치잖아. 아무리 노력해도 가끔 놓치는 게 있어. 하지만 **네가 네** 문제를 해결한 방식은 괜찮았어."

개리와의 전화 통화는 즐거웠다. 나는 계속되는 협력 관계에 있는 사람들이 창의적으로 갈등을 해결하는 모습을 보는 게 좋으니까.

개리와 재닛 가족의 사례에서는 모두가 승리를 거머쥐었다. "어디로 가야 할까?" 이들은 적대적인 협상으로 접근하지 않았다. 각자의 감정과 요구 사항을 고려하려고 했다. 그 결과 개인의 요구가 조화를 이루고 합의를 보게 된 것이다. 모두가 경쟁 모드가 아닌 협력 모드로 협상에 참여했다.

5명의 검투사들은 문제 해결자로 탈바꿈했다. 브레인스토밍 과정에서 수단이 아닌 목표에 초점을 맞추었기 때문에 공정하고 공평한 해결책, 모두를 기쁘게 하는 해결책에 도달할 수 있었다.

나는 브레인스토밍 과정에 참여하지 않았지만, 공식 협상이 시작되었을 때 긍정적 접근으로 모든 방면에서 합의를 도출해 냈을 거라고 장담한다.

대개 관계가 지속하는 곳에서는 공식 협상 이전에 적합한 사전 단계가 이루어져 신뢰 관계를 구축할 수 있다. 하지만 살다 보면 갑작스럽게 협상에 임하게 되어 사전 예측을 할 수 없거나 못하는 경우도 **생긴다.** 그럴 때는 하고 싶은 방식대로 협상을 예측하거나 준비하지 못하고 그냥 바로 뛰어들어 몰입해야 한다.

그런 상황에서도 자신감을 갖고 신뢰 관계를 구축해 원원하는 결과물을 얻어낼 수 있을까?

답은 "그렇다"다. 상황을 정확히 파악하기만 한다면 말이다. 사전 협상 단계가 없더라도 협상하는 동안 정보를 수집하고 관계를 구축해 양측 모두에게 이익이 되는 결과물을 얻어낼 수 있다. 얼마 전 내가 경험했던 일을 들려주겠다.

내가 출장을 간 동안 우리 가족은 비디오테이프리코더, 정확히 말하면 RCA 셀렉타비전과 리모컨으로 작동하는 소니 TV가 없는 생활은 부적절하다는 판단을 내렸다.

금요일 밤 늦게 집에 도착했을 때, 여러 자질을 바탕으로 검토한 결과, 토요일 아침에 그 물품을 사러 갈 사람으로 내가 뽑

했다는 사실을 알게 되었다. 우리 집은 민주적인 가정이었기 때문에 내가 아무리 항의해도 이미 의견은 4대 1로 기울어 있었다.

나는 그 요청 자체를 반대한 것이 아니라 타이밍 때문에 반대를 했다. 사실 나도 새 벤처 사업에서 비디오테이프리코더를 사용할 계획이었기 때문에 조만간 그 효과를 따져볼 생각이었다. 그렇기는 해도 꼬박 일주일 동안 해외에서 짜증 나는 협상을 하고 돌아왔기에 바로 백화점 직원 혹은 소매점 주인과 협상하는 일은 생각만으로도 달갑지 않았다.

하지만 나는 하기로 했다. 가정 안에서의 개인은 각자의 입지를 유지할 필요가 있기 때문이다. 가장 큰 문제는 시간이었다. 상점들은 오전 9시에 문을 연다. 그런데 나는 막내를 11시까지 대학 풋볼 경기에 데려가야 했기 때문에 정보를 수집하고 시간을 효과적으로 사용하고 힘을 발휘하기에는 시간이 턱없이 부족했다.

다행히 나는 나의 필요 사항을 알고 있었다. 우리에게 필요한 것은 합리적인 가격에 제품을 구입해 적절한 순서에 따라 배송과 설치를 받는 것이었다. 특히 후자의 경우가 중요했는데, 나는 3조각짜리 새 모이통을 조립하는 데 3시간 반을 소모한 전력이 있었기 때문이다.

시내로 차를 몰고 가면서 나는 생각했다.

'허브, 대단한 거래를 하려는 것도 아니잖아. 그냥 비디오테이프리코더를 가장 비싼 값에 사서 기네스북에 오르지만 말자. 그냥 쿨하게 해.'

나는 세상에서 가장 시간이 넉넉한 사람인 것처럼 쿨하게 행동하면서 오전 9시 20분에 가볍게 매장으로 들어갔다.

내가 매장 주인에게 말했다.

"안녕하세요."

그가 대답했다.

"안녕하세요. 도와드릴까요?"

내가 대답했다.

"그냥 좀 둘러보려고요."

내가 매장의 유일한 손님이었고 바빠 보이지 않아서 나는 친근하게 대화를 시도했다. 대수롭지 않은 말투로 동네에 새로 생긴 쇼핑센터가 사업에 영향을 미치지는 않는지 물었다.

그가 말했다.

"뭐, 이제 막 문을 열었으니까 거기 때문에 매출이 급감하긴 했죠. 하지만 다시 회복할 거예요. 원래 그렇잖아요. 아시다시피 사람들은 새 쇼핑센터가 어떤지 가보고 싶어 하니까요. 하지만 곧 싫증을 낼 거예요. 그렇게 생각하지 않으세요?"

나는 동의의 뜻으로 고개를 끄덕였다.

그가 계속해서 말했다.

"기존 고객분들은 다시 돌아올 거라고 믿어요."

라디오 시계와 TV를 둘러보고 비디오테이프리코더에 관심을 보이면서 나는 계속 질문을 하며 관계를 구축해나갔다. 나는 그에게 내가 어디 사는지, 지역 사회에서 지역 상권이 얼마나 중요한지에 대해 이야기했다.

그는 손등으로 입가를 훔치며 말했다.

"지역 주민들이 더 그렇게 느낀다면 좋을 텐데 말이에요."

내가 그의 말에 공감을 표하자 그는 자신의 문제에 관해 이야기하기 시작했다.

"지역 주민들이 왜 신용카드만 사용하는지 모르겠어요. 정부에서 돈을 부족하게 찍어내는 것도 아닐 텐데. **손님들이** 신용카드로 결제할 때마다 **저는** 비용이 더 드니까요."

원만한 대화를 이어가면서 나는 비디오테이프리코더를 손가락으로 만져보았다.

내가 끼어들어 말했다.

"음, 이건 어떻게 작동하나요? 저는 도무지 손재주가 없어서 말이죠. AC와 DC의 차이가 뭔지도 모르겠어요."

그는 내게 작동법을 알려주었다.

"이렇게 하는 거예요. 저 쇼핑센터가 문을 열기 전에는 사업체를 가지신 분들이 한 번에 두세 대씩 사 가곤 했어요. 최근에는 하나도 못 팔았지만요!"

그 말을 듣고 내가 물었다.

"아, 그럼 하나 더 사면 대형 상점처럼 할인도 해주시나요?"

그가 눈을 빛내며 말했다.

"아, 그럼요. 여러 개 사시면 더 싸게 해드려요."

나는 비디오테이프리코더의 특정 모델에 더 관심을 보이며 15분 동안 설명을 듣고 나서 물었다.

"개인적으로 어떤 제품을 추천하시나요?"

그는 망설이지 않고 대답했다.

"뭐, RCA가 가장 좋죠. 저도 하나 가지고 있어요."

그때가 9시 45분 무렵이었고, 우리는 허브와 존이라고 이름을 부르기 시작했다. 우리는 계속 관계를 구축해나갔다. 나는 그가 필요로 하는 것과 그의 문제에 대해 많은 정보를 얻었다.

이제 토대를 쌓았으니 나는 귀리 죽 한 그릇을 요청하는 올리버 트위스트 같은 겸허한 태도로 말했다.

"음… 난 이 제품들 가격을 몰라요. 전혀 **짐작도** 가지 않아요. 하지만 존, 나는 당신 사업에 도움이 되고 싶어요. 당신은 가격에 대해 잘 알고 있겠죠.

이제 내가 뭘 할지 얘기해줄게요, 존. 난 당신만 믿을 거예요. 가장 좋은 모델에 대한 당신의 추천을 믿었듯이 공정한 가격에 대해서도 당신을 전적으로 믿을 거예요. 가격 가지고 불평하지 않을 거예요. 당신이 어떤 가격을 제시하든, 공정한 가격으로 얼마를 적든, 당장 지불할게요!"

존이 진심으로 기뻐하며 말했다.

"고마워요, 허브."

나는 여전히 별생각 없이 이야기하는 것처럼 이어 말했다.

"당신의 정직함을 믿어요, 존. 왠지 당신은 오래 알아온 사람 같아요. 여러 백화점을 둘러보면 더 나은 가격에 살 수 있다는 걸 알아도 당신이 말하는 가격에 의문을 제기하지 않을 거예요."

존은 내게 보이지 않게 오른손으로 가리고 숫자를 적어 내려갔다.

"존, 나는 당신이 합리적인 수익을 얻길 바라요…. 물론 저에게도 합리적인 거래가 되길 바라지만요."

그쯤 해서 나는 좀 더 많은 정보를 내어주었다(내가 매장에 들어서기 전부터 리모컨으로 조작하는 소니 컬러 TV도 구매하라는 지시를 받았다는 사실을 기억할 것이다).

내가 말했다.

"잠깐만요, 이 소니 리모컨 TV도 함께 **구매하면요?** 그러면 총액에도 좀 영향이 있을까요?"

"패키지로 구매하시겠다는 말씀이시죠?"

나는 부드럽게 말했다.

"네. 좀 전에 **존이** 하는 얘기를 듣고 생각해봤어요."

그가 말했다.

"물론이죠. 잠깐만 기다리세요. 합계를 내볼게요."

그가 막 총금액을 알려주려고 할 때 내가 말했다.

"아, 한 가지 말씀드릴 게 있는데요. 제가 내는 금액이 우리 모두 이익을 보는 공정한 거래가 되었으면 해요. 그래야 제가 3개월 이내에 사업장에 필요한 비슷한 제품을 구매할 때 당신도 이익을 볼 테니까요."

내가 계속 말할 때 그는 썼던 가격을 다시 지웠다.

"존, 하지만 내 신뢰가 잘못된 것을 알아차리게 되면 실망해서 추가 구매는 하지 않을 거예요."

그가 말했다.

"물론이죠. 잠깐 사무실에 좀 갔다 올게요. 금방 돌아와요."

그는 장부를 살펴보고 나서 1분 30초 만에 돌아와 다른 숫자를 휘갈겨 썼다.

그가 전에 말한 내용을 토대로 이제 나는 모험을 걸었다.

"아, 몇 분 전에 존이 한 얘기에 대해 생각해봤는데요. 그, 현금 유동성 문제가 있다고 하신 부분이요. 아까는 생각 못 했는데 지금 생각이 났어요. 이제 이 금액을 전부… **현금으로** 지불하면 좀 더 편리하실까요?"

그가 대답했다.

"아, 그럼요. 그럼 정말 도움이 많이 되죠. 특히 요즘 같은 때는요."

그렇게 말하면서 그는 노트에 또 다른 숫자를 적었다.

나는 아랫입술을 잡아당기며 말했다.

"아, 이거 설치도 해주시는 거죠? 제가 다른 데로 출장을 갈 거라서요."

그가 말했다.

"아, 그럼요. 제가 설치해드릴게요."

내가 말했다.

"좋아요. 그럼 가격을 알려주세요."

그는 RCA와 소니 TV를 합친 가격을 알려주었다. 총 1,528달러 30센트였다. 나는 충분히 공정하고 협력적인 거래였음을 나중에 알았다.

나는 세 건물 떨어진 은행으로 가서 그 금액만큼의 수표를 끊어 현금화하고 돌아와 존에게 돈을 건넸다. 이제 10시 5분이었다. 임무 완료!

여기서 무슨 일이 벌어졌는가? 아무 준비도 없는 내가 어떻게 이런 결과를 만들어 냈을까? 경쟁적인 협상이 될 수도 있던 상황에서 어떻게 내가 피해자가 되지 않을 수 있었을까?

구체적인 "협상 전략"

1. 신뢰를 구축하라. 나는 처음부터 진실되고, 편안하며, 친근하고, 느긋하게 접근했기 때문에 판매자가 편안하게 반응할 수 있는 분위기를 형성했다.

2. 정보를 수집하라. 나는 질문을 하고, 공감하며 듣고, 이해하고 있음을 전했다.

3. 그의 필요를 충족시켜라. 나의 접근 방식(과정)과 내 제안을 포장한 방식은 매장 주인의 독특한 필요 사항을 충족시켰다.

4. 그의 아이디어를 이용하라. 나는 판매자가 앞서 언급한 아이디어에 '편승'하는 방법을 자주 이용했다.

5. 관계를 협력적으로 전환하라. 내가 가장 강조했던 부분은 판매자가 나를 일회성 구매자가 아닌 지속적인 고객으로 보게 만드는 것이다.

6. 적당한 위험을 감수하라. 나는 가격을 판매자가 정해주는 대로 받아들일 준비가 되어 있었지만 내가 감수할 위험은 최소 수준이었다. 나는 관계를 구축하고 천천히 정보를 주고, 도덕성의 힘과 미래라는 옵션을 이용해 그 위험을 상당히 많이 줄였다.

7. 그의 도움을 받아라. 판매자의 개입을 통해 나는 그가 가진 비용에 대한 정보와 지식을 활용해 우리의 문제를 해결했다.

존은 장비를 멋지게 설치해준 것 외에도 비디오테이프리코더용 스탠드를 무료로 주었다. 그 스탠드는 내가 요청할 생각도 하지 않았던 것이다. 그리고 두 달 후, 나는 내 사업장에 들여놓을 장비를 위해 두 번째 구매를 함으로써 약속을 이행했다. 그 일이 있고 난 뒤에도 우리는 신뢰 관계를 구축하며 친구가 되고 가까운 사이가 되었다.

실제로 일단 신뢰가 생기면 그 관계는 지속하는 경향이 있다. 알다시피 사랑하다가 헤어지는 사람들은 많아도 그냥 좋아하다가 헤어지는 경우는 거의 없다.

신뢰가 부족한 관계에서 협상에 들어가면 모래 위에 합의의 기초를 쌓는 것이나 마찬가지다. 예를 들면, 경쟁 관계인 정치인들이 전국 정치 컨벤션에서 즐거운 모습으로 마지막을 장식하려고 노력하는 모습을 볼 수 있다.

그러나 신뢰의 기반이 없으면 이런 협상의 틀은 무너지게 되어 있다.

그러므로 상호 간에 지지를 이끌어낼 수 있는 성공적인 결과를 얻고 싶다면 사업의 첫 순서는 신뢰를 구축하는 것부터 시작해야 한다. 빠를수록 좋다!

2. 지지 얻어내기

어떤 개인도 고립된 개체는 아니다. 당신이 거래하는 모든 사람에게는 힘을 주는 주변인들이 있다. 은행 직원에서부터 상사에이르기까지 그들은 주변인들의 격려를 받으며 현재의 위치를유지한다. 국가의 원수든, 집안의 가장이든, 소위 리더라고 하는사람들조차 그들의 결정의 기반이 되는 조직을 뒤에 두고 있다.사실 리더십은 이미 내려진 결정을 비준하는 일에 지나지 않는경우가 많다.

당신이 원하는 것을 얻으려면 상사의 허락이 필요하다고 해보자. 상사를 설득하면서 당신은 그가 너무나 완고한 사람이라신뢰할 수 없다는 결론에 이르게 된다. 당신은 이렇게 중얼거린다.

"이 사람은 신뢰할 수가 없고 비인간적이야. 저 사람한테 말하는 건 끊긴 전화기에 대고 이야기하는 것 같아. 유전자에 뭔가 이상이 있나 봐!"

권위에 고분고분 복종하는 것도, 유전자 검사를 받게 하는 것도, 정면에서 공격하는 것도 이 문제에 대한 해결책은 아닐 것이다. 상사에게 중요한 사람이 누구인지 알아내고, 그 사람들이상사에게 영향력을 행사해 당신을 돕게 하는 것이 해결책이 될수 있다. 당신의 아이디어에 대해 사람들의 지지를 얻어내면 아무리 완고한 상사라도 마음을 바꿀 수 있다.

은둔자나 수도승이 아닌 이상, 누구에게나 조직이 있다. 당신의 상사도 그렇고, 당신도 그렇다. 전체적인 맥락에서 보면 당신은 관계의 망에 연결되어 있다. 그 관계는 당신이 직장에서나 집에서 이야기를 듣고 말을 하는 사람들과의 관계다.

또 당신에게는 친구, 부하 직원, 동료, 동년배 등 당신이 가치 있게 여기고 존중할 수 있는 의견을 가진 사람들, 당신이 소중하게 여기는 사람들이 있다. 미래에 그들이 필요할 수도 있기 때문에 그들은 중요한 사람들이다. 이 네트워크는 당신의 조직으로 구성된다. 당신이 그 네트워크의 중심이나 핵심이라 해도 네트워크의 몸체는 당신의 행동에 영향을 미친다.

내가 당신의 조직에 영향력을 행사할 수 있다면 그들은 당신이 원래 설정했던 진로에서 벗어나 당신과 다른 움직임을 보일 수 있다. 잠깐 생각해보자. 당신은 왜 특정한 일을 하는가? 왜 지금 사는 곳에서 살고 있는가? 왜 지금 갖고 있는 특정 자동차 모델을 타고 다니는가? 그 결정은 당신 혼자 내렸는가? 아니면 당신의 조직이 당신을 지지하든 안 하든 당신의 행동에 영향을 미쳤는가?

객관적으로 따져보면 당신의 많은 선택은, 적어도 부분적으로는, 다른 사람들이 이미 내린 결정에서 비롯되었음을 인정할 것이다. 내가 종종 그러는 것처럼 여러분도 조직을 이끌지만 앞장서면서도 조직을 따라갈 수 있다.

사상가이자 시인이었던 에머슨은 이렇게 말했다.

"안장에 실린 물건이 사람을 타고 간다."

내가 직접 경험한 일을 들려주겠다. 그 일에서 내가 발휘한 리더십은 뱃머리의 장식 조각상 같았다.(상징적이지만 실제 영향력은 미미했단 소리다.)

몇 년 전, 나는 일리노이주 북부의 시골 마을 리버티빌에 살았다. 나는 5에이커에 달하는 구릉지에 키가 큰 참나무, 방 9개가 딸린 맞춤형 주택을 소유했다. 나는 그곳에서의 삶이 행복하다고 생각했다. 그런데 어느 날 아침, 아내가 우리는 그다지 행복하지 않다고 말했다. 아내가 말했다.

"이곳의 가치 체계는 우리한테 맞지 않아요. 대중교통도 없지요. 게다가 아이들은 지역 학교에서 제대로 된 교육을 받지 못하고 있어요."

나는 턱을 문지르며 커피를 마저 들이켰다. 그리고 우리는 이사를 하기로 했다.

나는 대부분 출장으로 집을 비우기 때문에 새집을 구하는 책임은 아내가 맡게 되었다. 아내는 처음에 7년 만에 부동산 시장이 어떻게 달라졌는지 깨닫고 난감해했다. 하나는 천정부지로 치솟은 물가 때문이었고, 다른 하나는 직접 거래에 나서야 한다는 점 때문이었다.

아내는 낙담했지만 두 달 동안 계속해서 집을 물색하고 다녔다. 아내가 시련을 겪는 동안에도 나는 기운이 넘쳤다. **나는** 그 집들을 보러 다니지 않았으니까. 주말 동안 나는 아내의 기분을 북돋아 주기 위해 이렇게 말하곤 했다.

"계속 열심히 해봐요! 나중에 이 노력이 다 보상받게 될 거예요."

"'제때 한 바느질 한 땀이 아홉 땀을 던다'고 하잖아요."

하지만 그런 식의 응원은 우리 관계에 도움이 되지 않았다. 내 태도를 본 아내는 내가 민감성 훈련을 받을 필요가 있다고 결정했다. 아내는 내가 시장의 실태에 민감하도록 주말마다 오퍼 거부당한 집을 내게 보여주었다.

나는 매주 금요일 밤 늦게 집에 돌아오면 부족한 잠을 채우느라 죽은 듯이 잔다. 하지만 그럴 수가 없었다. 아내는 토요일 새벽에 나를 깨워 커피 한 잔을 주고는 온종일 집을 보러 데리고 다녔다. 아내는 일요일에도 그 과정을 반복했다. 그러다 보면 나는 공항으로 떠날 시간이 된다. 나는 이런 일정을 3주 연속 겪어야 했다.

마침내 나는 다리도 아프고 화가 나서 말했다.

"당신이 그랬죠? 자아실현, 자아성취를 하고 싶다고. 더 많은 책임도 지고 싶다고 주장했잖아요. 당신은 자유인이에요! 집 하나 **혼자서** 못 살 이유가 있나요? 당신이 사면 내게 알려주세요.

메모를 보내면 기쁜 마음으로 당신과 아이들을 데리고 그 집으로 이사할 테니까요!"

나는 잠시 말을 멈추고 생각에 잠겼다가 말했다.

"사실, 왜 **내가** 그 많은 집을 보러 다니는지도 모르겠어요. 내가 집에서 그렇게 많은 시간을 보내는 것도 아닌데 말이에요."

다시 말하면 나는 "결정은 당신이 하세요!"라고 말한 것이다.

그 후에도 몇 주 동안 아내는 집을 보러 다녔다. 아내가 집을 보러 다니는 게 거슬리지는 않았다. 나는 보러 다니지 않았기 때문이었다. 운명의 주가 다가오기까지는 그랬다.

대부분 그렇듯이 그때도 나는 이동 중에 매일 밤 집에 안부 전화를 걸었다. 솔직히 나는 그다지 창의적인 전화 통화를 하는 사람은 아니었다. 나는 몇 년 동안 거의 틀에 박힌 전화 통화만 해왔다. 처음은 항상 똑같다. "안녕, 잘 있어요?" 그리고 내가 항상 듣게 되는 대답은 "잘 있어요!"다. 그러면 나는 이어서 이렇게 묻는다. "뭐 새로운 일 있어요?" 그리고 내가 항상 듣게 되는 대답은 "없어요!"다.

자, 이제 왠지 불길한 주가 도래했다. 나의 틀에 박힌 전화 통화는 월요일, 화요일, 수요일 저녁에도 똑같이 반복되었다. 늘 하던 질문에 늘 듣던 대답을 들었다. 그리고 목요일 저녁, 나는 아내에게 전화를 걸었다.

"안녕, 잘 있어요?"

아내가 대답했다.

"잘 있어요."

내가 다시 물었다.

"뭐 새로운 일 있어요?" (새로운 일이 있을 게 뭐가 있겠는가? 지난밤에도 통화하지 않았는가.)

아내가 대답했다.

"집 샀어요."

"**뭐?** 다시 말해봐요."

아내가 아무 일 아니라는 듯 대답했다.

"집 샀다고요."

"거, 잘못 말한 거 아니에요? 마음에 드는 집을 **봤다고** 말하려던 거지요?"

아내가 말했다.

"아니, 맞아요. 집 샀어요."

목구멍에 뭐가 걸린 것처럼 숨이 콱 막혔다.

"아니, 아니, 그러니까 마음에 드는 집을 보고 그 마음에 드는 집에 오퍼를 넣었다는 말이지요?"

아내가 말했다.

"맞아요. 그리고 그쪽에서 오퍼를 받아들여서 우리가 샀어요."

나는 침을 꿀꺽 삼켰다.

"당신이 집을 사사사사샀다고? 집을 **통째로?** 여태까지 못 사던 집을?"

아내는 사무적으로 대답했다.

"응, 맞아요. 정말 쉬웠어요. 당신도 그 집 맘에 들 거예요. 영국 튜더 왕조 스타일이거든요. 방은 16개. 55년 된 집이고, 미시간 호수가 내려다보여요."

어깨를 찌르는 듯한 통증이 왼팔로 내려왔다. 나는 더듬거리며 반복해서 말했다.

"당신이 집을 사사사샀다고?"

아내가 강조해서 말했다.

"그렇다니까요!"

마침내 내가 스트레스를 받고 있다는 것을 깨달은 아내는 목소리를 낮추고 덧붙여 말했다.

"구매 계약서에 당신 승인을 받아야 한다고 **적었어요.**"

왼팔 통증이 어느 정도 가라앉았다.

"그러니까 내가 승인하지 않으면 그 집을 사지 않을 수도 있다는 거예요?"

아내가 안심시켜 주었다.

"물론이지요. 토요일 오전 10시까지는 아직 시간 있어요. 당신이 정말 마음에 들지 않으면 사지 않아도 돼요. 처음부터 다시 집을 보러 다녀야 하겠지만요."

나는 금요일 늦게 집에 도착해 다음 날 아침 일찍 일어났다.

나는 아내와 함께 아내가 샀을 수도 있다고 **생각하는** 집을 보러 갔다. 하지만 현장에서 지휘권을 행사할 수 있는 사람은 집안의 법률상, 명목상의 리더라고 일컬어지는 나였다. 우리는 현명하게 법률상, 명목상의 리더인 '사령관 전용차'에 올라탔고 내 옆에는 동료가 착석했다.

차를 타고 가는 동안 내가 아내에게 물었다.

"그런데 이 집을 **거의** 사게 되었다는 사실을 아는 사람이 있어요?"

아내가 말했다.

"아, 그럼요."

"누가 알아요? 금방 계약했는데."

아내가 대답했다.

"많이 알아요."

내가 집요하게 물었다.

"누구?"

"우선 이웃집 사람들하고 친구들이 알아요. 그 사람들이 오늘 저녁에 우리 송별 파티 해준대요."

내 턱 근육에 힘이 바짝 들어갔다.

"우선이라니? 그럼 또 다른 사람들도 알아요?"

"뭐, 우리 가족이 알지요. 당신 가족이랑 내 가족. 우리 엄마가 벌써 그 집 거실용 맞춤 커튼을 주문했어요. 내가 엄마한테 전화해서 치수 알려줬어요."

모퉁이를 도는데 뱃속이 뒤틀렸다.

"또 누가 알아요?"

"아이들도 알지요. 애들이 친구들이랑 선생님한테도 말했대요. 각자 자기 방도 골랐어요. 샤론이랑 스티븐은 백화점에 가서 새 방에 놓을 가구도 주문했어요."

나는 이마에서 핏줄이 꿈틀거리는 것을 잠재우려고 애쓰면서 말했다.

"우리 개는요?"

"아, 플러피도 그 집에 가봤어요. 원래 하던 대로 킁킁거리면서 돌아다녔지요. 동네에 있는 소화전이 마음에 들었나 봐요. 그리고 한 블록 아래 동네에서 마음에 드는 귀여운 수컷 한 마리를 발견한 모양이에요."

도대체 여기서 무슨 일이 일어난 걸까? 조직이 리더에게서 떨어져 움직이고 있었다. 바로 그거였다! 조직 행동의 지그재그 이론. 알다시피 모든 조직은 어깨를 나란히 하고 길을 걸어간다. 모두가 함께 협조한다. 그런데 갑자기 아무런 예고도 없이 조직원들이 지그재그로 움직인다.

그런 일이 일어나면 한쪽 길에 남겨진 리더는 중얼거린다.

"무슨 일이지? 다들 어디 갔어? 모두 어디 있는 거야?"

이런 현상은 '담배 한 개비도 없는 외로움'으로 알려져 있다.

내 경우에 법률상, 명목상의 리더는 이 급격한 방향 전환에서 외롭게 홀로 남겨졌고 조직은 다른 방향으로 가버렸다. 이제 홀로 남겨진 법률상, 명목상의 리더는 이런 상황에서 어떻게 할 거라고 생각하는가? 그렇다. 그는 법률상, 명목상의 리더 자리를 유지하기 위해 이미 내려진 결정을 비준했다.

가끔은 아내가 나보다 협상에 대해 더 잘 알고 있는 듯한 생각이 든다. 아내는 **몸이 움직이면 머리도 따라서 기울어진다**는 사실을 잘 알고 있다.

내 아내가 한 일은 내게 중요한 사람들로부터 자신의 결정에 대한 지지를 얻어내는 일이었다. 아내는 "허락을 구하는 것보다 용서를 구하는 편이 훨씬 쉽다"라는 말을 제대로 실행에 옮겼다. 그녀는 내게 이미 이루어진 일, **기정사실**을 통보한 것뿐이다.

자아 개념에 불과한 리더십을 명목상이라도 유지하기 위해 나는 앞장서서 그들을 따라갔다. 계약서에 서명하면서 나는 아내와 아이들, 가족들, 친구들, 이웃, 우리 강아지 플러피가 이미 내린 결정에 비준을 했을 뿐이다.

어느 누구도 고립된 개체로 보지 말라. 당신이 설득하고자 하는 사람을 주변의 다른 사람들이 움직일 수 있는 중심핵으로 여겨라. 주변 사람들의 지지를 얻고 중심핵의 위치와 움직임에 영향을 미치게 하라.

3. 반대 세력에 대처하기

태양 아래에서 당신 자리를 찾아가려면 항상 물집(당신의 통행권에 반대하는 세력)을 견뎌내야 한다. 이런 반대 세력을 만나는 것은 전혀 잘못된 게 아니다. 그 반대 세력을 통해 당신은 마음을 다지고 실력을 늘리고 인생에 열정을 더한다. 반대 세력과의 공정한 경쟁을 통해 당신은 성장과 발전을 촉진시키는 통찰력을 얻게 된다. 월트 휘트먼은 이렇게 썼다.

"당신에게 반대하기 위해 단단히 힘을 주고 버티는 사람들로부터 아무 교훈도 얻지 못했는가?"

반대는 곧 우리의 삶이다. 당신의 근육 시스템 전체는 반대되는 힘에 달려 있다. 아기가 처음으로 혼자 서려고 할 때 아기는 중력의 저항을 받고 넘어진다. 하지만 계속해서 노력하면서 팔과 다리, 등에 근육을 키우고 마침내 혼자 일어선다. 반대 세력과 상대하게 되면 당신은 경계 태세를 갖추게 된다.

원하는 것을 얻기 위해서는 반대 세력과 대면해야 한다. 반대 세력이 없다면 당신은 여전히 걷지 못하고 앉아 있는 상태일 것이다. 당신이 원하는 결과를 얻기 위해 협상하지 않는다 해도 마찬가지다. 당신이 아무것도 하지 않는다 해도 곧 반대 세력을 만나게 될 것이다. 당신의 상사, 동료, 부하 직원, 친구, 가족 등이 행동하지 않는 당신에게 반대할 테니까.

당신은 실망감을 처리하려고 애쓰다가 자기 자신과의 협상을 끝낼지도 모른다. 그러니 당신이 반대 세력을 만날 것인가 아닌가는 문제가 아니다. 문제는 "언제부터 반대 세력을 만날 것인가?"이다.

반대 세력은 다음의 2가지 형태로 나타난다.

A. 아이디어 반대 세력
B. 감정적 반대 세력

A. 아이디어 반대 세력

아이디어 반대 세력은 당신이 내놓은 특정 사안이나 대안에 의견을 달리하는 세력이다. 이론적으로는 서로를 이해하지 못해 생긴 의견 차이다. 당신은 말한다. "나는 **이렇게** 해야 한다고 생각해."

상대방이 말한다. "아니, 나는 **저렇게** 해야 한다고 생각해." 앞 장에서 제안한 방법을 사용하여 이런 견해의 충돌에 접근하면 양측이 모두 만족할 수 있는 해결책을 찾을 수 있다.

내가 제안한 방법은 아이디어와 정보, 경험, 감정을 통합하여 상호 유익한 결과물을 찾아내는 것임을 기억하라. 양측이 함께 협력하여 시너지 효과를 가져오는 결과를 낼 수도 있다. 최종 결과가 양측이 이바지한 것보다 클 때 그런 결과가 나온다. 시너지 효과가 일어나면 "전체가 부분의 합보다 크다." 혹은 1 더하기 1이 3이 된다. 다시 말하면 양측이 초반에 기대했던 것보다 최종 합의에서 양측 모두 더 많은 것을 얻어낸다.

여러분이 원하는 것을 얻기 위해 적의 압력이나 반대 세력을 이용했을 때 이런 일이 발생한다. 그런 식으로 보면 반대되는 아이디어는 항상 잠재적 동맹 관계라고 할 수 있다. 복합적인 해결책이 당신과 상대측에 더 낫다는 사실은 인정하면서 왜 이런 결과물을 얻는 경우는 그렇게 드물까?

대부분 사람이 앞서 이야기한 대로 신뢰 관계를 구축하거나 풀어야 할 문제에 대해 합의하는 것부터 출발하라는 말을 지키지 않기 때문이다. 대신에 사람들은 **그들의** 대안이나 답을 내놓음으로써 상반되는 아이디어를 가지고 먼저 협상을 시작하려 한다. 심지어 그들은 강경한 태도를 보이면서 **그들의** 결론을 요구나 최후통첩으로 제시한다.

상대측의 입장, 대개는 숫자로 이야기되는 부분에서 대치하기 시작하면 상대도 똑같이 반응한다. 갑자기 양측의 입장이 양극으로 갈라져 경쟁적인 승패식 협상 모드로 들어선다. 잠재적 동맹은 갑자기 적으로 바뀐다.

양측이 그들의 딜레마를 깨닫게 되면 그들은 '나의 방식 대

너의 방식'에 초점을 맞추면서 협상의 틀 자체를 무너뜨릴 수 있다. 하지만 아직 너무 많은 피해를 입은 게 아니라면 정보를 공유하고 프로그램을 재설계하여 윈윈하는 결론에 이를 수 있다.

하지만 초점을 변경하지 않고 양측의 엇갈린 입장을 조율하려는 시도를 하지 않으면 결과는 실망스러울 것이다. 협상에서 결론과 최후통첩을 시도하는 것은 삼나무를 주머니칼로 베려고 하는 것과 같다. 아무리 칼질을 해도 나무는 꿈쩍도 하지 않는다. 부드러운 부위는 없다. 나무에는 탄력이 없다.

내가 하려는 말을 이렇다. 당신은 일자리에 지원하러 왔고 연봉 5만 달러를 요구한다. 그게 **당신이** 결론 내린 자신의 가치다. 나는 우리 회사의 급여 구조에 따라, 그리고 다른 직원들이 받는 수준에 따라 당신에게 3만 달러를 제시한다. 그것이 **나의** 결론이다. 당신은 5만 달러가 양보할 수 있는 '최소치'라고 강조한다. 나는 3만 달러가 내가 줄 수 있는 '최대치'라고 말한다. 나는 의견을 바꾸지 않으려 한다. 당신도 양보할 생각이 없다. 당신은 금액을 내리지 않을 것이고 나는 올리지 않을 것이다.

이 막다른 골목에서 벗어나기 위해 나는 화합의 자세로 이렇게 말한다.

"좋아요, 그럼 3만 200달러로 올려드리죠."

당신은 비꼬듯이 말한다.

"좋아요. 그럼 저도 4만 9,990달러로 내리죠."

우리는 절벽 꼭대기에서 힘겨루기를 하는 산양처럼 머리를 들이받는다.

마침내 당신이 묻는다.

"그게 다예요?"

내가 대답한다.

"그게 답니다."

당신은 발끈해서 시선을 다른 곳으로 돌린다. 나도 화가 나서 괜히 책상 맨 위 서랍을 열어 이력서 더미를 뒤적거린다.

하지만 우리가 서로의 아이디어 반대 세력으로서 양측의 필요를 충족시킬 문제의 해결책부터 찾기 시작했다면? 서로의 정보와 경험, 감정과 필요 사항을 점차 공유하면서 신뢰 관계를 구축했더라면 어떨까? 서로가 상대측의 견해를 듣고 나의 입장과 상대의 입장에서 문제를 바라볼 수 있다면 어떻게 될까? 우리는 서로의 제약 사항을 이해하고 마침내 그의 연봉 문제를 이야기할 때는 그의 요구 뒤에 감춰져 있는 이유를 이해하게 될 것이다.

이런 여러 가지 노력에도 불구하고 정체는 여전히 존재하며 우리는 급여 문제에 있어 큰 차이를 보인다. 이제 나는 컵 두 잔에 물을 부으며 이렇게 말한다.

"급여 자체에 관한 토론은 잠시 제쳐두고 당신의 특정한 요구를 충족시킬 수 있는 다른 형태의 보상에 관해 이야기해보면 어떨까요?"

당신은 알았다는 뜻으로 고개를 끄덕인다. 우리는 함께 우리의 제한, 제약, 필요 사항을 고려하여 계약서를 다시 쓰고 수정하는 작업을 한다. 우리는 한계를 명확히 규정해둔 급여에 관한 경쟁적인 승패 협상에서 벗어나 좀 더 유연성을 발휘할 수 있는 다른 분야에서 레버리지 효과를 이용하는 협상으로 이동하는 중이다.

솔직하게 토론을 주고받은 끝에 우리는 당신이 받는 연봉은 3만 달러지만 다른 형태로 돈을 받는 방식으로 상황을 설정한다. 최종 합의 결과, 당신은 2만 달러가 훨씬 넘는 금액을 다음과 같은 형식으로 받게 된다.

1. 회사 차량
2. 경비 계좌
3. 골프장 회원권
4. 이익 공유
5. 퇴직 연금 무료 회사 부담금
6. 저금리 대출
7. 무료 의료보험
8. 치과 의료보험 보조금

9. 무료 생명보험

10. 입원비의 85퍼센트 회사 보조

11. 자기 계발을 위한 미래 교육 기회

12. 스톡옵션

13. 추가 휴가

14. 휴가 기간 1주일 추가

15. 자체 예산 관리

16. 창문 있는 새 사무실

17. 지정 주차 공간

18. 자녀 교육 기회

19. 이사 비용

20. 성공적으로 프로젝트 완료할 때마다 추가 보너스

21. 개인 비서

22. 카펫 밟을 때마다 폭신폭신한 느낌을 주도록 카펫 아래 2인치 폼 추가 삽입

23. 필요하면 회사에서 기존에 살던 주택 구입

24. 하와이 산업 협회 컨벤션 연례 참가 비용 전액 지원

25. 새 개발 상품에 몇 퍼센트의 로열티

내가 알기로 위의 내용은 분명 현실의 고용 계약서와는 차이가 많을 것이다. 일부러 저렇게 긴 목록을 작성한 이유는 돈 혹

은 개인적 만족이 얼마든지 급여와 다른 형태로 충족될 수 있음을 보여주기 위해서다.

저런 항목은 회사 비용이 들지만 회사 측의 관점에서는 좀 더 수용 가능한 지출 영역이다. 마지막으로 급여와 다르게 일부 혜택은 법적으로 과세 소득에 해당되지 않는다. 그러니 이런 방식으로 제공되는 항목의 진짜 가치는 직접 돈으로 받았을 때보다 훨씬 크다. 그것이 시너지 효과라는 것이다.

이 25가지 항목은 완성된 목록이 아님을 기억하라. 이중 어떤 항목은 필요 사항에 따라 당신에게는 가치가 더 클 수도 있고 적을 수도 있다. 이 항목들은 지급된 형태만 다를 뿐 현금과 별반 차이가 없다.

당신이 구직자라면 재조정되고 수정된 계약 패키지가 5만 달러 연봉보다 훨씬 더 당신의 요구를 충족시켜줄 수 있다. 이 창의적인 계약이 합리적이라고 가정하면 고용주에게 미안함을 느낄 필요는 없다. 경험 많은 고용주는 대개 자신이 지출한 가치만큼 당신에게서 뽑아내고야 말테니까.

지금까지는 상반되는 요구를 충족시켜주는 협상을 재구성한 가상의 예였다. 다음은 실제의 예다.

몇 년 전, 나는 오하이오 동부에서 탄광을 구입하려는 한 대기업을 대표해 협상에 나섰다. 광산 주인은 처음부터 2,600만 달러를 내세우며 강경한 태도를 보였다. 우리의 시작가는

1,500만 달러였다.

광산 주인이 말했다.

"장난하세요?"

회사 측에서 말했다.

"아뇨, 아닙니다. 하지만 그쪽에서도 현실적인 판매가를 제시해주면 저희도 다시 고려해보겠습니다."

광산 주인은 계속 2,600만 달러를 고집했다.

그 후 몇 달 동안 구매자는 제시가를 1,800만 달러, 2천만 달러, 2,100만 달러, 2,150만 달러로 올렸지만 판매자는 꿈쩍도 하지 않았다. 협상은 교착 상태로 접어들어 어느 쪽도 움직이지 않았다. 상황은? 제시가 2,150만 달러 대 요구가 2,600만 달러. 앞서 언급한 대로 이런 상태라면 창의적인 결론을 얻기는 거의 불가능했다. 판매자의 필요 사항에 대한 아무런 정보도 없었기 때문에 계약 내용을 수정하거나 조정하기도 어려웠다.

나는 광산 소유주가 왜 공정한 오퍼로 보이는 가격을 받아들이지 않는지 당황스러워 저녁마다 그와 함께 식사를 했다. 나는 식사를 할 때마다 현재 그 회사가 제시하는 가격이 얼마나 합리적인지 설명했다. 판매자는 보통은 아무 대꾸도 하지 않거나 주제를 바꾸었다. 그러던 어느 날 저녁, 늘 내가 던지던 말에 그가 대답했다.

"사실은 내 동생이 자기 광산을 2,550만 달러에 추가로 몇 가지 조건을 더해서 팔았거든요."

나는 생각했다.

'아하! 그래서 그 금액에 그렇게 집착했구먼. 우리가 미처 몰랐던 다른 요구가 있었던 거야.'

그런 정보를 가지고 나는 회사 이사진들이 함께 모인 자리에서 말했다.

"그의 동생이 정확히 어떤 조건으로 물건을 팔았는지 알아봅시다. 그런 다음에 우리 제안을 수정하고 조정할 수 있을 겁니다. 지금 우리와 거래하는 사람에게는 순수 시장가와는 별 상관없는 개인적 요구가 중요한 것 같으니까요."

기업 임원들 모두 의견 일치를 보았고 우리는 그 방향으로 일을 진행했다. 그 후 얼마 지나지 않아 협상은 타결되었다. 최종 가격은 회사 예산 이내로 내렸지만 지불 방식과 추가 조건으로 보아 소유주는 동생보다 훨씬 좋은 조건에 광산을 판매했다고 느꼈다.

B. 감정적 반대 세력

아이디어 반대 세력은 사실적, 기술적 방식으로 지적 수준에서 다룰 수 있다는 사실을 살펴보았다. 이런 분위기에서는 양측의 초기에 관점 차이가 있었더라도 창의적으로 문제를 해결할 수 있다.

감정적 반대 세력은 감정적인 적으로, 당신의 관점에 동의하지 않을뿐더러 당신이라는 인간 자체에도 동의하지 않는다. 당신이 옹호하는 입장에 대해 해롭고 비도덕적인 동기가 있다고 비난하기도 한다. 이런 분위기에서는 지나친 스트레스가 생기고 판단이 개입되며 비난이 이루어지고 서로 감정이 쌓이기도 한다. 분명 이는 창의적 해결책을 만들어 내기에 유익한 환경은 아니다.

한번 감정적 반대 세력이 생기면 마음을 돌리기 어렵기 때문에 오래 가는 경향이 있다. 당신이 모아둔 모든 논리, 사실, 아이디어, 증거를 동원해도 충분하지 않다. 그러니 애초에 적이 생기지 않게 노력하라. 전염병을 피하듯 감정적 반대 세력을 만드는 것을 피하라.

자연히 다음 질문은 감정적 반대 세력은 어떻게 생기는지에 대한 것이다. '체면'에 손상을 입히면 누군가를 감정적인 적으로 만들게 된다.

체면은 다른 사람들이 생각하길 바라는 나의 모습이며, **공개적으로** 보여지길 바라는 자신의 모습이다. 힘든 협상 후에도 **나의** 체면을 유지하고 싶다는 것은, 위신이나 가치, 존엄, 존중 면에서 지켜온 나의 위상이 줄어들지 않기를 바란다는 뜻이다.

반면에 **자아상**은 어떤 사람이 **개인적으로** 자기 자신을 어떻게 여기느냐에 관련이 있다. 자기 자신이 생각하는 자신의 모습이다. 자기 자신만 가진 능력, 가치, 역할에 대한 개념이다.

두 개념은 아주 약간 겹치는 부분도 있다. 요컨대 우리가 **공적인 체면**을 **사적인 자아상**과 구분해서 생각한다면 2가지는 얼마든지 구분될 수 있다.

좀 더 명확하게 설명해보겠다. 당신과 둘이 사적인 대화를 나누던 중 내가 당신을 사기꾼, 광대, 거짓말쟁이라고 부르며 공격한다. 근거 없는 공격이라고 해도 당신은 순간적으로 짜증이 난다. 하지만 당신의 자아상이 너무나 강해서 당신은 이런 괴롭힘도 굳건히 버텨낸다.

당신은 걸어 나가면서 고개를 가로저으며 이렇게 생각할지 모른다.

"그냥 불쾌한 정도가 아니라 미친 인간이잖아!"

다음 날 내가 이성을 찾고 나의 도발 행위에 대해 진심으로 사과를 하면 당신은 용서해줄지도 모른다. 그 일에 관련된 사람이 우리 둘뿐이었기 때문이다.

자, 이제 공개 미팅에서 내가 당신의 동료들 앞에서 당신을 사기꾼, 광대, 거짓말쟁이라고 부르는 것과 비슷한 욕설을 퍼부었다고 해보자. 당신의 자아상은 전혀 말도 안 되는 이야기를 하고 있다며 내 말을 무시하려 하지만 당신은 체면이 깎이고 자존심에 상처를 입을 것이다. 이 정도 되면 당신은 머릿속으로 계산을 하며 생각한다.

'그 인간한테 당한 게 하나, 둘, 셋….'

내가 다음 날 당신을 찾아가 잠깐 흥분했었다고 용서를 구한 다면 어떻게 될까? 나의 사과는 받아들여지지 **않을** 가능성이 높다. 당신이 자존심에 상처를 입어 마음을 돌리기 어려운 적이 되었을 뿐만 아니라 내가 사람들 앞에서 공개적으로 공격을 했음에도 사적으로 용서를 구하고 있기 때문이다.

사람들은 체면을 잃지 않으려고 극단적으로 나갈 것이다. 우리는 모두 이런 상황이 되면 상황을 왜곡하고 합리화하거나 완전히 차단하는 등 자기 자신을 보호하기 위해 놀라운 능력을 발휘한다. 얼마 전 나온 유명한 노래 가사처럼 말이다. "너무 고통스런 기억은 그냥 잊기로 해."

10년 전, 내가 알던 어떤 이사는 수년간 충실하게 근무한 회사에서 불시에 해고를 당했다. 그는 가족들이나 친구들에게 해고 사실을 알리지 않았다. 그는 매일 정해진 시각에 서류 가방을 들고 교외로 향하는 열차에 올라 맨해튼으로 갔다. 그리고 타임스퀘어의 영화관이나 공공 도서관에서 줄곧 시간을 보내다가 시간이 되면 다시 열차를 타고 집으로 돌아갔다.

그러기를 두 달 후, 그의 해고 사실을 몰랐던 아내가 불시에 사무실로 전화를 걸면서 그가 만든 가상의 세계는 산산이 부서졌다. 비극적인 이야기이지만 우리가 사람들의 눈에 비치는 자신의 위상을 굳건히 지키기 위해 얼마나 말도 안 되는 환상을 만들어낼 수 있는지 잘 보여주는 예다. '체면'을 유지하기 위해 가상과 몽상의 세계를 만들어낸다는 이 주제는 유진 오닐과 테네시 윌리엄스의 희곡에 반복적으로 등장한다.

사람들이 자신의 체면을 유지하려고 필사적이고 비합리적인 행동을 할 수도 있다는 점에 유념하라. 함께 협상하는 사람들을 공개적으로 난처하게 만들지 않도록 최선을 다해야 한다. 상대의 체면을 깎아내리지 말고 반대하는 아이디어에 관해서만 이야기하는 훈련을 하라.

감정적인 적을 만들지 않으면서 당신의 의견을 개진하고 불만을 제기하라. '모든 행동에는 반응이 있다'라는 물리 법칙을 항상 마음에 새겨라. 정치가 버나드 바루크는 그 요지를 이렇게 설명했다. "심장에 나쁜 것이 2가지 있다. 계단을 뛰어 올라가는 것과 사람들과 충돌하는 것이다."

감정적 반대 세력을 만드는 것의 결과와 위험에 대해 이야기하다 보니 2가지 예시가 생각난다.

케이트는 대기업의 유능한 직원이었다. 그 회사는 '열린 문 정책'을 표방했다. 직원이 상사에게 불만이 있는데 수정되지 않으면 항의할 권리가 주어진다는 뜻이다. 직원들은 상사의 상사, 나아가 필요할 경우 사장에게까지도 문제를 제기할 수 있었다. 케이트는 자신의 상사에게 부당한 대우를 받고 있다고 믿었고, 근거도 있었다. 이 문제를 자체적으로 해결해보려고 했으나 아무 성과도 없자, 케이트는 항의권을 발휘하기로 했다.

케이트는 사장에게 편지를 보냈고, 회사 비용으로 비행기를 타고 본사까지 갔다. 그녀는 거기서 케이트의 상사보다 두 단계 높은 서열인 부사장단과 만났다. 사실이 밝혀지고 케이트의 직속 상사에게 상황이 안 좋게 흘러갔다.

일주일 후, 케이트는 사무실로 돌아가 그녀의 상사와 상사의 상사를 만났다. 그 미팅에서 케이트의 상사는 자신의 방식이 잘 못되었음을 인정했고, 그녀의 불만을 바로잡기로 약속하고 용서를 구했다. 그 후, 문제는 만족스럽게 해결되었지만 그녀와 상사와의 관계는 결코 전과 같지 않았다.

우선 케이트의 상사는 공개적으로 그녀의 실수를 지적하기 시작했다. 그는 케이트의 출근 시각과 퇴근 시각을 기록했다. 그 후 몇 달 동안 직원 미팅에서 사소한 실수가 있었고, 케이트가 계획하고 담당했던 정보 기록이 제때 이루어지지 않았다. 급여가 오르긴 했지만 기대했던 것만큼은 아니었다.

'열린 문' 사건이 있은 지 10개월 후, 케이트는 그 의미를 알아차리고 그 '감금' 상태를 청산한 후 새 일자리를 찾아갔다. 그녀는 새 일자리를 '꿀보직'이라고 묘사했다.

두 번째 예는 어느 대도시의 고등학교 사회 과학 교사이자 야구 코치로 오랫동안 일해온 빈스의 경우다. 지역의 인구 변화와 납세자 항의 운동 때문에 교장이 전 직원을 소집해 어느 부분에서 예산을 줄여야 할지 논의했다. 그녀는 공들여 만든 슬라이드로 프레젠테이션을 하며 종합적 데이터에서 자연적으로 결론이 흘러나오도록 했다. 결론을 내리면서 교장은 슬라이드를 정리해 서류 가방에 넣으며 질문을 던졌다.

"여기에 대해 의견 있으신 분?"

빈스는 그 시점에 의도하지 않은 미끼를 물고 통계 자료를 선정할 때 있었던 논리적 오류 몇 가지를 지적했다. 빈스는 더 나아가 교장이 발표한 증거로는 그녀의 결론과 행동 계획을 뒷받침할 수 없다고 주장했다.

빈스의 발언은 특히 교장을 겨냥한 것이었다. 교장은 수학 과목에서 고급 학위를 취득했고, 항상 미켈란젤로를 인용해 "하찮은 것들이 완벽함을 만들지만 완벽함 자체는 하찮지 않다"라고 말하는 사람이었기 때문이다. 빈스의 오랜 직업 경력과 비교하면 그 순간은 짧은 막간에 불과했고, 이때 교장은 아무 말도 하지 않았다. 하지만 다음 학기에 빈스는 야구 대신 축구 코치를 맡게 되었고, 1년 후에 집에서 멀리 떨어진 다른 고등학교로 전근을 갔다.

내가 알기로 빈스는 아직도 통근하는 데 긴 시간을 소비한다. 그의 경력 전체를 놓고 보면 당신은 현재 그가 정체기에 있을 뿐이라고 말할지도 모른다. 그는 성공을 향해 가던 중, 갓길에 주차한 것이다.

이 두 경우 모두 다른 사람들 앞에서 상대방을 우습게 만들면 어떤 결과가 벌어질 수 있는지 알려준다. 아무리 당신 말이 옳더라도 사람들에게 (특히 공개적으로) 모욕을 줄 수 있는 상황을 피하라. 이것은 꼭 상대방을 위해서가 아니라 여러분 자신을 위해서이기도 하다. 감정적인 반대 세력을 피하는 것은 궁극적으로 **상호 불만족**을 피하는 일이기도 하다.

감정적인 적대자를 만들지 않는다는 것을 어떻게 보장할 수 있을까? 나는 이 문제에 있어 2가지 규칙을 고수한다. 아래 내용을 보면 해서는 안 될 일이 무엇인지 알 수 있을 것이다.

태도의 힘을 절대 잊지 마라

앞서 내가 일터에서든 집에서든 협상은 게임이라고 말한 것을 기억할 것이다. 그러면서 나는 이런 말을 했다.

"신경 쓰지만 그렇게 많이는 신경 쓰지 마라."

아무리 앙갚음을 하고 싶은 일이 있어도 참아라. 도발적인 행동 그 자체는 당신을 그다지 화나게 하지 않는다는 점을 기억하라. 그보다 마음에 맺히는 것은 당신이 채택한 관점이다. 당신이 동하지 않으면 누구도, 무엇도 당신을 화나게 만들 수 없다.

토머스 제퍼슨은 그런 태도를 암시하는 말을 했다.

"어떤 상황에서도 항상 냉정하고 침착하게 행동하는 사람은 아무도 이기지 못한다."

자신에게 계속해서 말하라.

"이건 게임이다. 환상의 세계. 간파된 전술은 전술이 아니다. 나는 신경 쓰고 있지만 **그렇게** 많이 신경 쓰지는 않는다."

다른 사람의 행동과 동기를 절대 판단하지 마라

다른 사람의 마음과 생각을 들여다볼 수는 없다. 때문에 상대가 무엇 때문에, 어떤 이유로 그런 행동을 하게 되었는지 안다고 생각하는 것은 말도 안 된다. 대부분의 경우에는 말을 한 사람조차도 모른다. 게다가 당신에게 주어진 정보를 너무 빨리 평가해버리면 그 말을 한 사람은 말을 점점 줄이거나 아예 입을 다물어버릴 수도 있다. 예를 들어 어느 날 저녁, 아이가 집에 돌아와 부모에게 무심코 말한다.

"엄마, 아빠, 있잖아. 방금 누가 마리화나 피워볼 거냐고 물어봤다!"

부모는 입을 모아 소리친다.

"뭐라고!"

아이는 부모의 격렬한 반응에 깜짝 놀란다. 자기도 모르게 움

찔하여 뒤로 물러서고 잠시 생각에 잠겨 입을 다문다. 이제 묻겠다. 이런 상황에서 얼마나 솔직한 대화가 이어질까?

특수한 대립은 차치하더라도 미래의 모습은 어떨까? 이 아이가 이 부모에게 앞으로 몇 달, 몇 년 동안 이런 종류의 정보를 제공할까? 그렇지는 않을 것이다.

왜 그럴까? 아이들은 부모에게 이야기해봐야 문제만 커질 뿐, 자신에게는 아무 이익도 없다는 사실을 알 만큼은 충분히 똑똑하다. 당신이 집이나 직장에서 이런 식으로 행동한다면 어떻게 될까? 당신의 정보원은 얼마 지나지 않아 씨가 마를 것이며 다른 사람들의 지지를 얻기 위한 당신의 협상 능력은 현저히 떨어질 것이다.

부모의 이런 감정 폭발은 극단적일 수 있다. 하지만 이런 종류의 부정적인 판단은 주로 우리가 사용하는 언어와 그와 함께 전달되는 신호를 통해 전달된다. 예를 들어보겠다.

예시 1

부모가 아이의 방으로 걸어 들어가 말한다. "돼지우리가 따로 없네. 꿀꿀~꿀꿀~꿀꿀."

예시 2

배우자가 상대방에게 말한다. "넌 내 생각은 손톱만큼도 안 하지! 접시를 싱크대에 놓기 전에 음식물 좀 버릴 수 없어?"

몹시 화가 난 부모가 아이에게 말한다. "그 도떼기시장 같은 음악 너무 시끄럽잖아. 온 동네가 그 소리에 오염되겠어."

한 협상가가 테이블 건너편의 상대에게 말을 꺼낸다. "당신의 데이터 분석과 비용 산출 방식은 틀렸어요."

이 4가지 예시 모두에서 발화자는 판사의 역할을 수행하고 있다. 각각의 예에서 발화자는 생활 방식, 가치, 배려, 존중, 지능에 대한 평가를 내리고 있다.

이런 흔한 말들을 늘어놓음으로써 여러분의 가족을 감정적인 적대자로 바꿀 수 있다는 것이 아니다. 그런 공개적인 발언은 상대방의 체면에 영향을 미칠 수 있는 공격이라는 뜻이다. 게다가 이렇게 말하는 습관은 고치기가 어렵고 특히 아직 신뢰 관계가 구축되지 않은 사람에게는 더 민감하게 느껴질 수 있다.

이런 잠재적인 문제를 없애는 방법은 매우 간단하다. 위에서 예로 든 모든 문장에서 '너'라는 말을 '나'로 바꾸기만 하면 된다. '내가' 또는 '나를'이란 단어를 사용하면 판단을 하는 대신 개인적인 감정, 반응, 요구를 표현할 수 있다.

그 간단한 변화만으로도 위의 4가지 예를 이렇게 바꿀 수 있다.

예시 1

"이 방이 정리가 잘 안 되어 있으면 난 우울하고, 실망스럽고 속상해."

예시 2

"접시에 남은 음식물만 버려도 내가 설거지하는 데 시간이 반은 절약돼. 나한테는 중요한 일이야. 난 설거지하기 정말 싫거든."

예시 3

"나는 시끄러운 음악 때문에 방해돼. 피곤하고 긴장된 상태에서 그 음악 들으면 짜증나."

예시 4

"저는 그 자료를 조금 다르게 보는데요. 제가 느낀 대로라면…."

사람들은 "약간의 반대는 꼭 필요하다. 성장과 진보를 낳기 때문이다"라고 말해왔다. 모든 진보는 반대 세력(**현 상황**에 불만을 가진 사람들)에서 파생된다. 상이한 아이디어와 방식을 가진 이런 사람들이야말로 진보의 토대가 되는 창의적인 해결책과 새로운 가능성을 만드는 데 필요한 긴장감을 발생시킨다.

그러니 아이디어 반대자를 잠재적인 동맹으로 소중히 하라. 당신의 자존감 때문에 다른 결과를 만들어내지 말고, 그들에게 당신의 관점을 진지하고 꾸준하게 전달하라. 당연히 긴장감은 존재하겠지만 감정적인 내용은 배제하여 아이디어 반대자가 감정적 반대자로 변하는 일이 결코 없도록 하라.

이 장에서 소개된 개념과 아이디어를 이미 들어서 알겠지만 나는 유혹이나 사기 게임에 대해 말하는 것이 아니다. 협력적인 협상에서는 음해, 위협, 수작을 부리기 위한 유려한 말솜씨, 조작, 허튼소리, 수완이나 흥정이 필요 없다.

반대로 지속적인 관계를 만들고 유지하는 방향으로 전략을 수립하길 제안한다. 신뢰하는 당사자들은 동등하며 상호 간에 이익을 취할 수 있는 방향으로 문제를 해결하기 위해 에너지를 쏟아붓는다. 이런 관계는 신뢰 분위기를 형성해 양측의 요구를 충분히 만족시키고 입지도 강화한다.

타협에 의한 해결책

불행히도 많은 협상가들이 타협을 협력과 동의어로 생각한다. 하지만 그렇지 않다. 단어의 정의 자체만 따져보면 타협은 양측이 정말로 원하는 것을 포기하기로 합의하는 것이다. 누구도 자신의 요구를 온전히 충족하지 못하는 결과다.

타협 전략은 당신의 요구와 나의 요구가 항상 상반된다는 잘못된 전제를 바탕으로 한다. 그러니 상호 만족은 결코 달성할 가능성이 없다고 생각하는 것이다. 이런 가정에 따라 행동하기 때문에 우리는 상대편이 최종적으로 양보하기를 바라는 마음에, 각자 협상 초기부터 기이한 요구를 하기 시작한다.

사회 전체를 위해 상이한 입장 차이를 제쳐 놓으라는 압력이 양측 모두에게 가해지면 우리는 극단적인 입장 사이의 중간 지점에서 타협을 본다. 교착 상태를 피하기 위해 이 해결책을 받아들이지만 사실은 둘 중 누구도 만족하지 못한다.

우리의 요구는 좌절되고 오래된 격언과 속담 따위를 되뇌면서 약간 위안을 얻는다. "하나도 없는 것보단 빵 반쪽이라도 있는 게 낫지." "조금 내어주고, 조금 얻는다." "좋은 협상 결과는 양측이 어느 정도 불만족스러울 때 나온다." 양측 모두 정말로 원하는 것을 얻어내지 못하는 이런 협정은 당연히 누구도 지지하지 않는다.

이 '타협 공식'을 말 그대로 인생의 협상 딜레마에 적용해보면 터무니없는 해결책이 나올 것이다. 다음의 간단한 일화를 통해 내가 무슨 말을 하려는지 알려주겠다.

짧은 글 1

워싱턴주 시애틀 출신의 두 대학원생은 겨울 방학 동안 함께 시간을 보내기로 한다. 남자는 라스베이거스로 가고 싶어 하고, 여자는 뉴멕시코주의 타오스에 가고 싶어 한다. 우리가 아는 것은 두 사람이 각자 독립적으로 결론을 내렸다는 점이다.

타협안을 찾는 방법에는 지리적 대안밖에 없다고 해보자. 타협 공식을 있는 그대로 적용하면 그 커플은 애리조나주 북동부에 있는 호피 인디언 보호 구역 내의 폴라커 인근에서 휴가를 보내야 한다.

물론 어느 정도는 과장된 면이 있다. 그런데 이 커플이 정보와 경험, 가정, 기대를 공유한다면 서로 만족할 수 있는 여행 장소를 선택할 수 있다.

그 근거로, 남자가 원하는 것이 도박과 유흥이고, 여자가 원하는 것이 스키를 타며 신선한 공기를 즐기는 것이라면 둘 다 모두 원하는 것을 얻을 수 있는 (레이크 타호나 스쿼밸리 같은) 옵션이 분명 존재한다.

짧은 글 2

최근에 나는 타협에 관련된 흥미로운 이야기를 들었다. 내게 그 이야기를 들려준 친구는 '깨달음을 얻은 큰부처'라고 알려진 친구였다. 그가 이런 이름으로 불리게 된 이유는 진실을 찾는 데 모든 것을 쏟아붓느라 아내와 어린 아들까지 떠난 적이 있었기 때문이다. 그의 숭고한 탐구는 겨우 22시간 지속되었지만 그 별명은 평생 따라다니게 되었다.

하루는 그가 그의 십대 아들 둘이 일요일 가족 식사 때 말다툼을 벌인 이야기를 들려주었다. 두 아들이 싸운 이유는 아이다호 감자 구이 때문이었는데 그다지 중요한 문제는 아니었다. 하지만 아들들은 각자 자신의 주장만 내세웠고 의견은 더욱더 첨예하게 갈라졌다.

가장이었던 내 친구는 아무 정보도 없이 아들들을 위해 결정을 내렸다. 불교 전통인 '중도'에 따라 내 친구는 감자를 반으로 가른 뒤 그 둘에게 똑같이 나누어주었다. 자신이 내놓은 해결책에 만족한 친구는 혼자 거실로 가 TV를 보면서 영혼의 평안을 얻고 열반의 경지에 이르렀다.

그날 저녁, 큰부처는 그의 '완벽한 타협안'을 재협상할 필요가 있다는 충고를 받았다. 한 아들은 껍질만 원했고, 다른 아들은 감자의 부드러운 속만 먹고 싶어 했다는 것이었다. 두 아들의 요구는 상반되는 것이 아니었고 가장 좋은 해결책은 대칭적 타협이 아니었다.

짧은 글 3

어렸을 때 나는 누나와 방을 같이 썼다. 나이 차이가 크지는 않았지만, 지적인 면이나 성숙한 정도에서 누나는 나와 큰 격차가 있다고 생각했다. 진지한 학문적, 문화적 취미를 가진 누나는 〈잭 암스트롱Jack Armstrong〉과 〈더 섀도 The Shadow〉같은 라디오 드라마를 면밀하게 모니터링하던 나와 극명한 대조를 이루었다.

상이한 관심사와 침실 하나라는 제한된 자원 때문에 우리는 서로에게 방해가 되고 사려 깊지 못한 행동을 놓고 자주 갈등을 겪었다. 몇 달 동안 우리는 서로 다른 관점에서 '차이를 구분'하고 '비슷한 것을 나누는' 등의 타협안을 시도해보기도 했다. 서면으로 작성한 스케줄과 합의, 부모의 중재가 있었지만 논란은 계속되었다.

최종적으로 우리 모두가 상당한 시간과 에너지가 낭비되고 있음을 인식했을 때 수학적 타협을 계획하고 시행함으로써 문제는 해결되었다. 서로에게 이익이 되는 방향으로 문제를 해결하려는 공통의 관심을 인지하자, 공간과 시간, 소재라는 명백한 물리적 자원을 넘어 생각할 수 있었다. 누나와 나의 요구를 동시에 충족시킬 수 있는 만족스러운 해결책은 라디오용 이어폰을 구입하는 것이었다.

그 후로 나는 누나를 방해하지 않고 내가 원할 때마다 라디오를 들을 수 있었다. 이 해결책의 가장 큰 장점은 켈로그에서 "주니어 G맨 카드를 받으실 일생에 한 번뿐인 기회"라고 발표한 순간에 내가 라디오를 듣고 있었다는 점이다. 지금 돌이켜 보면 그건 내 인생에서 중요한 터닝포인트였는지도 모르겠다.

위의 예에서 보듯 '통계적 타협 공식'을 사용한다고 해서 반드시 성공적으로 갈등을 해결할 수 있는 것은 아니다. 그런 접근법이 '전반에 걸쳐' 사용된다면, 이제 익숙해진 전술적 전략, 최후통첩, 자기중심적인 적대적 행동이 수반되는 게임 플레이가 늘어날 것이다.

타협이 항상 형편없는 선택이라고 말하는 것은 **아니다**. 타협 전략도 특정한 상황에서는 적합할 수 있다. 그러니 가끔은 타협하고, 수용하고, 설득하고, 경쟁하며 심지어 협상 테이블을 박차고 나갈 준비를 하는 것이 효율적일 때도 있다는 사실을 인지해야 한다.

하지만 상대측과의 관계가 지속될 거라면 협상 초기부터 그냥 수용 가능한 해결책이 아닌 상호 만족을 위한 해결책을 찾도록 노력해야 한다. 상황에 따라 좀 더 많은 합의가 필요할 수도 있고, 심지어 경쟁 구도를 드러내기 위해 초기 협상 과정을 변경해야 할 때도 있다.

승리하는 협상가는 위대한 체스의 고수처럼 첫수에서부터 마무리 단계에 이르기까지 가능한 모든 전략을 알고 있어야 한다. 그런 다음에야 일어날 수 있는 모든 가능성에 준비가 되었다는 자신감을 가지고 협상에 들어갈 수 있다.

하지만 그렇다고 하더라도 모두가 만족할 수 있는 최고의 결과를 얻기 위해 노력해야 한다. 타협은 받아들일 수 있지만, 양측을 만족시킬 수는 없다는 사실을 알아야 한다. 타협은 협상이 교착 상태에 빠지는 것을 피하기 위해 가장 마지막에 사용해야 할 최후 전략 내지는 예비책이다.

이번 장의 핵심은 협상에서 여러분이 승리한다 해도 반드시 상대편이 패배해야 하는 것은 아니라는 점이다. 승리한다는 것은 현실을 진실하고 명확하게 보고 적합한 전략으로 반응함으로써 결과물을 만들어낸다는 의미다.

승리란 자신의 신념과 가치에 맞게 당신의 요구를 충족시키는 것을 의미한다. 승리는 상대측이 정말로 원하는 것을 알아내고 그들에게 당신이 원하는 것을 얻을 방법을 보여주는 것을 의미한다.

두 사람이 좋아하고 싫어하는 것이 똑같이 겹치지는 않기 때문에 양측은 얼마든지 원하는 것을 얻을 수 있다. 각자가 자신의 요구를 충족시키려고 노력하지만 그 요구는 손가락 지문처럼 제각각이다.

아이러니하게도, 내가 원하는 것 중에서 상품, 서비스, 권리 등 흥정의 **대상**에 속하는 것은 일부일 뿐이다. 대상을 더 큰 범위로 확장해보면 나는 협상을 **어떻게** 진행했느냐 하는 협상 과정 자체에서 만족을 얻을 수도 있다. 앤티크 시계를 구입한 부부나 54번가의 기적을 일으켰던 신문 이야기를 기억하는가? 이 에피소드에서 협상 과정은 필요를 충족시키고 만족을 결정지었다.

개개인의 특성과 협상 과정 자체를 통한 요구 충족이 합쳐져 가끔은 바보 같은 짓을 하기도 한다. 겨울에 열대 지방에서 휴가를 보내고 돌아온 사람들을 본 적이 있는가? 2주 동안 여행을 다녀왔을 뿐인데 그들은 하와이안 셔츠와 무무 드레스를 입고 커다란 솜브레로 모자나 악어 인형을 들고 북부 공항 세관에서 있다. 나는 그런 사람들을 볼 때마다 미소가 지어진다. 하지만 그러고 나서 내게도 멕시코 **세라피**serape가 하나 있다는 사실이 떠오른다.

세라피가 뭔지 아는가? 숄, 판초, 밝은 색상의 모직 담요 같은 것으로 멕시코인들이 어깨에 걸치고 다니는 것이다. 대부분 세라피는 멕시코 북쪽에서 여행 온 미국인들에게는 어마어마한 가격에 판매된다.

내가 세라피를 사게 된 상황을 설명하기 전에 나의 배경과 필요 사항에 관한 정보를 알려주겠다. 나는 어렸을 때부터 세라피 같은 건 갖고 싶었던 적이 **한 번도** 없었다고 분명히 말할 수 있다. 나는 한 번도 세라피를 탐내거나 간절히 원하거나 갖고 싶었던 적이 없었다. 환상 속에서조차 내가 세라피를 걸친 모습을 떠올려본 적이 없다. 평생 세라피 없이 살더라도 인생을 돌이켜보며 "음, 꽤 괜찮은 인생이었어" 하고 말할 수 있었다.

그런데 어떻게 여태까지 알지도 못했던 이런 요구가 생기고 나에게 만족을 주었을까?

7년 전, 나는 아내와 멕시코시티에 갔다. 함께 돌아다니는데 아내가 갑자기 내 팔꿈치를 잡아당기며 말했다.

"봐요! 저쪽에 불빛이 보여요!" (아내는 항상 이런 식으로 말한다.)

나는 앓는 소리를 하며 말했다.

"아! 싫어요. 난 저기 안 갈 거예요. 관광객들한테 바가지 씩

우는 쇼핑 구역이라고요. 저런 데 가려고 여기까지 온 게 아니에요. 나는 다른 문화를 체험하러 온 거라고요. 예상치 못했던 것을 접하고, 있는 그대로의 인류와 만나고, 진짜를 경험하고, 오가는 사람들로 붐비는 거리를 걸어 다니려고 온 거예요. 저런 데서 쇼핑에 빠져 있을 거면 혼자 가세요. 호텔에서 다시 만나요."

항상 그렇듯 설득이 어렵고 독립적인 아내는 잘 가라고 손을 흔들며 떠났다. 오가는 사람들 사이를 걸으며 나는 약간 떨어진 곳에서 진짜 원주민을 보았다. 가까이 다가가면서 보니 그는 더운 날씨에도 세라피를 걸치고 있었다. 사실은 하나가 아니라 여러 장의 세라피를 겹겹이 걸친 채 소리치고 있었다.

"1,200페소!"

나는 생각했다.

'누구한테 말하는 거지? 난 아니겠지! 우선 내가 관광객이라는 걸 어떻게 알아? 내가 나도 모르는 사이에 세라피를 갖고 싶다고 저 사람한테 신호를 보낸 것도 아닌데!'

앞서 말했듯이 나는 **절대로** 세라피를 원하지 않았다!

그 사람을 무시하려고 애쓰면서 나는 약간 걸음을 빨리했다.

그가 말했다.

"좋아요. 그럼 1천 페소에서 더 깎아서 800페소."

그 시점에 나는 그 사람에게 처음으로 말을 건넸다.

"이봐요, 진취적이고 근면하며 끈질긴 면은 존중합니다. 하지만 저는 **세라피를 갖고 싶지 않아요.** 세라피를 원하지도, 갈망하지도, 갖고 싶지도 않아요. 그러니까 다른 데 가서 판매하실래요?"

심지어 나는 그 사람의 언어로 말했다.

"내 말 알아들었어요?"

그는 완벽히 이해했다는 투로 대답했다.

"네."

나는 다시 성큼성큼 걷기 시작했는데 뒤에서 그의 발소리가 들려왔다. 우리가 마치 사슬로 묶여 있기라도 한 것처럼 그는 계속해서 말했다.

"800페소!"

나는 약간 짜증이 나서 거의 뛰다시피 했지만 세라피 판매자도 똑같이 내 속도에 맞춰 걸었다. 이제 그는 600페소까지 가격을 내렸다. 우리는 신호에 걸려 코너에서 멈춰 섰다. 그러자 그는 일방적으로 대화를 이어나갔다.

"600페소! 500페소! 좋아요, 좋아, 400페소!"

신호가 바뀌자마자 나는 그 사람을 따돌리려고 서둘러 길을 건넜다. 코너를 돌기도 전에 묵직한 발소리와 함께 그의 목소리가 들려왔다.

"선생님~ 400페소!"

그때쯤에는 더워서 땀이 나고 피곤하고 그의 끈질긴 행동에 화가 났다. 나는 약간 숨이 차서 헐떡거리며 그와 마주섰다. 이를 반쯤 악물고 말을 내뱉었다.

"젠장, 말했죠. 난 세라피 원치 않는다고. 그만 좀 따라와요!"

그는 내 태도와 목소리 톤으로 미루어 말을 알아들은 것 같았다. 그가 대답했다.

"좋아요, 손님이 이겼어요. **특별히 손님에게만 200페소에 드리죠.**"

"뭐라고요?"

나는 소리치고 나서 내가 내뱉은 말에 깜짝 놀랐다.

그가 다시 말했다.

"200페소요!"

"그 세라피 좀 봅시다!"

내가 왜 세라피를 보겠다고 했을까? 세라피가 필요했나? 세라피가 갖고 싶었나? 세라피가 좋았나? 아니, 그렇지는 않다. 하지만 아마도 마음이 바뀌었던 것 같다.

세라피 판매자가 1,200페소에 시작했다는 사실을 잊지 말기 바란다. 그런데 이제 200페소를 달라고 한다. 심지어 나는 내가 뭘 하고 있는지조차 몰랐다. 하지만 원래 가격에서 1천 페소나 낮아진 것이다.

공식 협상을 시작하고 나서 나는 그 상인으로부터 멕시코시티 역사상 가장 싸게 판매된 세라피가 175페소였다는 사실을 알게 되었다. 캐나다 위니페그에서 온 사람이 구매했는데, 그의 부모님은 멕시코 중서부의 과달라하라 출신이었다고 했다. 그런데 나는 170페소에 구매함으로써 멕시코시티 역사에 새로운 기록을 남기고 200년 미국 역사에도 길이 남게 되었다.

날은 더웠고 나는 땀을 흘리고 있었다. 그럼에도 나는 세라피를 입었고 기분이 짜릿했다. 몸의 윤곽이 잘 드러나도록 세라피의 위치를 조절하면서 나는 호텔로 느긋하게 걸어갔고, 상점 앞에서 내 모습을 비춰보고 감탄했다.

호텔방에 들어가니 아내는 침대에서 잡지를 읽고 있었다. 내가 의기양양하게 말했다.

"이것 봐요, 내가 뭐 샀나 보세요!"

아내가 물었다.

"**뭐 샀어요?**"

"아름다운 **세라피!**"

아내가 가볍게 물었다.

"얼마에 샀어요?"

나는 자신감 있게 말했다.

"음, 원주민 협상가는 1,200페소를 원했지만 주말을 당신과 함께 보내는 국제 협상가는 170페소에 샀지요."

아내는 미소 지었다.

"이런, 재미있네요. 나는 똑같은 걸 150페소에 샀거든요. 옷장에 있어요."

얼굴이 일그러진 나는 옷장을 확인하고 나의 세라피를 벗은 다음, 앉아서 무슨 일이 일어났는지 생각했다. 내가 그 세라피를 왜 샀던가? 세라피가 필요했던가? 세라피를 원했던가? 세라피를 좋아한 적이 있던가?

아니, 그렇지는 않았다. 내가 멕시코시티의 길에서 만난 사람은 단순 행상인이 아니었다. 그는 국제 심리 협상가였다. 그 사람은 나의 특별한 요구에 맞는 특별한 협상 과정을 만들어냈다. 확실한 건 그가 나조차 몰랐던 나의 요구를 충족시켰다는 점이다.

나는 꼭 내 세라피에 대해서만 말하는 게 아니다. 어딘가 옷장 뒤, 서랍장 위에 놓여 있을 나의 세라피에 해당하는 물건들을 여러분도 많이들 갖고 있을지 모른다. 홍콩제 도자기로 만든 캐나다 기마 경찰 모형, 마우이섬에 전해 내려오는 수제 푸카조가비 비즈, 진품 주니링, 비스비 서쪽 광산에서 방금 캐낸 터키석, 반짝이는 전복 껍데기, 보카 라톤 해변까지 떠내려온 스페인 금화, 진품 웰스파고 벨트 버클 등.

나에게는 이 모든 물건들이 '세라피'이며 내가 아는 거의 모든 사람들이 하나씩은 이런 세라피를 갖고 있다. 여러분이 구매한 세라피에 대해 생각해보라. 그 세라피는 그냥 물건이었는가? 아니면 여러분의 요구를 충족시켜주는 과정의 산물이었는가?

기본적으로 나의 메시지는 간단하다. 사람은 각자 개성이 다르며, 요구는 조화를 이룰 수 있다는 사실을 인지하라. 그러면 당신은 원하는 것을 얻을 수 있다.

동시에 대부분의 요구는 여러분이 행동하고 활동하는 방식에 의해서도 충족될 수 있음을 절대 잊지 마라. 상호간의 만족이 목표이자 협력적인 윈윈 협상이라는 성취의 수단이 되어야 한다.

YOU CAN NEGOTIATE ANYTHING

4

어디서나,
누구와도 협상하기

10

비대면 전화 협상에서
합의 각서는 필수

스스로 결정할 수 있는
방법을 아는 사람은 자유롭다.

살바도르 데 마다리아가

전화는 현대 생활에서 필수적인 언어적 수단이다. 매일 나이프와 포크, 숟가락보다도 전화를 더 많이 사용한다. 전화기의 모양은 매력적이다. 촉감이 매끄럽고 집어들기도 편하다. 아무런 해도 없어 보인다. 해가 **없다고?** 아니다. 전화는 심각한 오해를 불러일으킨다("**그런** 뜻으로 한 말인 줄 몰랐어!"). 속임수의 수단으로도 사용될 수 있다("수표를 우편으로 보내드렸습니다"). 강력한 경제력을 가진다. 전화 통화 시 이해도에 따라 수백만 달러를 벌거나 잃기도 한다.

무엇보다도 전화 통화를 하려면 주의가 요구된다. 계속해서 전화벨이 울리면 본능적으로 "누가 날 이렇게 찾아?" 하는 생각이 든다. 자살을 하려던 사람들도 전화벨이 울리면 전화를 받아야 한다는 강력한 필요성을 느끼고 자살 행위를 멈추고 싶은 유혹을 받는다.

그런 중요성을 띠고 있기는 하지만 전화가 협상에서 차지하는 고유한 역할에 대해 연구하는 사람은 거의 없다. 이 널리 퍼진 전화 협상에 대해 분석해보자.

오해의 소지가 더 높다

시각적인 피드백이 없기 때문에 대면보다는 전화로 말할 때 오해하기가 더 쉽다. 전화 통화를 할 때는 상대방의 표정과 행동 신호를 관찰할 수 없다. 목소리 톤만 가지고 해석하면 잘못된 판단을 내리기 쉽다. 목소리 톤을 '잘못 읽을' 수 있을뿐더러 빈정거림과 숨겨진 의미가 있지도 않은데 상상으로 만들어내거나 있는 것을 놓치는 수가 있다.

거절하기 쉽다

전화로는 특별한 노력을 들이지 않고도 거절할 수 있다. 내가 전화를 걸었다고 해보자. 나는 정중하게 말한다.

"제가 소개해 드릴 제품은….'

당신은 바로 대답한다.

"안 해요. 지금 바빠요. 전화해줘서 감사해요."

딸깍. 얼굴을 마주 대하고 있지 않기 때문에 날 거절하는 데 아무 어려움도 없다.

하지만 내가 직접 찾아간다면 나를 그렇게 쉽게 제거해버릴 수는 없을 것이다. 내가 당신의 사무실로 들어가 헐떡거리며 말한다.

"아, 저 좀… 너무 멀리 와서! 아, 정말 힘드네요!"

나는 선 채로 땀을 뻘뻘 흘리며 눈에는 눈물이 그렁그렁 맺힌 채 당신의 호의를 청한다. 이런 상황에서 나를 거부할 수 있을 것 같지는 않다.

당신은 내가 너무 먼 길을 온 것에 대해 죄책감을 느끼면서 내 몸과 정신 상태를 걱정할지도 모른다. 당연히 당신은 화를 내지 않고 문제를 해결하고 싶을 것이다. 모든 상황을 고려해볼 때 당신이 내 요청을 받아줄 확률은 매우 높다.

현재 업무에 변화를 요구하는 어떤 아이디어나 제안, 요청을 전할 때에는 개인적으로 만나 구두로 전달해야 한다. 문서, 편지, 전화 통화는 그런 미팅 전이나 후에 할 수도 있지만 그 자체로는 설득력이 높지 않다.

내가 전하는 메시지는 간단하다. 당신이 원하는 무언가를 진지하게 얻어내고 싶다면 직접 모습을 드러내라.

훨씬 짧게 끝난다

전화 협상은 면대면으로 협상하는 것보다 항상 훨씬 더 짧게 끝난다. 면대면 협상은 그동안 회의에 투자한 시간과 여행, 비용을 정당화해야 하기 때문이다.

가상의 상황을 떠올려보자. 아이가 학교에서 어려움을 겪고 있다. 담당 선생님께 전화를 걸면 전화 통화는 5분에서 10분 정도 이어질 것이다. 하지만 바쁜 일정 가운데 시간을 들여 직접 찾아간다면 30분에서 1시간까지 늘어날 수 있다.

훨씬 더 경쟁적이다

전화로 거래할 때는 시간이 상대적으로 짧기 때문에 정보와 경험을 공유하고 상호 요구를 만족시킬 수 있는 시간이 부족한 경우가 많다. 이런 현실은 전화 접촉의 특성과 결합되어 경쟁적인 승패식 행동이 만연하는 분위기가 형성된다.

전화 통화를 할 때 사람들은 비인격적이고 좀 더 요점에 집중하는 경향이 있다. 대화는 자연스럽지 않고 규칙과 절차에 대화의 초점이 맞춰진다. 그 결과, 더 강력한 주장을 펼치는 쪽이 우세하다.

이론적으로 당신이 더 많은 힘을 가진 경쟁적인 협상가라면 전화 통화로 분쟁을 해결할 때 당신이 더 유리하다. 이런 방식의 협상을 고집한다면 나를 희생해서 승리를 차지하려는 당신의 전략일 수 있다.

놀랄 일도 아니지만 이런 맥락에서 나는 면대면 협상을 원한다. 그러면 당신은 일반 규칙에서 벗어나는 통계 수치가 아닌 따뜻한 피가 흐르는 인간으로서 나를 보게 될 것이다. 협상가들이 서로 만나 정상적으로 인사하고 고개를 끄덕이고 미소 짓고 머리를 긁는 모습도 교환할 때, 적대감은 희석된다. 대화는 더욱 자유롭게 진행되고 시간 압박은 줄고, 상호 이익이 되는 결과물을 만들어낼 기회는 더욱 늘어난다.

진도를 나가기 전에 실망스럽고 힘든 협상에 대해 간단히 이야기해보려고 한다. 거의 모두가 알다시피 통신 회사는 특히 협상 상대로 까다롭다.

이번 달 전화 요금 청구서를 받았는데 뜬금없이 말레이시아 쿠알라룸푸르로 건 전화 통화에 대해 72달러가 청구되었다. 당신은 통신 회사에 전화를 건다. 고아인 당신은 혼자 살고 친구도 없다. 결혼도 한 적 없고 학교 다닐 때 지리 점수도 잘 받았다. 당신은 그런 전화를 건 적이 없다고 주장한다.

하지만 이 부당함에 관해 설명하려고 할 때 자신감 충만한 관리자의 목소리가 요지부동의 물체처럼 당신 앞을 가로막는다.

더글러스 맥아더 장군 같다. 그런 경우에는 아무 잘못 없는 사람들조차 수많은 전화 통화에 시달리다가 굴복하고 마는 경향이 있다. 이번 장에서는 대부분 그런 상황에서 협상에 성공하기 어려운 이유를 설명하려고 한다. 본질적으로 당신은 이 게임을 만들어낸 '운'이라는 이름의 딜러와 포커 게임을 하고 있는 것과 같다.

위험이 더 크다

본질적으로 전화를 통한 협상은 대면 미팅보다 훨씬 빨리 끝나고 훨씬 경쟁적이다. 그런 협상에서는 승자와 패자가 갈리기 쉽다.

그러므로 빨리 진행되는 협상은 어떤 형태든 간에 위험하다는 사실을 기억해야 한다.

갈등 해결을 위해 전화를 이용하든 직접 만나든 지나치게 서두르다 보면 한쪽은 잠재적 위험에 빠지게 된다.

이 빠른 해결의 위험은 누가 질까? 덜 준비되고 공정성 여부를 결정할 수 없는 사람이다. 내가 가진 자료와 관찰 내용에 비추어 볼 때 당신의 제안이 공정한지 확실치 않다면? 나는 당신의 주장에 온전히 의존해야 한다. 당신이 신실하고, 정직하며 솔직한 사람이라면 나는 당신의 진실성에 대한 믿음으로 이익을 볼 것이다. 하지만 당신의 예의 바른 행동과 공정한 태도가 사실이 아니었다면? 안심되는 말 뒤에 '소련식 사기꾼'이 숨어 있다면? 그렇다면 나는 잔인하고 굴욕적인 패배를 맛볼 것이다.

그러므로 준비가 덜 되었고 상대의 발언 내용을 확인할 수 없고, 과거 거래를 통해 상대가 믿을 만한지 확인할 방법이 없다면 기다려야 하는 게 일반적인 원칙이다. 진흙탕에 뛰어들어봤자 더 진창이 될 뿐이다. 시간을 가지고 정리하고 나면 바닥이 보이고 당신이 어떤 상황에 처했는지 파악될 것이다. 대개 성공은 더 인내하고 힘을 유지하는 협상가에게 찾아온다.

일회성 거래이고 공정성 여부를 판단할 수 없다면 속도를 늦추고 질질 끌어라. 뭘 해야 할지 모를 때는 아무것도 하지 않는 것이 가장 좋은 방법이다. 자신에게 유리할 때는 행동하고, 행동에 나서봐야 적에게 유리할 때는 최대한 행동을 삼가는 것이 좋다. 기억하라. 힘은 절대 지속되지 않는다. 시간이 흐르다 보면 협상의 레버리지 효과를 증대시킬 수 있다.

때로 협상가는 신속하게 추진하길 원한다. 나의 자료와 관찰 내용에 근거하여 내가 당신보다 준비가 잘되어 있거나 이 합의가 나의 요구대로 이루어질 것이라는 확신이 있다고 해보자. 그러면 나는 당신의 주장이나 진실성에 의존할 필요가 없다. 이럴 경우 분명히 어떤 불필요한 위험도 감수하지 않고 '서두르려고' 할 것이다.

발신자에게 유리하다

전화를 거는 목적에는 여러 가지가 있다. 때로는 아무 이유 없이 걸기도 한다. 그럼에도 대부분 경험 있는 사람들은 협상 무기 중에서 전화가 잠재적인 공격이나 방어의 수단이 될 수도 있다는 사실을 안다. 그런 이유로 효율적인 협상가는 '일이 진행되는 대로 놔두는 것'이 아니라 자신의 행동 또는 무대응이 어떤 효과를 가져올지 예측한다.

어떤 통화에서건 전화를 건 사람, 즉 발신자가 훨씬 유리한 입장에 있다. 예상치 않게 걸려오는 전화를 받는 사람, 수신자는 불리한 입장에 있다.

우선 우리가 오래 걸리고 지루한 협상을 하는 중이라고 해보자. 당신 생각에 그 사안은 불확실한 상태로 잠정적으로 연기된 상태다. 예상치 않게 내가 '즉흥적'으로 전화를 걸어 우리 사이의 문제를 해결할 제안을 한다. 이것이 나의 충동적인 행동일까? 아니면 계획된 전술일까?

이 통화는 순간적 충동에서 비롯된 것이 **아닐** 가능성이 높다.

전화를 걸기 전에 나는 가능한 옵션들을 저울질해본다. 면대면 대화, 편지, 전보, 제삼자를 이용한 중재, 전화, 무반응 등. 내가 그중에서도 지금 전화를 선택한 것은 내 목적에 가장 잘 부합하기 때문이다.

물론 나는 다방면에 걸쳐 사전 준비도 마쳤다. 방해받을 만한 게 없는 조용한 장소에서 전화를 걸고 있다. 내 앞에는 12개의 잘 깎은 연필과 백지 여섯 장이 놓여 있다. 오른쪽에는 계산기를 준비해두었다. 내 뒤에는 자료에 액세스할 수 있는 컴퓨터가 있다. 목표와 전략, 전술은 마음에 새겨 두었다. 또 당신이 반대할 수도 있다는 것을 예상하고 그럴 때 대응할 답변과 자료들도 준비해두었다. 기본적으로 나는 만반의 준비를 갖추고 있다.

이제 당신이 어떤 곤경에 처했는지 살펴보자. 갑작스럽게 걸려온 전화에 놀란 당신은 아무 준비도 되어 있지 않다. 심지어 당신은 책상 위 종이 더미 사이에서 전화기를 찾는 데도 애를 먹는다. 기본적으로 필요한 도구들도 손이 닿는 위치에 놓여 있지 않다. 전화 통화하는 동안에 사람들이 다가와 질문을 하기도 하고 전화 수신기에 불이 계속 깜빡이는 바람에 집중에 방해가 된다. 게다가 비서도 찾을 수 없고, 파일도 찾을 수 없고, 연필이나 펜도 찾을 수 없다.

이런 상황에서 나와 이야기하는 것은 대단히 위험하다. 나는 훨씬 준비가 잘되어 있기 때문에 당신은 나의 주장과 계산 결과를 그대로 따르게 된다. 내가 이타적이고 자애롭고 훌륭한 사람이라면 나는 당신에게 정의와 자비를 베풀 것이다. 하지만 내가 소련식 협상가라면 당신은 묵사발이 될 것이다.

내가 상세히 설명한 문제들과 결점에도 불구하고 당신은 수많은 전화 협상에 참여하게 된다. 9시부터 5시까지 업무 시간에 하는 협상만 말하는 게 아니다. 단체 소풍을 계획하려고 하거나 가족, 친구들과 관계를 유지하고, 텔레마케터를 상대하거나 결혼 계획을 세울 때도 전화 협상을 한다. 사실 결혼 준비는 디데이D-Day 전략에 해당한다.

당신은 생판 모르는 사람에서부터 사랑하는 사람에 이르기까지 아주 다양한 사람들과 전화로 협상을 한다. '공식' 협상이 전화로 이루어지지 않더라도(그런 경우도 빈번하다) 사전 협상 단계가 전화로 이루어지기도 한다.

다르게 말하면 협상의 결말을 낼 때는 전화로 하든 직접 대면을 하든, 사전 조치는 전화 통화를 이용하는 경우가 많다. 전화를 매우 많이 사용하기 때문에 이 전자 기기가 당신에게 단점이 아닌 장점으로 작용할 수 있도록 해야 한다.

전화 협상에서 손쉽게 맞춤화해 성공할 수 있는 팁 몇 가지를 알려주겠다.

수신자가 되지 말고, 발신자가 되어라

잠재적인 적대적 상황에서는 되도록 당신이 먼저 전화를 걸어라. 누군가 당신에게 전화를 걸었는데 준비가 되어 있지 않다면 이렇게 말하라.

"죄송합니다. 참석해야 할 중요한 미팅이 있어요. 벌써 늦었네요. 제가 몇 시에 다시 전화를 걸면 좋을까요?"

알겠는가? 당신이 "나 지금 다른 일 해야 해. 내가 다시 걸게!"라고 말하는 순간, 당신은 더 이상 수신인이 아니다. 준비가 되면 그때 다시 전화를 **걸어라.** 당신이 발신자다.

계획하고 준비하라

행동을 취하기 전에 당신이 원하는 결과에 대해 생각하고 전화 통화가 그 결과를 얻을 수 있는 최선의 방법인지 따져보라. '아니'라는 답변을 들을 것인지 '예'라는 답변을 들을 것인지 결정하라. 앞서 말했지만 전화 통화에서는 '예'보다 '아니'라는 답을 듣기가 훨씬 쉽다.

누군가는 말했다. "계획에 실패했다면 실패하도록 계획했기 때문이다." 전화 통화로 당신이 얻어내고 싶은 특수한 목적이나 목표에 대해 생각하라. 코란에서는 이렇게 말한다. "어디로 갈지 모른다면 길이 당신을 그곳으로 데려다줄 것이다." 분명, 어디로 가야 할지 모른다고 해도 절대 길을 잃지는 않을 것이다. 결국, 어디로 가야 할지 모른다면 그곳에 도착해도 도착했는지 모를 테니까!

요점은 전화를 걸 때 당신이 원하는 것을 얻어낼 수 있도록 계획하고 준비하라는 말이다. 다음은 전화 협상 시 유용한 몇 가지 팁이다.

A. 전화 통화를 하는 동안 이야기할 내용을 목록으로 작성하라.

B. 협상이나 거래를 마음속으로 시뮬레이션하라.

C. 적대적인 협상에서는 상대측의 전술을 예측하려고 노력하라. 유비무환이다.

D. 전화를 걸 때 모든 관련 자료를 손닿는 곳에 놓아두어라.

E. 준비했는데도 예상치 못했거나 갑작스런 질문에 놀랄 수 있다. 그럴 때는 모른다는 사실을 인정하라. 그런다고 수치스러운 일은 아니다.

F. 집중하고 산만해지지 않도록 하라. 전화 통화에 온 신경을 집중하라. 곡예사(말하거나 듣는 동안 집안일이나 다른 사람

과 채팅 등을 하는 사람)가 **되지 마라.**

G. 수치가 관련된 통화라면 계산기 같은 기본 장비를 손 닿는 곳에 놓아두어라.

H. 마지막에 합의한 내용을 요약하고 후속 조치에 대한 책임을 정하라.

부드럽게 끊어라

대화가 당신에게 불리하게 전개될 때에 대비해 항상 전화를 끊을 변명거리를 준비하라. 상대가 길게 장광설을 늘어놓거나 소련식 협상가여서 부드럽게 끊을 수 없는 상황이라면 **당신이** 말하고 있을 때 전화 끊는 연습을 하라. 상대가 말할 때 전화를 끊는 행동은 **절대** 하지 말라. 그런 행동은 무례할뿐더러 사회적으로도 용인되지 않는다. **당신이** 이야기하는 동안 전화를 끊어라.

어떻게 당신이 말하는 도중에 전화를 확실히 끊을 수 있을까? 아주 간단하다. 이렇게 말하라. "아, 전화해주셔서 정말 감사해요. 아시다시피, 안 그래도 어제 말씀하신 내용에 대해 생…." **딸깍.**

상대방은 당신이 스스로 전화를 끊었다고 생각조차 하지 못할 것이다. 통신 회사에서 또 바보 같은 실수를 했다고 생각할 것이다.

그럼 어떻게 될까? 상대방은 당신에게 다시 전화를 걸 것이다. 다시 전화가 올 때, 사무실에 있었다면 밖으로 걸어 나가라. 집에 있었다면 일시적으로 답변을 피하라("아, 차고에 뭐 좀 가지러 갔었어요"). 그렇게 하면 준비에 필요한 시간을 벌 수 있고 당신은 갑작스럽게 걸려온 **전화에 휘둘리지** 않을 것이다.

귀 기울여 듣는 훈련을 하라

효과적으로 들으려면 그냥 전달되는 단어를 듣기만 해서는 안 된다. 그 안에 담긴 의미를 파악하고 이해해야 한다. 결국 "의미는 말이 아닌 사람에 있다."

말을 하는 동안에는 현명하게 들을 수 없기 때문에 '듣기와 말하기의 비율'을 민감하게 신경 써야 한다. 의미 있는 침묵을 이용하라. 입을 다물 때 마법의 순간이 온다. (특히 장거리) 통화 중에 침묵이 길게 이어질 때 상대측은 어쩔 수 없이, 혹은 초조해져서, 혹은 돈을 벌어야 할 필요성 때문에 대화를 이어가게 된다. 상대방이 질문을 바꾸어 다시 말할 때는 당신에게 가치 있는 정보가 들어 있을 것이다.

합의 내용을 기록하라

왕이 계속해서 말했다.

"그 순간의 공포를 절대, **절대로** 잊지 않겠다!"

왕비가 말했다.

"그러시겠죠. 적어두지 않으면 금세 잊어버릴 테지만요."

― 루이스 캐럴

대체로 나는 서신이나 보고서, 메모 따위를 신봉하는 편은 아니다. 총체적으로 고려해볼 때, 메모광 때문에 우리 사회는 조직의 동맥이 막힐 정도로 서류 작업에 이리 치이고 저리 치인다. 내 생각에 대부분의 서류는 불필요하거나 알아들을 수 없는 내용으로 가득하다. 게다가 모든 것을 글로 적는다는 것은 시간이 많이 들고 대부분 사람에게 힘이 든다.

전문 작가인 스티븐 리콕은 글쓰기의 고단하고 지루한 특성을 인정하면서 이렇게 말한다.

"글쓰기는 어렵지 않다. 그냥 종이와 연필을 가지고 와서 앉아 떠오르는 대로 쓰면 된다. 글쓰기는 쉽다. 다만 쓸 내용을 떠올리기가 어렵다."

가능하다면 공식적인 서면을 통한 의사소통은 피하는 것이 좋다. 물론 펜을 손에 쥐어야만 할 때가 있기는 하다. 그럴 때는 다음을 기억하라. 종이에 무엇을 쓰든 법정에서 읽힐 내용이라고 생각하면서 써라.

'일반 법칙'이라는 말에는 항상 예외가 있음이 내포되어 있다. 당연히 합의 각서의 경우에도 그렇다. 합의 각서는 갈등이나 분쟁을 해결한 후 타협한 내용을 적은 문서다. 합의의 기본을 구성하는 양측의 약속을 적어놓는 것이다.

중요한 전화 거래를 마치고 협상한 내용을 서면으로 신중하게 작성하라. 아직 통화 중일 때 상대측에게 당신이 그렇게 할 것이라고 알려라. 다른 중요한 면대면 합의 후에도 그렇게 보고서를 작성하라.

신사들의 합의도 얼마든지 비신사적이 될 수 있다. 샘 골드윈은 이런 말을 했다고 한다.

"구두 합의는 그 내용이 쓰여진 종이만큼의 가치도 없다."

합의 각서는 동의서 또는 양해 각서라고도 불린다. 어떤 이름으로 불리든 간에 그 목적은 같다. 당사자들의 약속을 규정하기 위한 것이다. 합의 각서는 진부한 언어로 쓰여진다. 어떤 문서들은 너무 부자연스럽고 거만한 느낌이어서 반들반들한 부츠와 빳빳한 칼라의 옷을 입은 작곡가가 떠오른다. 보통은 다음과 같이 읽힌다.

"이러이러한 날짜에 대화한 내용에 따라 우리는 다음의 사항에 동의한다…."

"전화 통화 내용에 따라 우리는 다음과 같은 결론에 이르렀다…."

"…사안과 관련하여….""

"…의 전화 통화 내용을 인정하여…."

형식은 중요하지 않다. 중요한 것은 **당신이** 글을 작성하는 것이다. 왜 그런 짐을 짊어져야 할까? 그게 당신에게 훨씬 유리하기 때문이다.

글을 쓰는 사람에게 무엇이 유리할까?

A. 당신이 주도적으로 언제 글을 작성할지, 어떤 형태로 작성할지, 언제 완성할지를 결정한다. 당신이 일을 마치기 전까지는 아무 일도 일어나지 않는다!

B. 합의서가 당신의 언어로 표현된다. 해석에 의문이 있으면 우리는 항상 관련 서류를 작성한 사람에게 문의하는 법이다.

예를 들어 첨예한 법적 논쟁이 벌어지는 주제에 관해 '미국 헌법의 아버지' 제임스 매디슨이 쓴 편지가 책상 서랍에서 발견되면 이런 딜레마는 신속하게 해결될 것이다. 헌법이 어떤 방식으로 해석되어야 하는지에 대해 쓴 저자보다 더 잘 아는 사람이 누가 있겠는가?

이제 전화 협상에서 면대면 협상으로 초점을 옮겨보자. 나는 직사각형 협상 테이블 맞은편에 앉아 당신을 상대하고 있다. 협상은 매일 계속해서 이어진다.

내가 필기를 하고 있을까? 아니다. 다른 많은 고위 간부들처럼 나는 내가 순간 기억 능력을 가지고 있다고 착각한다. 당신은 필기를 하고 있을까? 그렇다. 거기에 약간의 돈을 걸어도 좋다. 왜 당신은 필기를 하는가? 그렇게 하면 나를 존중하면서도 지렛대 효과와 힘을 얻을 수 있기 때문이다.

사흘째 협상이 끝나고 나는 쉬는 시간에 신경질적으로 당신에게 말한다.

"왜 그렇게 필기를 **많이** 하는 겁니까? 당신이 법원 기자도 아니면서! 이미 제안된 계약서 내용은 하나도 **빠짐없이** 검토했잖아요!"

당신은 씨익 웃으며 어깨를 으쓱하고는 종이에 적어두지 않으면 하나도 기억이 안 나서 그렇다고 말한다.

닷새째 되는 날, 나의 기억력은 내가 생각했던 것만큼 완벽하지 않았다.

나는 또 쉬는 시간에 당신을 불러서 묻는다.

"저기, 계약서에서 3가지 새로운 보충 사항으로 무슨 얘기를 나눴었죠? 좀 명확하지가 않아서요. 특히 화요일에 2가지 사항 덧붙인 다음에요. 제가 기억하는 내용이 좀 뒤섞인 것 같아요."

내가 초조하게 발을 구르며 기다리는 동안 당신은 공책을 훑어본다.

"아, 여기 있네요…. 수요일 오후 2시에 이야기한 새로운 보충 사항이요."

나는 당신이 괴발개발 쓴 글씨를 자세히 들여다본다. 나는 상형문자같이 생긴 글씨에 눈살을 찌푸린다.

"글씨를 잘 못 알아보겠는데요!"

당신은 전투 임무에 대해 읊는 전투 조종사처럼 대답한다.

"보충 사항은 이렇고 저러해서, 이렇고 저러하며, 이렇고 저러합니다."

나는 얼굴을 찌푸린다.

"그 페이지에는 점 두 개와 작은 별표 하나, 큰 별 하나밖에 없는데요!"

당신은 해맑은 얼굴로 말한다.

"그 표시가 그런 **뜻**입니다!"

갑자기 나는 당신에게 경외심을 갖는다. 이제 당신은 어마어마한 힘을 갖게 된다. 직접 악필을 쓴 사람보다 그 악필을 더 잘 이해할 수 있는 사람이 누가 있겠는가?

C. 처음부터 당신이 합의서 작성을 위해 회의 내용을 필기할 사람임을 알고 있다면, 당신은 더 효과적으로 듣고 더 잘 기록하게 된다. 더 주의 깊게 듣고 더 큰 자제력을 발휘할 수 있다.

D. 당신이 작성한 초안은 차후에 생길 수 있는 수정 사안의 기초가 된다. 정의를 규정하고 대화의 한계를 결정한다.

예를 한 가지 들려주겠다. 당신과 내가 전화 협상을 마무리한다. 당신은 내가 의향서를 작성하는 데 동의한다. 당신의 행동이 어떤 영향을 미치게 될지는 깨닫지 못한다. 나는 메모를 하고 당신에게 복사본을 보낸다.

이틀 후, 당신은 내게 전화를 걸어 말한다.

"이봐요, 잠깐만! 작성해주신 거 봤는데 A 항목이 빠졌네요."

나는 아무것도 모른다는 듯 대답한다.

"A 항목이요?"

당신이 말한다.

"네, A 항목. 기억 나요?"

나는 약간 아리송하다는 듯 말한다.

"아… A 항목. 기억이 나는 것도 같아요."

당신은 계속해서 물고 늘어진다.

"그런데 왜 넣지 않았습니까?"

나는 반박한다.

"중요하지 않다고 생각했어요. 거기에 대해서는 거의 언급을 안 하셨잖아요."

당신은 목소리를 가다듬고 말한다.

"그쪽도 동의한 것 같아서 그 뒤로는 거의 언급하지 않았죠."

나는 당신이 내게 강요하고 있으며, 요구하는 게 너무 많다는 듯 잠시 말을 멈춘다.

그러고 나서 말한다.

"정말 그 항목을 넣고 싶으세요?"

당신이 답한다.

"네, 정말 넣고 싶어요."

나는 다시 말을 멈춘다.

"음, 그럼 합의서엔 없어도 그 항목이 있는 것으로 서로 이해하면 어떨까요?"

당신은 화가 난다.

"그건 안 되죠. 그 항목을 넣고 싶다고요!"

나는 왜 A 항목을 가지고 당신과 씨름할까? 내가 협력적인 협상가라고 하면, 어떻게 A 항목을 뺄 수가 있었을까? 어떤 글을 작성하든 항상 포함될 항목을 선별하게 된다. 그렇지 않으면 합의서는《전쟁과 평화》만큼 방대한 분량이 될 것이다. 하지만 내가 합의서를 작성한다면 항목 선별은 당신에게 불리하게 이루어질 것이다. 합의서에는 내게 중요한 항목이 포함될 것이다. 내가 당신 마음까지 헤아리지는 않을 것이다.

기억하라. 당신은 협상을 하는 동안 A 항목에 대해 거의 언급하지 않았다.

최종적으로 나는 당신에게 A 항목을 넘겨준다. 이 점에 있어서 나는 당신에게 양보했고 이제 뭔가 그에 상응하는 양보를 기대한다는 점에 주목하라. 더 나아가 A 항목을 가지고 힘겨운 시간을 보내고 나면 당신은 B 항목을 요청하길 망설일 것이다. B 항목 역시 초안에서 빠져 있다. 이제 당신의 태도는 이런 식으로 바뀐다.

"다시는 이런 일로 번거롭게 하지 않을게요!"

그래서 기록하는 사람이 더 큰 힘을 발휘한다.

E. 당신이 힘들게 글을 작성했기 때문에, 상대측은 그 점을 고맙게 여긴다. 그들은 하찮은 부분을 가지고 옥신각신하려고 들지 않는다. 당신이 기록한 내용에 작은 결함이 있더라도 대부분은 너그럽게 봐주고 사소한 것으로 트집 잡지 않으려고 한다.

결론으로, 엘렌 아이젠슈타트의 간략한 논평으로 내용을 요약하려고 한다. 그녀의 상사가 그녀의 등을 토닥여주며 미래의 기회에 대해 막연한 약속을 했을 때 그녀는 이렇게 말했다.

"펜은 격려나 약속보다 강합니다."

11 결정권자와 협상하라

왜 원숭이에게 질문을 하나?
거리의 악사에게 물을 수도 있는 것을.

어나이린 베번

삐걱거리는 바퀴에 **정말로** 기름칠을 할까? 그렇다. 어디에서 어떻게 삐걱거리는지 안다면 말이다.

우리는 거대하고 비인간적인 관료 조직에 불만이 생길 수 있다. 그런 경우에는 다음과 같이 하라.

1. 그 조직 중 가장 가까운 사무실로 전화를 걸어라. 상대방의 이름과 직책을 알아두어라. 당신의 문제를 간략하면서도 잘 와닿게 이야기해 상대가 당신의 존재를 명확히 인지하게 하라. 도움을 요청한 다음에는 구두 약속을 받아내고 문제 해결 조치를 언제까지 취할 것인지 알아두어라.

2. 후속 조치로 정중한 편지를 써라. 통화한 사람을 믿고 있다고 알려주어라.

3. 그 '친구'에게 마감 시한 전에 전화를 걸어라. 방해가 되지 않는다면 그들의 개인적인 노력이 어떤 진척을 보이는지 확인하라.

4. 가까운 사무실을 직접 방문하라. 예의바르고 상냥하게 굴어라. 그 '친구'를 만나면서 다른 직원들에게도 부당함이 존재한다는 사실을 알려라. 다른 사람들에게 도움을 요청하여 공정한 해결책을 찾도록 개입해야 할 것 같은 의무감을 느끼게 하라.

앞서 말한 대로 했는데도 여전히 만족스러운 조치를 취하지 않으면 어떻게 할까? **위로 올라가라.** 모든 조직에는 서열이 있다. 만족스러운 결과를 **얻을** 때까지 한 단계씩 사다리 위로 꾸준히 올라가라. 높이 올라갈수록 당신이 원하는 것을 얻을 확률은 더 높아진다.

왜 그럴까? 여기에는 여러 이유가 있다. 더 높은 곳에 있는 사람은 일반 규칙이 모든 특수 상황에 해당되지 않는다는 사실을 잘 안다. 그들은 좀 더 큰 그림을 그리는 법을 알고 있으며 부적절하게 대응했을 때 벌어질 수 있는 더 큰 문제를 쉽게 머릿속에 그린다. 더 중요한 점은, 그들은 더 큰 권한을 가지고 있으며 위험을 감수하고 결정을 내릴 수 있기에 더 높은 연봉을 받는다는 사실이다.

어떤 단계에서든 시간을 낭비할 생각이 아니라면 권한이 없는 사람과는 절대 협상하지 마라. 누군가와 의사소통이 필요하다면 우선 자신에게 물어라. 그 사람은 누구인가? 그는 다른 사람들과 어떤 경험을 했는가? 그는 조직도에서 어느 위치에 있는가? 어떤 형태의 결정을 내릴 수 있는 사람인가? 정말로 영향력을 행사할 수 있는 사람인가?

당신이 이 모두를 합리적인 수준에서 결정했다면 그 사람에게 정중하면서도 직설적으로 물어보고 확인하라. "이 문제를 해결해주실 수 있나요?" 또는 "이 문제를 해결하는 데 도움을 주실 수 있나요?" 혹은 "제가 지금 이렇게 하고 싶은데 그 권한을 가지고 계신가요?" 만약 아니라는 답변이 나온다면 다른 사람에게 가라.

완전한 권한을 가진 사람은 없다. 그러니 너무 기대하지는 마라. 다만 관료 조직에서 어느 정도 상당한 권한을 가진 누군가가 합의를 한다면 그는 그것을 이행하기 위해 그의 권한 안에서는 무엇이든 할 것이다. 그는 무슨 수를 써서라도 약속을 지킬 것이다. 그의 진실성과 원칙에 부합하는 일이라면 당신을 위해 위험도 무릅쓸 것이다.

이스라엘 총리 메나헴 베긴이 중동 평화 협정에 최종 합의하기로 했을 때 그는 지미 카터 대통령에게 말했다. "제게는 국가적 약속을 할 권한이 없습니다. 하지만 이스라엘 의회가 이 협정에 비준하지 않으면 제가 사임하겠습니다. 그 점은 확실히 보장할 수 있습니다." 상대방이 그 이상을 요구할 수는 없었을 것이다.

삐걱거리는 바퀴에 기름칠을 하는 예시 5가지를 들려주겠다. 더 큰 권한을 가진 단계로 올라가는 이야기다. 각 사례에서 당신은 삐걱거리는 바퀴다.

첫 번째 예다. 천둥 번개가 동반된 폭우 때문에 당신이 탄 비행기는 착륙대기를 하며 선회 비행을 한다. 착륙이 지연되는 바람에 오후 11시 20분에 호텔에 도착한다. 정장은 눅눅해지고 쭈글쭈글 주름이 잡혀 있으며 신발 속은 축축하다. 소화도 잘 안 되고 뼛속까지 피로가 쌓였다. 치아도 피로한 느낌이다. 예약한 1인실에 들어가 얼른 잠자리에 들고 싶다. 방을 예약해 두어 그나마 다행이다.

체크인 담당 직원이 당신을 흘끔 쳐다보고 활기 없는 쉰 목소리로 이야기한다.

"네, 예약은 하셨네요. 그런데 방이 없습니다. 실수로 초과 예약이 되어 있었어요. 가끔 그런 경우가 있습니다."

어떻게 할 것인가? 당장 여행 가방을 바닥에 내려놓는다. 그 순간에 직원이 생각 없는 기계처럼 반응하고 있다는 사실을 상기한다. 직원은 프로그램된 로봇이나 컴퓨터처럼 행동하며 호텔 조직에서 그의 위에 있는 사람들이 그에게 알려준 정보를 당신에게 똑같이 읊어댄다. 그들은 그 직원에게 남은 방이 없다고 말했다. 그 직원은 앵무새처럼 당신에게 그 정보를 전달한다.

그는 호텔이 사용할 수 있는 옵션에 대해 생각하지 않기 때문에 직원이 **그들의** 문제를 해결하도록 도와주는 것은 당신에게 달렸다.

당신은 머릿속으로 옵션들을 떠올려본다. 호텔 측에서 당신에게 스위트룸을 제공할 수도 있다. 회의실에 침대 하나를 들여놓을 수도 있다. 스위트룸의 거실을 사용하게 해줄 수도 있다. 다음 날 아침 일찍 떠난다면 방을 줄 수 있을지도 모른다.

먼저 당신은 이렇게 말한다.

"음… 스위트룸은요? 귀빈용 스위트룸은요? 지금 사용 중인가요? 회의실도 있잖아요. 안내 책자에 나와 있던데. 회의실에 침대 하나 들여놔 줄 수 있나요?"

직원은 멈칫거리며 말한다.

"아, 아뇨. 그렇게는 안 됩니다. 다른 호텔에 방 있는지 알아봐드리면 어떨까요?"

당신이 대답한다.

"다른 호텔에는 가고 **싶지 않아요.** 지금 너무 피곤해서 빨리 자고 싶다고요. 지금 당장 누워서 잠들고 싶어요. 총지배인하고 얘기하고 싶어요." (당신은 총지배인이 이렇게 늦은 시각에 근무하지 않는다는 사실을 알지만 직원에게 확실히 결심이 섰다고 알려주고 싶다.)

직원은 얼굴을 찌푸리고 특수 전화를 집어 들어 송화구에 가까이 입을 대고 뭐라고 중얼거린다. 예상한 대로 **야간** 매니저가 갑자기 나타난다. 당신은 다시 스위트룸과 회의실, 그 밖에 다른 옵션이 가능한지 묻는다.

야간 매니저는 룸 차트를 살피면서 눈살을 찌푸리며 올려다본다.

"마침 스위트룸이 하나 남아 **있네요**. 실내를 재단장하는 중이라서요. 하지만 가격은 1인실의 2배입니다."

당신은 조용하면서도 단호하게 말한다.

"1인실 요금에서 한 푼도 더 낼 수 **없어요**. 전 분명히 예약을 했으니까요!"

야간 매니저는 한숨을 내쉬며 말한다.

"음… 방 드릴까요? 말까요?"

당신은 대답한다.

"주세요. 요금은 내일 다시 얘기하죠."

다음 날 아침, 체크아웃하려고 프론트 데스크에 다시 가서 계산서를 받는다. 당연히 예상대로 2배 가격이 적혀 있다. **이제** 당신은 총지배인을 불러달라고 한다. 당신은 자신이 있을까? 그렇다. 이제 주도권은 당신에게 넘어왔다. 왜냐하면 서비스가 이미 제공 완료되었기 **때문이다**(서비스라는 건 한번 제공되고 나면 절대 제공하기 전과 같은 가치를 갖지 않는다).

당신은 총지배인에게 호텔 측에서 예약 정책을 존중하지 않는다는 사실이 참으로 실망스럽다고 말한다. 지배인의 설명을 다 듣고 나면 이제 터무니없이 비싼 숙박비에 관해 이야기한다.

총지배인이 잘못 책정된 가격에 대해 사과할 확률이 95퍼센트는 될 것이다. 그는 스위트룸 사용료로 1인실 가격을 청구할 것이다. 호텔 측의 부주의만 아니었어도 요금 문제는 제기될 일이 없었으리라는 사실을 지배인은 안다. 그리고 장기적으로 타당하게 하는 편이 이익이라는 사실도 잘 안다.

나도 이와 비슷한 상황을 경험한 적이 있다. 그 이야기를 예로 들어보겠다. 2년 전, 나는 맨해튼의 한 호텔을 예약했다. 저녁 늦은 시간에 택시를 타고 목적지를 향해 가는데 운전사가 말했다.

"저기 모퉁이에서 내려드려야 할 것 같아요. 길이 막혀 있네요. 경찰이 바리케이드를 치고 있는 것 같아요."

나는 택시에서 내리며 요금을 지불하고 부루퉁하게 말했다.

"아, 그렇네요."

나는 가방을 들고 경찰과 사진 기자, 넋 놓고 무언가를 쳐다보는 보행자들, TV 카메라 스태프, 신문 기자들을 지나쳤다.

나는 화려한 호텔 입구까지 터덜터덜 걸어가 도어맨에게 물었다.

"여기, 무슨 일이에요?"

그가 하늘을 가리키며 말했다.

"11층에서 어떤 사람이 뛰어내리려고 해요. 그래서 이렇게 된 거예요!"

나는 인도로 사람이 떨어지는 상상을 하며 약간 거북스럽게 말했다.

"이런, 안됐네요."

나는 회전문을 지나 프론트 데스크로 다가갔다.

내가 말했다.

"제 이름은 코헨입니다. 허버트 A. 코헨이요. 예약을 했습니다."

담당 직원이 머뭇거리며 말했다.

"네, 그렇네요, 코헨 씨…. 그런데 저희가 방이 없습니다."

나는 얼굴을 찌푸리며 말했다.

"무슨 **말이에요?** 방이 없다니?"

직원이 말했다.

"죄송합니다. 하지만 방이 다 찼어요. 아시잖아요."

내가 반박했다.

"아뇨, 전 **몰라요.** 어딘가 방이 **있을** 거 아니에요!"

그가 데스크 전화를 집어들며 말했다.

"제가 다른 호텔을 알아봐드리겠습니다."

내가 화난 목소리로 말했다.

"잠깐만요! 여기 방 **있잖아요!** 11층에 있다는 남자요. 밖에 저 소란을 불러일으킨 그 남자요! **그 사람 체크아웃할 거 아니에요!**"

어떻게 되었을까? 그 남자는 뛰어내리지 않았다. 경찰이 남자를 붙잡아 정신 감정을 위해 다른 시설로 보냈다. 나는 남자가 나간 방을 잡았다.

또 다른 경험담을 들려주겠다. 1978년 겨울, 나는 지역 사업가들을 위한 협상 세미나에 참석하려고 멕시코시티로 갔다. 멋진 호텔을 예약했지만, 불행히도 호텔은 예약을 준수하지 않았다. 담당 직원은 객실이 전부 다 찼다고 말했다. 눈보라 때문에 미 중서부로 가는 항공편이 취소되어 투숙객들이 계속 머물러 있는 것 같았다.

그 직원과는 이야기해봐야 별 진전이 없어 나는 매니저를 불러 달라고 했다. 우선은 언어 문제 때문이었다. 나는 시가에 불을 붙이고 대리석 카운터에 팔꿈치를 올려놓은 채 매니저에게 말했다.

"멕시코 대통령이 갑자기 오면 어떻게 되죠? 대통령에게 줄 방이 있겠죠?"

"네, 선생님….**"**

나는 천장을 향해 담배 연기를 내뿜었다.

"대통령이 안 왔으니까 제가 그 방을 쓰죠."

내가 방을 얻었을까? 그렇다. 하지만 대통령이 오면 즉시 방을 비우겠다는 약속을 해야 했다.

다음은 '위 단계로 이동하기'의 두 번째 예다. 당신은 딸과 함께 고등학교 졸업 파티에서 입을 드레스를 쇼핑했다. 딸은 정말 마음에 쏙 드는 드레스를 찾았다. 드레스를 사서 집으로 가져왔다. 그런데 딸아이가 갑자기 심한 장염이 걸렸다. 아이는 눈물을 글썽이며 침대 옆 협탁에 놓인 전화기를 집어들고 함께 가기로 한 남자아이에게 못 갈 것 같다고 말한다.

타이밍도 좋지 않고 우선순위에서도 밀린다는 건 알지만 당신이 딸에게 묻는다.

"드레스는?"

딸아이는 베개에 얼굴을 파묻고 흐느끼며 말한다.

"다시 가져가! 다시는 저 드레스 보고 싶지 않아. 꼴도 보기 **싫어!**"

당신은 드레스를 들고 매장으로 간다.

직원이 머뭇거리며 말한다.

"죄송하지만 저희는 환불을 하지 않습니다."

나는 항의한다.

"딸아이는 드레스를 입어보지도 못했어요! 가격표도 그대로 붙어 있잖아요!"

당신은 벽에 붙은 표지판을 슬쩍 쳐다본다. 거기에는 '환불 불가'라고 쓰여 있다(정통성의 힘).

당신이 말한다.

"사장님하고 얘기하고 싶어요!"

"지금 점심 식사하러 나가셨어요. 45분은 더 있어야 돌아오실 거예요."

"기다리죠."

당신은 가까이 있는 의자에 앉는다. (어떤 사람으로부터 만족을 얻지 못한다면 그 윗사람에게 가라. 위 단계로 이동하라.)

45분 후, 사장이 돌아온다. 당신은 사장과 함께 사무실로 들어간다. 당신은 상황을 설명한다. 딸아이가 아파서 드레스는 한 번도 입지 않았다고.

사장이 묻는다.

"드레스를 입지 않았는지 저희가 어떻게 알죠? 일부 부모들이 그런 수법을 많이 쓰거든요. 그냥 가격표를 다시 붙이고 젖은 행주로 얼룩도 다 지우고 가져오죠!"

당신은 영수증에 적힌 구매 날짜를 보여준다. 그리고 병원에 전화를 걸어 딸아이가 졸업식 파티 날 아파서 집에 있었다는 사실을 확인시켜 줄까 묻는다.

사장이 한발 물러선다.

"아, 좋아요. 이번 건은 예외로 하죠. 밖에서 도와줬던 여자 직원이 환불을 도와드릴 거예요."

보다시피 모든 규칙에는 예외가 있다. 규칙은 일반적이다. 대부분 경우에는 규칙을 충실히 지켜야 한다. 그렇지 않으면 무정부 상태로 사는 것과 같다. 하지만 규칙을 **깨야만** 하는 경우의 예를 들려주겠다.

당신은 교회에서 설교를 듣고 있다. 신도들은 조용히 목사의 말 한마디 한마디에 귀 기울인다. 그 교회에는 설교 시간에 아무 말도 하지 말라는 규칙이 있다. 말을 하면 분위기가 깨지니까. 그런데 갑자기 당신은 벽 아래쪽에 불이 붙은 것을 발견한다. 벽 뒤의 전선이 합선된 것 같다. 어떻게 해야 할까? 어떤 상황에서도 규칙을 깰 수 없다면 당신에게는 3가지 대안이 있다.

1. 연기를 목사 방향으로 날려 신호를 보낸다.
2. "불이야!"라고 쪽지에 적어 설교 연단으로 전해준다.
3. 아무 말도 하지 않고 일어서서 걸어 나온다. 그런 행동을 규제하는 규칙은 없으므로.

특수한 상황은 당신이 합당한 규칙을 정당하게 깰 수 있는지 아닌지를 결정한다. 당신의 상황을 지배하는 정책이나 규율을 원치 않는다면 이 규칙을 만든 사람들이 당신의 특수한 상황까지 포함시키지는 않았다는 점을 증명하려고 하라.

다음은 세 번째 '위 단계로 이동하기'의 예다. 당신은 연방 세무 양식을 4월 15일 자정에 맞춰 우편으로 발송한다. 이글 스카

우트 단원처럼 모든 질문에 거짓 없이 답변한다. 두 달 후, 국세청으로부터 세금 수정 보고서를 받는다. 국세청은 다음 주 목요일 오전 10시까지 지역 사무실을 방문하라고 한다. 불일치하는 내용이 있어 바로잡을 필요가 있다고 한다.

배가 갑자기 조이는 느낌이다. 당신은 바보같이 당신이 **뭔가** 잘못한 게 **분명하다고** 생각한다.

머리를 써라. 감정적으로 되지 말라. 긴장을 풀어라. 아무도 경찰봉으로 당신을 때리지 않을 것이다. 실제로 당신은 과할 정도로 존중받을 것이다. '지나치게 정중한 대우'를 받을 것이다.

관련 자료와 결제가 끝난 수표를 들고 당신은 국세청에서 요구한 대로 오전 10시에 국세청 사무실에 들른다. 안내 직원에게 당신의 이름을 말하고 직원의 왼쪽 어깨너머를 슬쩍 쳐다본다. 그의 뒤로 줄지어 늘어선 책상들이 눈에 들어온다. 각 책상에 앉은 사람은 전자계산기와 종이 묶음, 세액표 책을 가지고 진지하면서도 친절한 표정을 짓고 있다. 이 감사원들에 관해 기억해야 할 점이 4가지 있다.

1. 그들은 일을 하고 있을 뿐이다. 그리고 그 일로 그다지 돈을 많이 벌지는 않는다.

2. 그들은 당신만큼이나 세금을 내기 싫어한다. 그들도 자기 세금 신고를 할 때에는 보통 사람들만큼 사소한 부분을 속이기도 할 것이

다. 사실 **그들** 중 일부는 감사도 받는다.

3. 그다지 상상력이 많지 않고서야 그들은 특수한 상황을 적용하기보다는 일반 조건을 적용하여 '책대로' 하는 경향이 있다.

그리고 가장 중요한 내용은 네 번째다.

4. 전자계산기가 있기는 하지만 그들은 주관적으로, 어림잡아 감정한다. 객관적이거나 빈틈이 없다거나 실패 가능성이 전혀 없는 게 아니다. 요컨대 **당신의 해석과 평가도 그들의 것만큼이나 유효하게 적용될 수 있다.** 의심스럽다면 매년 목적세 반환율을 따져보라. 감사관 8~10명이 돌아가면서 일을 맡는다. 이 '실험용' 감사관들에게 같은 자료를 주고 요리한다고 해서 같은 수치가 나올까? 아니다. 수치는 믿을 수 없을 만큼, 대개는 웃음이 나올 정도로 차이가 클 것이다.

당신 이름이 불리기를 기다리는 동안 당신은 너무 과하게 차려입은 것은 아닌가 싶어 입은 옷을 다시 확인한다.

국세청 사무실로 찾아갈 때는 최신 유행하는 옷으로 차려입고 가면 절대 안 된다. 부랑자처럼 보일 필요는 없지만 〈GQ〉나 〈하퍼스 바자〉 앞표지에 나오는 모델처럼 입지는 말라. 당신을 상대하는 직원이 당신의 존재를 동일시할 때에만 당신에게 편안함을 느끼고 친절하게 대할 것이다. (법정 변호사들도 배심원단들이 지루해하지 않도록 이와 같은 심리학적 통찰력을 이용한다. 어떤 사람은 머리를 다듬어야 하는 상태로 놔두고, 또 다른 사람들은 면도를 깔끔하게 하지 않는다. 어떤 사람들은 더러운 신발을 신고 가기도 한다.)

당신의 이름이 불린다. 동시에 지정된 감사관이 걸어 나와 인사한다. 거래를 통틀어, 이 시점에서 당신은 순전히 "도와줘요!" 하는 태도를 갖고 있다. 당신은 합리적이고 호감이 가며 친근한 인간으로 다가가 자신을 개인화하려고 노력한다. 당신은 논쟁을 좋아하는 사람인가? 그 반대다. 방어적인가? 절대 그렇지 않다. 당신은 그곳에 협조하러 간 것이다. 당신은 순진한 표정을 지으며 앉아 있다.

감사관이 말한다.

"말씀드리고 싶은 건이 4가지 있습니다. 첫째는 자선 기부금이고요, 둘째는 주택 감가상각비, 셋째는 대규모 증축을 이용한 자산 증가, 넷째는 분기별 세금 납부액이라고 주장하는 금액입니다."

당신은 목을 가다듬는다. 당신이 예상한 것보다 더 힘들어질 수도 있다. 하지만 그럴 **필요**가 있을까? 아니다. 그냥 계속 침착하게 보여라.

감사관이 계속해서 말한다.

"자선 기부금 공제란에 적은 900달러에 대한 증빙 자료를 볼 수 있을까요?"

당신이 대답한다.

"네. 여기 봉투 안에 결제가 끝난 수표가 들어있습니다."

감사관은 수표를 넘겨보며 전자계산기를 두드린다.

"이건 총 360달러네요. 나머지 540달러에 대해서는요?"

당신의 대답은 빠르고 진지하다.

"저는 매주 일요일에 교회에 갑니다. 갈 때마다 헌금 바구니에 10달러씩 넣죠."

"1년에 52번이요?"

"맞아요. 그래서 500달러 정도 되죠."

"그럼 나머지 40달러는요?"

당신은 심지어 목을 가다듬지도 않는다.

"걸 스카우트 쿠키 사준 돈이랑, 리틀 야구 리그 후원금을 모금하는 아이들에게 준 돈, 뭐 그런 거요. 그렇게 한 60달러는 쓴 것 같아요."

감사관이 말한다.

"흐음… 그건 좀 믿기가 어려운데요. 그런 것까지 다 사주는 사람이 어딨어요!"

나는 어깨를 으쓱하며 말한다.

"저요."

감사관이 말한다.

"이 540달러 옆에는 일단 물음표 표시를 해둘게요."

이 상황을 주목하라. 감사관은 당신이 일요일마다 교회 헌금함에 10달러씩 집어넣지 않았다거나 처음 보는 어린애들에게 돈을 나눠주지 **않았다는** 사실을 증명할 수 없다. 뭐가 합리적인지는 엄밀히 말하면 판단의 문제다. 판단 문제에 있어서 국세청은 당신을 이른바 '현행범'으로 잡을 수 없다. 항상 더 위 단계에 어필할 수 있는 문제다.

대화는 계속된다. 감사관은 당신의 주택 감가상각 기간을 12년으로 해야 한다고 주장한다. 당신은 정중하게 그 의견에 반대하며 수치에는 8년 기간을 적용해야 한다고 주장한다.

당신은 용감한 장수처럼 꿋꿋하게 밀어붙인다. 그 무엇도 당신을 움직일 수 없다. 국세청이 당신을 현행범으로 잡을 수 있나? 아니다. 이것 역시 판단의 문제다. 이것 역시 어필할 수 있는 문제다.

감사관은 마커로 두 번째 물음표를 적어 넣으며 '다음'이라는 말 그대로 다음 단계로 나아간다.

"여기 첨부된 타이핑의 내용을 보면 사유지를 증축하는 방식으로 2천 달러에 해당하는 재산 증식을 하셨네요."

당신은 조용히 말한다.

"아, 아니에요. 그건 잘못된 내용입니다. 그건 증축이 아니었어요. 정말 수리가 필요했을 뿐이에요. 집이 무너져가고 있었다고요. 그걸 보셔야 했는데! 그렇게 수리하지 않았으면 타르 종이를 바른 판잣집같이 되었을 거예요!"

감사관은 뱃속에 가스가 찬 것처럼 찡그린 미소를 짓는다. 아무리 말을 있는 그대로만 받아들이는 직해주의자들에게도 유머 감각은 있을 수 있다. 이건 또 다른 판단의 문제다. 그러므로 물음표가 또 하나 붙는다. 피라미드에서 위 단계로 가져가야 할 문제는 3가지가 되었다.

이제 네 번째 논점으로 넘어간다. 당신은 세금 신고서에 분기별 세금 1,400달러를 납부했다고 작성했다. 그런데 국세청 자료에 의하면 당신은 900달러만 지불한 것으로 나온다. 당신은 수치를 잘못 적었다. 당신 입장에서 보면 명백한 착오다. 당신은 밤늦게 신고서를 작성했고 무척 피곤한 상태였다. 이걸로 국세청은 당신을 현행범으로 잡을 수 **있다**. 이것은 판단 문제가 아니다. 어필할 기회도 없다. 당신은 차액 500달러를 지불해야 한다.

하지만 감사관이 자선 기부금, 주택 감가상각, 자산 증대 등 **다른** 쟁점들에 대해서 당신의 의견에 동의하지 않으면 어떻게 될까?

대답은 간단하다. 당신이 정직하고 옳은 일을 했다고 믿는다면 위 단계로 올라가라. **어필하라.** 우선, 국세청 조사관과 약속을 잡아라. 그 만남이 만족스럽지 않으면 지방 항소국 직원과 약속을 잡아라. 그 만남이 만족스럽지 않으면 소송을 제기하라. 미국 조세 법원이나 청구 법원, 지방 법원에 소송하라. 요컨대 금액이 아무리 적더라도 해야겠다 싶으면 항의하라. 당신은 헌법상 그럴 권리가 있다. 그 권리에 기대라. 당신에게는 배짱도 있다. 그것을 이용하라.

국세청과의 협상에서 마지막으로 알아둘 점이 있다. 감사관이나 조사관이, 당신이 무슨 마술사라서 모자에서 토끼가 뿅 하고 튀어나오게 할 수 있는 것처럼 이 모든 내용에 대해 추가 자료를 떡하니 꺼내놓으라고 요청한다고 해도 절대 서두르지 마라. 지연시켜라. 담당자에게 필요한 자료를 다 모으려면 시간이 **아주, 아주, 아주** 오래 걸린다고 말하라. 시간을 사용하라. 모호한 상태로 지내는 법을 배워라. 그렇게 하면 장기적으로 돈을 절약할 수 있기 때문이다.

기억하라. 국세청은 그 건을 마무리 짓고 싶어 한다. 사람과 시간, 돈이 필요하다는 구실을 내세워라. 당신의 사례에 투자한 노력에 비해 얻은 결과는 매우 보잘것없다는 사실을 그들은 안다. 그러니 계속해서 이렇게 말하라.

"이봐요. 제 말이 분명히 맞다니까요. 뭔가 더 알아낼 수 있을지 몰라요."

결국에는 그것이 옳다고 믿을 때조차 국세청은 이런 유형의 문제를 기꺼이 협상할 것이다. 위 단계로 이동할수록 당신의 관점에서 더 많은 이해를 얻게 될 것이다. 고위 관계자들은 사소한 금액일지라도 판단에 관한 문제를 유연하게 다뤄야 조세 행정이 건전하게 돌아간다는 사실을 잘 안다.

다음은 네 번째 '위로 이동하기'의 예다. 당신은 친구와 당신이 사는 도시에서 95킬로미터 떨어진 시골 여름 별장을 주말 동안 빌리기로 한다. 도착한 첫 주말에 당신은 별장에 수리할 게 어마어마하게 많다는 사실을 알게 된다. 문이 제대로 여닫히지 않고, 배관에도 문제가 있으며 배선 장치들도 불안하고 주방 쪽은 거의 재난 수준이다. 다행히 당신은 손재주가 뛰어나다. 하지만 도구나 부품도 없고, 돈도 많이 가져오지 않았다.

친구는 바닥을 쓸고 창문을 닦게 놔두고 당신은 가까운 마을로 운전해서 근처 하드웨어 매장으로 들어간다. 1시간 동안 찾아다니며 필요한 부품들과 부품을 부착하고 끼우는 데 필요한 도구들을 고른다. 선반 사이를 부지런히 왔다 갔다 하다 보니 쇼핑 카트가 가득 찼다. 계산대로 가니 직원이 총 84달러라고 말한다.

당신은 소리친다.

"84달러요! 믿기지가 않네. 수표로 내야겠는데요."

직원이 말한다.

"죄송합니다. 저희 매장에서는 수표를 받지 않습니다."

여기서 일시 정지. 이 하드웨어 매장에서는 왜 수표를 받지 않을까? 전에는 받았지만 이제 더 이상 받지 않는다. 개인 수표의 3퍼센트 정도는 부도 수표다. 그 3퍼센트 때문에 사장은 새 매장 정책을 도입했다. 그는 스크루지처럼 눈살을 찌푸리며 점원에게 말한다. "앞으로는 절대 수표 받지 마!" 그래서 계산대에 있는 점원은 아무 생각 없이 이 철권 통치자의 규칙에 복종하고 예외는 두지 않는다.

그때 당신이 나타난 것이다. 당신은 말한다.

"제 수표를 **받으셔야 해요**. 안 그러면 렌트한 별장에서 지낼 수 없다고요."

점원이 다시 말한다.

"죄송합니다. 저는 명령에 따를 뿐입니다."

당신이 묻는다.

"누가 그 명령을 **내렸죠?**"

그가 대답한다.

"사장님이요."

당신이 말한다.

"사장님과 이야기하고 싶어요."

사장이 나타나 묻는다.

"왜 그러시죠?"

당신이 대답한다.

"저 도구와 부품들이 필요해요. 그런데 당신 점원이 수표를 받지 않겠다네요."

그는 쇼핑 카트를 슬쩍 본다.

"전부 얼마죠?"

당신이 대답한다.

"84달러요."

사장이 묻는다.

"현금이 없으신가요?"

"네. 하지만 제 신용은 1등급이에요. 미들타운에 있는 스테이트 내셔널 은행과 거래해요."

다시 여기서 일시 정지. 매장 정책과 상관없이 당신은 협상에서 유리한 위치에 있을까? 그렇다. 수표를 받도록 협상하기 가장 좋은 때는 매장의 서비스를 이용하고 난 후다. 사장은 쇼핑 카트 안에 가득한 84달러어치 부품과 도구들을 슬쩍 쳐다본다.

그는 이렇게 생각한다.

'세상에, 이 얼뜨기가 '없던 일로 하죠!' 하고 씩씩거리며 나가버리면 저 물건들을 하나씩 다시 선반에 도로 갖다 놔야 하잖아. 일이 한도 끝도 없겠는데!'

그가 수표를 받을까? 그렇다. 당신이 신분증을 제시하고 은행 전화번호와 직장 전화번호를 제대로 알려준다면 말이다.

기억하라. 대부분의 경우, 명령을 받는 쪽은 대변자일 뿐이어서 로봇처럼 행동한다. 문제를 회피하는 로봇이다. 당신의 이익에 반하는 정책이라면 위 단계로 올라가 정책을 무효화시켜라. 정책을 만든 사람이라면 정책을 없앨 수도 있다. 법을 만든 사람에게 당신의 특수한 상황에 맞게 정책을 수정할 기회를 제공하라. 대개는 그런 기회를 준 당신에게 고마워할 것이다.

다음은 '위 단계로 이동하기'의 다섯 번째 예시다. 중학교 1학년인 당신의 막내아들은 수학 과목에 문제가 있다. 아이가 똑똑하지 않은 것은 아니다. 영어는 정말 잘한다. 하지만 숫자로 된 것은 이해하기 어려워하는 듯하다.

왜 그럴까? 방과 후에 참여해야 하는 특별 봉사 활동에 가지 않았다는 이유로 아이의 수학 교사가 반 친구들 앞에서 모욕을 주었다. 이제 아이는 숫자에 거부감을 느끼게 되었다. 상황이 꽤 나쁘다. 게다가 수학 교사가 동의하지 않으면 아이는 중학교 2학년으로 올라가지 못한다. 아들은 무척 예민하다. 정신적 부담을 견디기 어려워할 거다.

아이를 중학교 2학년으로 진급시키려면 어떻게 협상할 것인가? 당연히 나는 이 협상의 결과가 양측 모두에게 공정하고 유익하다고 가정한다. 수학 교사가 공식적으로 성적을 내고 기록해서 올해 낙제라는 사실이 확정되기 전에 교사를 만나는 게 중요하다.

일단 성적이 기록되면 모든 게 구체화된다. 이것은 당신의 아이가 이 문제를 털어놓았다는 것을 전제로 한다. 당신은 상호 신뢰 관계를 쌓고 서로의 결점을 받아들이며 아이와 좋은 관계를 유지**해야** 한다.

또 수학 교사를 직접 찾아가는 것이 중요하다. 전화로 협상하지 마라. 전화로는 거절하기가 쉽다. 전화로는 불합리한 행동을 하기가 쉽다. 얼굴을 맞대고 거절하며 불합리한 행동을 하는 것과는 또 다르다.

교사와 밀담을 할 때는 이 상황을 미친 듯이 개인화하라. 수학 교사가 당신을 호의적으로 인지하고 당신의 필요 사항을 인지할 수 있도록 그의 말초신경 하나하나까지 자극하라. 그래도 먹혀들지 않는다면 즉시 학교 조직에서 다음 단계에 있는 사람에게 어필하라. 계속 사다리를 타고 올라가 필요하다면 교육감과도 밀담을 나눠라.

보통 교육감은 수학 교사보다는 답보 상태에 있는 문제를 훨씬 더 잘 이해할 것이다. 왜 그럴까? 교육감은 매우 정치적이기 때문이다. 교육감은 당신을 불만과 우려를 가진 학부모로뿐만 아니라 납세자로도 인식한다. 학교 이사회 다음 회의에서 다른 학부모들과 불만 사항을 이야기할 수 있는 납세자, 학교에 할당되는 세금을 줄이자고 집단 운동을 벌일 수도 있는 납세자로 인식하는 것이다.

그 희박한 가능성, 그와 함께 공존하는 부정적 홍보에 대한 가능성에 교육감은 두려워진다.

당신의 아들은 중학교 2학년으로 무사히 진급할까? 그렇다. 빨리 움직인다면 말이다. 행정 조직 피라미드의 위로 높이 올라 가면 갈수록 더 좋다. 산소가 극히 희박한 피라미드 꼭대기에 있는 사람들은 피라미드 바닥에 있는 사람들보다 훨씬 더 유연 하고 실용적이다. 그들은 소위 융통성 없는 규칙도 훨씬 더 유 연하게 대한다.

다음은 위 단계로 올라가기의 마지막 예다. 대부분 규모가 큰 지역 공동체에는 도움을 요청할 수 있는 온갖 종류의 사람들과 단체들이 있다. 예를 들면 거래 개선 협회나 상공 회의소, 소비 자 단체, 방송국이나 신문사 도움의 전화, 국회도 있다. 그런 시 설에 연락하길 주저하지 마라. 미국 부통령을 지낸 정치가 허버 트 험프리는 이렇게 말했다.

"절대 포기하지 말고 절대 굴복하지 마라."

12 사람 대 사람으로 협상하라

권력에 의지하기 위해 폭력적이 될 필요는 없고,
양심적으로 말하기 위해 온순할 필요는 없다.
가장 효과적인 행동은 권력에 의지하면서
양심적으로 행동하는 것이다.

바바라 데밍

살다 보면 변화는 가속화되고 문제는 점점 복잡해져 전문가들 조차 휘청거릴 때가 있다. 모든 조직은 성장한다. 덩치가 커져 서 우리로부터 떨어져 나간다. 그 결과 어떤 사람들은 이방인, 군중 속에 길을 잃고 하찮은 존재가 된 것처럼 느낀다. 무관심 과 절망이 묘하게 혼합되면 그런 태도가 나타난다. 프란츠 카프 카의 《성》에 적절한 은유가 나온다.

"관공서와 그 앞에 끝없이 이어진 줄, 기다리는 얼굴 없는 대중."

마치 우리가 비인격적인 존재가 된 것처럼, 대규모 통계 자료 의 극히 세부적인 부분인 것처럼, 거대한 개밋둑 안의 일개미인 것처럼.

하지만 옛날부터 그랬던 것은 아니다. 대도시에서도 동네 가 게에 들어갈 때 주인의 이름을 부르며 친근하게 인사하던 시절이 떠오르는 사람도 있을 것이다. 이렇게 비즈니스를 하는 방식은 현대에 장사하는 방식보다는 덜 효율적일지 몰라도 어딘지 더 만족스럽기는 했다.

당연히 '옛날의 스릴 넘치는 시대로 되돌아가기'를 옹호하는 말은 아니다. 다만 당신이 효과적으로 협상하려 한다면 상대측이 당신을 통계나 물건, 상품, 판매하는 물품으로 보아서는 안 된다는 뜻이다.

당신이 스스로를 독특하고 취약한 인간으로 내세운다면 당신이 원하는 것을 얻을 가능성은 더욱 커진다. 우리 자신에게 무관심하지 않으면서 우리 눈에 인간적으로 보이는 사람들에게 무관심할 수 있는 사람이 얼마나 있을까? 사실, 대부분 사람은 그들의 안녕이 다른 사람들의 안녕과 관련이 있다는 것을 안다. 내 이웃을 무시하면 자기 자신에게도 상처로 남게 된다.

이론적으로는 '누구도 혼자서는 살 수 없다'는 사실을 알지만 우리는 일상의 압박에 직면해 상호 의존성을 잊고 지내는 경향이 있다. 그러므로 자기 자신을 인격화하여 비인격적인 통계 자료로 보이지 않도록 하는 일은 당신에게 달려 있다. 큰 숫자는 아무도 식별하지 못하지만 생생하게 살아있는 사람의 괴로움은 거의 모두가 가엾게 여긴다.

이 사실은 미국 독립 혁명 직전, 독립혁명 지도자 새뮤얼 애덤스의 유명한 논평에 잘 함축되어 있다. 전해지는 이야기에 의하면 애덤스는 보스턴 학살을 계획하던 중 이런 이야기를 했다고 한다.

"사상자가 서너 명보다 적게 나오면 안 된다. 그래야 그들이 이 혁명의 순교자가 될 것이다. 하지만 사상자가 20명이 넘어도 안 된다. 그 수치를 넘으면 우리는 순교자가 아닌 처리해야 할 쓰레기로 여겨질 것이다."

애덤스의 냉담한 언사와 윤리적 영향력은 차치하고 그의 이론은 옳았다. 이 사건의 영향력을 극대화하려면 사람들이 관련자들과 그 상황을 구체적으로 식별할 수 있어야 한다.

제2차 세계 대전이 끝난 후, 우리는 인간에게 자행된 학살의 통계 수치를 알게 되었다. 나치가 자행한 절대 악과 거기에 침묵하고 수동적으로 동조한 공범들의 수는 실로 헤아릴 수 없을 정도였다. 평범한 사람들에게 그 수치는 도저히 이해가 가지 않는 수준이었다.

다른 무엇보다 그 끔찍했던 공포를 이해하는 데 도움을 준 것은 어느 10대 유대인 소녀가 쓴 글이었다. 나치를 피해 숨어 지내는 동안, 그 소녀는 자신의 경험을 생생하고 섬세하게 기록했다. 그녀의 글에는 순수와 낙천주의, 휴머니즘이 담겨 있었고 사람들의 감정을 자극했다. 그 글은 《안네 프랑크의 일기》로 1947년에 출간되었고 연극과 영화로도 만들어져 전 세계에 알려졌다.

그런 이유로 협상가로서 영향력을 극대화하려면 상대하는 사람에 상관없이 당신 자신과 당신이 얽힌 상황을 **개인화**해야 한다.

그렇다면 자기 자신을 어떻게 개인화할까? 상대측이 당신을 유일하고, 생생하게 살아있는 존재, 3차원 인간, 감정과 욕구를 가진 사람으로 보게 만드는 것이다. 상대가 좋아하고, 신경 쓰고, 적어도 상대가 해주길 바라는 무언가를 해주어야 할 것만 같은 느낌을 갖게 하는 것이다.

그렇다면 상황을 어떻게 개인화할까? 답변은 간단하다. 크건 작건 단체나 조직을 대표하려고 하지 말라. 단체의 **대표로 나선 당신 자신**으로 협상에 임하라.

더 자세히 이야기해보겠다. 개인화되지 않은 기관을 계속해서 지지해주는 사람은 거의 없다. 단체는 너무 동떨어져 있고, 생명력이 없어 의무감이나 우려가 생기지 않는다. 건축가가 아니고서는 벽돌이나 유리, 강철, 콘크리트 하나하나에 대해서까지 신경 쓰지 않는다.

기관은 차갑고 생명이 없다. 그래서 IBM이나 제너럴 일렉트릭, 국세청, 그리고 다른 추상적인 개체들은 쉽게 제압된다(예를 들면 이런 태도를 갖게 된다. "모빌오일 코퍼레이션이 10만 달러를 잃는다고 뭐가 달라지나요? 주당 0.5센트도 안 되는 금액이잖아요!"). 그래서 잘 나가는 조직을 대표해서 협상하는 것은 자기 패배나 다름없다. 다음과 같은 말들은 별 도움이 되지 않는다.

"벤슨허스트 상공 회의소를 대표하여 우리가 제안하는 내용은…."

"미국 보이스카우트의 발전을 위해 우리가 원하는 것은…."

"루터 교회 미주리주 회의가 여러분에게 촉구하는 바는…."

"재무건전성의 유지를 위해 전미 여성 기구는 당신이 약속을 이행할 것을 요청한다."

그러니 당신이 소아마비 구제 모금 운동이나 캘리포니아주, 유나이티드 웨이, 지역 여성 클럽, 뉴욕시 교통 당국 등 그밖에 비인격체에 대한 지지를 얻어내야 한다면(사실상 불가능한 일) 어떻게 할 것인가? 그것을 개인화하면 된다. 그러면 단체가 아닌 **당신**에 대한 상대의 지지를 얻어낼 수 있다.

좀 더 자세히 설명해보겠다. 당신이 어떤 조직에 있고, 함께 협상하는 사람은 무척 까다롭다. 그럴 때는 상대방이 당신의 조직이 아닌 당신에 대해 걱정하게 만들거나 그 조직을 **통해** 당신을 걱정하게 만들라. 다음과 같이 말하라.

"제가 어쩌다 이곳에 있게 되었지만… 이걸 해주겠다고 약속하지 않으셨나요? 믿고 있었는데. 상사한테도 확실하게 이야기했어요. 가족들한테도 말했죠. 감사관한테 보증까지 했는데. 절 실망하게 하실 건 아니죠?"

상대방이 이렇게 묻는다.

"이걸 개인적으로 받아들이시는 건 아니죠?"

그러면 애처롭게 대답하라.

"당연히 개인적으로 받아들이죠!"

다시 말하면 상대측에게 '과장해서' 이야기하라. 상대측을 감정적으로 개입시켜라. "저에게 호의를 베풀어주시면 정말 고맙겠어요" 하고 말하면 발을 빼기가 힘들다. 그런 말은 상황을 개인화하는 데 매우 효과적이다. 물론 당신 쪽에서 의무를 만들었다면 적절한 기회가 생겼을 때 그에 상응하는 보답을 해주는 게 이치에 맞을 것이다.

그렇다면 다음의 질문을 이어갈 수 있겠다. 협상 상황에서 **자신을** 어떻게 개인화할까?

몇 가지 현실적인 예를 들어보겠다.

첫 번째 예시로, 당신은 시속 35마일 구역에서 45마일로 운전을 한다. 나무에 가려 보이지 않았지만 진입로에 서 있던 순찰차 한 대가 당신 차를 속도 측정기로 포착한다. 순찰차는 경고 사이렌을 켜고 당신 차를 따라오며 요란한 소리를 울려댄다. 당신은 기분이 나빠져 투덜거리며 자동차를 세운다.

경찰관이 순찰차에서 내려 당신을 향해 천천히 다가온다. 과속 딱지 묶음을 손에 들고 있고, 선글라스 렌즈는 안쪽이 전혀 들여다보이지 않는 미러 렌즈다. 당신은 농구선수를 수비하려는 난쟁이처럼 무력감을 느낀다. 여기서 벗어날 수 있는 확실한 협상 방법은 없지만, 이 상황에서 딱지를 받을 기회를 줄일 수는 있다.

우선 위협적이지 않은 태도로 차에서 내린다. "나는 당신 손 안에 있소" 하는 태도로 순응적으로 그/그녀에게 다가가라. 차 안에서 창문을 닫은 채 앉아 있지 **마라.** 경찰은 당신이 마약을 했거나 무릎에 권총을 올려놓은 범죄자라고 생각할 수 있다. 요즘 경찰관들이 이런 상황에서 미치광이들에게 총을 맞은 사례들도 있다. 요컨대 자신을 생각하는 것처럼 경찰관의 필요와 염려에 대해 생각하라.

당신이 면허증을 내밀 때가 이 협상의 터닝포인트가 될 수 있다. 현 단계의 상호 작용에는 3가지 목적이 있다.

1. 경찰관의 관심을 교통 위반 딱지에서 다른 곳으로 돌린다.
2. 경찰관이 당신을 개인적인 대상으로 인식하게 한다.
3. 경찰관이 교통 위반 딱지에 볼펜을 갖다 대는 것을 막거나 적어도 지연시킨다.

먼저 이렇게 말하라.

"아, 경관님을 **만나서** 정말 다행이에요. 길을 잃었거든요! 이 주변만 계속 돌고 있었어요. 이러저러한 길까지 어떻게 가야 하나요?"

경찰관은 그 순간에는 당신의 질문을 무시하고 이렇게 물을지 모른다.

"지금 몇 마일로 달리고 있었는지 아십니까?"

당신은 이렇게 대답함으로써 앞서 했던 질문으로 다시 그를 끌어들인다.

"네, 하지만 길을 잃어서 그래요. 여기가 어딘지 모르겠어요."

경찰관은 그럴 때 항상 길을 가르쳐줄 것이다. 경찰관이 길을 가르쳐줄 때 계속해서 부가적인 질문을 던져라. **어떤** 질문이든 계속 그가 딱지 끊는 것을 방해하라. 경찰관이 당신에게 제대로 길을 가르쳐주느라 5분을 소요하고 나면 제대로 감사를 표하라. 그러고 나면 그는 다시 교통 위반이라는 원래 주제로 돌아가려고 할 것이다.

이 시점에서 경찰이라는 직업의 위험성과 어려움에 관해 이야기하여 그가 중요한 인물처럼 느껴지도록 하라. 그리고 자신은 여러 문제에 시달리는 평범한 근로자, 준법 시민으로 묘사하라. 경찰관이 다시 속도위반 문제로 돌아가려고 하면 이렇게 말하라.

"미안해요. 몰랐어요. 계속 길 생각하느라고요…."

여기서 당신은 경찰관에게 개인적인 딜레마를 털어놓는다. 모두 자기만의 문제가 있다. 폭군 같은 상사, 병든 배우자, 나이 들고 관절염에 시달리는 부모, 갚기 빠듯한 할부금, 바람을 피운 배우자, 실망스러운 아이들 등.

그리고 그의 결정에 영향을 미칠 수도 있는 정보도 확실히 흘려라. 이런 '흠집'을 기록하게 된 것이 처음인 것처럼 말하라.

"이게 제 12년 운전 경력에 첫 딱지가 되겠네요. 제 자랑스러운 기록을 더럽히고 싶진 않은데!"

경찰관은 그 말에 망설일 수 있다. 경찰은 누구에게든 처음으로 기록되길 꺼린다.

당신이 어떤 변명을 하든 독특하고 색다를수록 좋다. 어지간한 이야기는 이 경찰관도 이미 다 들어봤으리라는 점을 명심하라. 당신의 이야기가 특별하고 흥미롭다면 단조롭고 틀에 박힌 업무에 흥밋거리를 제공해 그의 필요를 충족시켜줄 수도 있다. 게다가 이제 그는 경찰서로 돌아가 파트너나 동료들에게 들려줄 '체험담'을 갖게 되었으니까.

흔치 않은 구실에 관해 한마디 하자면, 이 이야기는 FBI 아카데미의 경찰국장으로부터 들은 이야기다. 어느 경찰관이 일방통행 도로에서 거꾸로 통행한 운전자에게 딱지를 떼려고 했다. 갑자기 그 운전자가 천연덕스럽게 물었다.

"경관님, 화살표가 잘못된 방향을 가리키고 있다는 생각은 안 해보셨나요?"

그 이야기를 들려준 사람은 이것이 실화라고 말하며 그 운전자는 딱지를 받지 않았다고 했다. 아마도 창의력에 대한 보상을 받은 모양이다. 리플리가 말한 대로 "믿거나 말거나!"

어쨌든 그냥 차 안에 앉아 있지 말고 경찰관이 당신에게 질의할 때 경찰관을 곤란하게 하라. '마초'처럼 이렇게 말하지 마라.

"까짓거, 딱지 떼! 대법원까지 가서 끝까지 싸울 테니!"

"내가 얼마나 부자인지, 얼마나 영향력 있는 사람인지 알아?"

"과속 감지기는 오류가 많아요. 과학적으로 봐도 기계가 항상 정확한 건 아니라고요."

그런 상황에서는 여성들이 남성보다는 훨씬 효과적인 것 같다. 과속 감지기가 과속 차량을 감지할 때에는 운전자의 성별을 알 수 없다. 하지만 어쩐 일인지 통계 수치상, 딱지를 떼이는 사람들을 성별로 나눠보면 운전자 1천 명당 남성보다 여성들이 25퍼센트는 더 적다.

여성들은 대부분 차를 세웠을 때 앞서 언급한 전략에 따르는 것 같다. 여성들은 깊이 뉘우치는 표정으로 차 밖으로 나와, 친근하게 행동하면서 경찰관과 인간적인 관계를 맺으려고 한다. 사실 그 25퍼센트의 차이는 남성 경찰관들과의 사이에서 일어났을 가능성이 높다는 것은 나도 인정한다. 하지만 여성 경찰관의 수가 늘어나는 추세임에도 나는 그 통계가 크게 바뀔 거라고 생각하지 않는다. 이런 경우에는 확실히 여성들이 훨씬 '개인화'에 능하다는 사실을 받아들이자.

두 번째 예를 보자. 당신은 6개월 후, 산호세에서 샌프란시스코로 이사를 가기로 했다. 전에 살던 곳인데 마음의 평온을 되찾기 위해 다시 돌아가려고 한다. 고층 아파트를 찾아 몇 날 며칠을 보내고 나서 당신 가족에게 딱 맞는 건물을 찾았다. 문제는 아파트가 딱 한 채만 남았는데 대기자 명단에는 30명이나 이름이 올라가 있다. 당신은 대기자 명단 31번째에서 1번으로 올라가고 싶다. 불가능해 보이는 일을 어떻게 할 수 있을까? 당신이 원하는 것을 어떻게 얻을 수 있을까?

'최종 결정권자'인 아파트 관리소장을 바로 찾아가라. 그는 이 문제에서 최종 결정권을 가진 사람이다. 배우자와 아이들도 함께 데려가라. 아이들에게 바르게 행동하라고 가르쳐라. 필요하다면 최후의 수단으로 '부모 뇌물'을 제공하라. 내가 제안하는 것은 너무 비싸지 않은 옷과 바른 태도, 예의가 전부다. 아이들을 포함해 누구도 과하게 행동할 필요는 없다. 누구도 완벽한 바비 인형 커플에게 집을 임대할 거라고 기대하지는 않는다.

요점은 책임감 있고, 적합하고, 안정적이고 바람직한 임차인으로 보이라는 것이다. 임차인으로 선정된 가족은 관리소장의 이웃이 되어 임대 기간 동안 이곳에 살게 된다는 사실을 염두에 두어라. 과거의 경험으로 미루어 보면 선정된 세입자는 말로 다 할 수 없는 짜증을 야기할 수도, 관리소장의 삶을 윤택하게 만들어 줄 수도 있다. 관리소장과 그의 가족에 대해 최대한 많이 알아두어라. 동시에 그가 당신을 개인으로, 3차원적인 인간으로 보게 만들어라.

아파트를 볼 수 있는지 정중하게 물어라. 그는 이렇게 말할 것이다.

"죄송합니다. 선생님 앞에도 30명이 있어요!"

그래도 좌절하지 마라. 당신이 얼마나 멀리서 왔는지 설명하고 이렇게 말하라.

"저희한테 기회가 많지 않다는 건 알지만 그냥 어떻게 생겼는지 한번 보기만 하면 안 될까요?"

꼭 당신이 임대하려는 집이 아니더라도 관리소장이 아무 집이나 보여줄 수 있도록 노력하라. 정 안 된다면 관리소장이 사는 집이라도. 계속해서 요령과 공감, 공손함, 배려, 끈기, 상냥함, 사려 깊은 모습을 보여야 한다.

그날부터 그 지역에 들를 때마다 관리소장을 찾아가라. 그가 당신은 가망이 없다고 이야기해도 계속 연락을 유지하라.

관리소장이 당신에게 상당한 시간을 쏟아붓는 동안, 당신의 상황을 이야기하고, 고민을 털어놓고, 조언을 구하라. 당신이 어디서 일하는지, 어떤 업무를 하는지, 어느 조직에 속해 있는지, 시간은 어떻게 쓰는지, 관심거리와 취미는 무엇인지 자세하게 이야기한다. 관리소장이 그의 가족만큼이나 당신을 잘 알게 될 때까지 계속하라.

그런 개인적인 노력을 기울인 덕분에 아파트 하나가 비면 어떤 일이 일어날까? 관리소장은 대기자 명단을 살펴볼 것이다.

눈으로 이름을 쭉 훑는다. 하지만 그게 다다. 그 이름들은 그에겐 얼굴 없는 이름표에 불과하다. 이제 관리소장에게는 선택권이 있다. 전혀 모르는 사람, 아무 느낌 없는 사람에게 아파트를 임대할 것인지, 아니면 너무 잘 아는 당신에게 임대할 것인지. 앞서 말했듯이 "모르는 악마보다는 아는 악마가 낫다."

당신은 31번째에서 1번으로 뛰어오를 가능성이 있다. 당신에 대한 관리소장의 투자와 동일시 덕분에 당신은 그 아파트를 얻게 될 것이다. 당신은 선정 과정을 개인화했다. (물론 이 기술은 관리소장에게 결정권이 있을 때만 작동한다. 다른 경우에는 다른 협상 기법을 활용해야 한다).

이제 세 번째 예를 들려주겠다. 우리 둘째 아들, 스티븐은 고등학교 마지막 학년이 시작되기 전 여름 방학 때 미국 전역을 히치하이킹하는 여행 계획을 세웠다. 아이는 말했다.

"좋은 경험이 될 거예요. 돈도, 옷도 많이 필요 없고요."

말할 것도 없이 부모(우리)는 이 계획에 전적으로 반대했다. 우리는 그 계획에 대해 평범한 반대 의견을 제시했다. 신체적 위험도 있을 수 있고, 일부 지역에서는 히치하이킹이 불법이며 그 결과도 예측 불가능하다는 이유였다. 대화를 나누고 나서 아들은 논리적으로 반박했다.

그러고 나서 우리는 승자를 확신하며 말했다.

"좋아. 하지만 아무도 차를 태워주지 않을걸. 요즘 사람들은 히치하이커를 태워주지 않아."

놀랍게도 스티븐은 그 문제도 생각해두었다. 아들은 동네 주유소에서 주유통을 구입했다. 안쪽을 잘 닦아서 작은 더플백이나 여행 가방으로 개조할 생각이었다. 아들의 국토 횡단 여행은 단순한 10대 소년의 치기가 아니라 계획적인 전략이 동반된 구체적인 목표였다.

몇 달간의 대화와 토론을 거쳐 우리는 아들이 꿈을 좇을 수 있도록 '온건한 방임주의'를 채택하기로 했다. 아들이 안전하게 돌아왔을 때 가장 먼저 들려준 이야기는 지나는 차를 잡기가 정말 쉬웠다는 것이었다.

스티븐은 자기 앞에 멈춰선 첫 번째 자동차 운전자를 보고 앞으로 어떻게 해야 할지 패턴을 정했다고 했다. 스티븐을 태우고 몇 킬로미터를 달리다가 운전자가 말했다.

"기름 사려고 먼 길을 걸어왔네."

스티븐이 대답했다.

"아, 전 차가 없어요. 이 주유통은 제 여행 가방이에요. 이런 식으로 하면 차를 잡기가 훨씬 쉬울 거라고 생각하지 않으세요?"

그러면 대부분 운전자는 깔깔거리며 웃었고 이후로 친근하고 유익한 대화를 이어갈 수 있었다고 했다. 엄지손가락을 이용해 교통수단을 확보하는 것은 위험할 수 있지만, 스티븐의 경우에는 효과가 괜찮았다. '주유통'을 들고 다녀 자신을 개인화했고 보통 히치하이커들과 자신을 차별화했다. 지나가던 운전자들은 스티븐을 보고 실수이기는 해도 동일시하고 도와주고 싶은 애처로운 인간으로 여겼다.

네 번째 예를 들려주겠다. 현대 생활에서 개인을 통계 수치의 작은 입자 취급하는 도구로 컴퓨터를 들 수 있다. 컴퓨터로 잘못된 편지나 청구서, 내역서를 받아본 적 있는가? 그런 경험이 있다면 기계와 협상하는 것이 얼마나 어려운지 알 것이다. 당신은 전화를 걸고 글을 쓸 수도 있지만 상대는 당신의 항의에 귀먹고 눈멀게 프로그램되어 있다.

당신이 원하는 대로 일을 바로잡으려면 어떻게 해야 할까?

우선, 집으로 날아온 안내서부터 처리하자.

"원활한 전산 처리를 위해 접거나 찢거나 훼손하지 마시오."

해결책은 간단하다. 가위나 볼펜을 가지고 카드에 구멍 한두 개를 추가로 뚫는다. 정통성의 힘을 이용하려는 그들의 명령을 즐겁게 위반하면서 창의력을 발휘해보자. 그러고 나서 카드에 바꾸기를 원하는 내용을 기록하고 우편으로 되돌려보낸다.

당신의 독특한 카드를 시스템에 읽히면 컴퓨터가 거부할 것이다. 당신의 독창적인 작품이기 때문이다. 그러면 인간이 직접 처리할 것이다. 그들이 가진 기록을 살펴 당신이 고치길 원하는 내용이 정당하다고 판단되면 그렇게 바뀔 것이다.

둘째, 서신이나 내역서 형태의 잘못된 컴퓨터 고지서와 겨루

자. 이 경우에는 그 조직에 전화를 걸어 당신의 기록을 담당하는 사람과 이야기하라. 대부분 당신이 원하는 대로 바뀔 것이다. 하지만 다음 달에도 똑같은 실수가 생긴다면? 담당자에게 '개인적으로' 편지를 써서 복사본을 그 사람의 상사와 조직의 가장 높은 사람에게도 보내라. 그들의 이름은 비서나 전화 안내원을 통해 쉽게 얻을 수 있을 것이다.

이 두 접근 방식의 핵심은 당신을 도움이 필요한 특정한 인간으로 바라보는 사람과 접촉하라는 것이다.

다섯 번째 예로 넘어가 보자. 이 이야기는 나의 딸 샤론으로부터 들은 것이다. 샤론은 교환 학생 프로그램을 통해 프랑스에서 어느 가족과 여름을 보냈다. 그 집은 작은 농장에서 멜론을 키웠다.

정기적으로 멜론을 도매로 구입하고 싶어 하는 사람들에게 주문 전화가 걸려오곤 했는데 모두 거절당했다.

어느 날 열두 살짜리 남자아이가 비슷한 제안을 했다. 같은 답변이 이어졌다. 그런데도 어린아이는 일하는 주인 뒤를 졸졸 따라다니며 졸라댔다. 거의 한 시간 동안 아이의 개인적인 이야기를 듣고 난 농장 주인은 멜론밭 한가운데 섰다.

그가 아이에게 말했다.

"그만해! 1프랑에 저 큰 멜론 가져가."

아이가 간청했다.

"10상팀(0.1프랑)밖에 없는데요."

농부는 샤론에게 윙크하며 장난스럽게 말했다.

"어디 보자, 그 가격이라면… 저쪽에 있는 조그만 녹색 멜론은 어떠냐?"

아이가 말했다.

"좋아요. 하지만 줄기는 아직 자르지 마세요. 형이 2주 후에 가지러 올 거예요. 저는 그냥 구입만 하고 형이 배송 담당이거든요!"

여섯 번째이자 마지막 예를 들려주겠다. 당신은 괜찮은 동네의 아파트에 살고 있다. 지금은 1월인데 히터가 제대로 나오지 않는다. 심지어 고양이도 추위에 떨고 있다.

관리소장이나 건물 관리인, 집주인에게 불평해야 할까? 혹은 벌써 했는데 아무것도 달라지는 게 없다면? 지금까지 당신은 내가 누구에게든 심술을 부리거나 공격적인 태도로 접근하지 않는다는 사실을 깨달았을 것이다. 절대로 '불평'하지 마라. 단순히 당신의 필요 사항과 현 상황에 대해 알려라. 너무 강하게 나가면 적절한 서비스 문제가 적절한 태도의 문제로 바뀐다.

이번 예에서는 다른 집들도 같은 문제가 있는지 확인해보는 것이 중요하다. 아니면 집주인이 이 집의 투자 수익률을 높이려고 일부러 그러거나. 그런 경우라면 포악한 집주인의 돌팔매와 화살을 맞지 않기 위해 세입자들이 다 함께 힘을 모아 행동에 나서야 한다. 참여의 힘을 활용하라.

하지만 이 문제를 좀 더 복잡하게 만들어보자. 웬일인지 피해를 입은 사람은 당신뿐이고 전화, 편지, 정부 기관, 지역 라디오 방송국의 도움의 전화 등 거의 모든 방법을 시도했지만 전부 소용이 없었다!

상황은 매우 심각하고 당신은 이런저런 합리적인 접근 방식을 시도하면서 지쳐버렸다. 여기서 더 나아가기 전에 이 계속되는 상황의 책임이 누구에게 있는지 정하라. 논쟁을 위해 여기에 없는 집주인의 잘못이라고 해보자.

이제 그가 어디에 사는지 알아내라. 일요일, 그가 배우자와 아이들과 함께 있을 때 불시에 그를 찾아가라. 호감 가면서도 걱정되는 태도로, 저자세로 나가라. 당신을 등한시한다고 절대 그를 비난하지 마라. 사랑하는 가족들 앞에서 체면을 잃으면 화를 낼 것이기 때문이다. 이렇게 말하라.

"아, 글쎄, 제 말씀 좀 들어보세요. 이건 모르실 거예요. 아셨다면 가만있지 않으셨을 테니까요. 집에 아픈 아이도 있는데 저희 아파트 온도가 16도밖에 안 돼요. 뭐가 문제라고 생각하세요? 파이프가 작동이 안 되거나 결함이 있는 걸까요? 제가 뭘 해야 하죠? 분명 절 도와주실 수 있다는 거 **알아요!**"

집주인은 그의 가족들 바로 앞에서 당신의 곤경을 무시하지는 않을 것이다. 게다가 이제 그에게 당신은 아파트 203호가 아닌 인간적 요구를 가진 사람으로 보인다.

모든 특수한 협상 상황에서 보편적인 처방전은 없다. 사실들의 특수한 조합은 오로지 특정 시기에만 존재한다. 하지만 어떤 일반 법칙은 항상 적용할 수 있다.

다음의 2가지를 명심하라.

1. 사람들은 개별적 존재로 보이지 않는 사람들에게는 쉽게 부당한 대우를 한다.

2. 당신을 생명 없는 통계 수치로 보게 하지 마라. 누군가의 손가락 사이로 흘러내려 바닥에 갈라진 틈으로 사라져버리는 모래알이 되지 마라. "강제수용소에서 이름 없는 숫자로 잊혀진"《닥터 지바고》의 라라처럼 되지 마라. 사람들은 통계 수치에는 전혀 신경 쓰지 않는다. 그들의 태도는 이렇다. "그래서. 463번이 문제가 있다고 생각한다고? 알 게 뭐야?"

이제 책의 마무리 단계까지 함께 온 만큼, 적절한 경고를 하나 하겠다. 아무리 효과적인 기술이라도 극단적인 방식으로 전달되면 더는 효과가 없다는 사실을 인지하라. 아주 우스운 꼴을 당할 수도 있다. 그보다는 절제가 훨씬 도움이 된다.

얼마 전 들었던 사실인지 아닌지 알 수 없는 이야기를 함께 나누려고 한다. 신참 사제가 첫 미사에 너무 긴장해서 제대로 말을 하지 못했다. 그 후, 그 사제는 자신의 상사인 대주교를 찾아가 도움을 요청했다.

요청을 받고 기분이 좋아진 대주교는 젊은 사제의 어깨에 팔을 두르고 말했다.

"관중을 사로잡으려면 성경을 살아 숨 쉬게 만들어야 해. 신도들이 그 시대와 사건들을 현재 일어나고 있는 일처럼 받아들이게 하는 거야. 기억해. 예수님이 관심을 두었던 건 인간의 인간성을 구원하는 것이었지. 예수님의 임무는 인간을 다스리는 것이 아니라 속박에서 풀어주는 것이었어."

대주교는 더 가까이 붙어서 말했다.

"다시 말하자면 신도들이 개인적 경험을 하게 만들어 줘야 해. 그들의 언어를 써. 젊은이들이 말하는 것처럼 그대로 말해."

사제는 열렬히 고개를 끄덕였다. 대주교는 사제의 반응에 고취되어 계속 말했다.

젊은 사제의 태도에 감격한 대주교는 마지막으로 자신의 경험이 담긴 충고까지 건네고 말았다. 사제에게 더 가까이 오라고 손짓하면서 대주교가 속삭였다.

"아, 그래. 물컵에 보드카나 진토닉을 좀 넣으면 긴장 푸는 데 도움이 될 거야."

다음 주 일요일, 젊은 사제는 상사의 지시대로 아주 편안한 마음으로 엄청나게 많은 말들을 쏟아냈다. 하지만 대주교가 신도들 뒤편에 앉아 미친 듯이 필기하는 모습이 보였다.

미사가 끝나고 그는 현명한 조언을 더 얻기 위해 서둘러 상사에게 달려갔다.

"저, 이번 주는 어땠습니까?"

대주교가 말했다.

"괜찮았어. 하지만 앞으로 바로잡아야 할 게 6가지 있어."

그러고는 젊은 사제에게 자신이 쓴 메모를 건네주었다. 메모의 내용은 다음과 같았다.

1. '차트 톱10'이 아니라 '십계명'
2. '떼거지'가 아니라 '열두 사도'
3. 다윗이 골리앗의 '엉덩이를 걷어찬' 게 아니라 '쓰러뜨림'
4. 예수 그리스도를 '고故 예수'라고 부르지 말 것
5. 다음 주일 '성 태피 성당에서 베드로 만들기 대회'가 아니라 '성 베드로 성당에서 태피 만들기 대회'가 열림
6. '빅대디, 주니어, 유령'이 아니라 '성부, 성자, 성령'

교훈 말을 있는 그대로 받아들이지 마라. 그 상황에서 적합한 것을 하라. 항상 절제해서 실행하라.

‘개인화의 힘’을 가장 효과적으로 사용한 사람은 시카고 시장을 오랫동안 역임했던 고故 리처드 J. 데일리였다. 그의 접근 방식을 뉴욕시 시장이었던 존 린지의 현대 대도시 통치 방식과 대조하고 특징을 파악해보자.

내가 볼 때 존 린지는 역대 뉴욕 시장 중 가장 잘생긴 사람이었다. 호리호리한 몸매, 또렷한 이목구비, 각진 턱…. 방송이나 연예계로 진출해도 쉽게 성공할 것 같은 사람이었다. 또 역대 뉴욕 시장 중에서 가장 장신이기도 했다. 옷차림도 흠잡을 데가 없었다. 게다가 그는 능변가였다. 그의 말을 들어보면 뉴욕 출신처럼 보이지 않았다. 다른 명확한 이유가 아니라면 그는 이 점 때문에 뉴욕 시장이 되었을 것이다. 존 린지는 전부 다 가진 사람 같았다.

그런 장점들을 가진 존 린지는 멋진 공무원으로서 목적을 달성했을까? 전혀 아니다. 왜 성공하지 못했을까?

그는 매력적인 사람이었지만 자신을 개인화하지 않았다. 그는 항상 뉴욕시를 대표해서 협상했다. 예를 들어 이런 식으로 말했다.

“뉴욕시는 당신이 약속을 지켜주길 바랍니다.”

노동 운동 지도자인 마이클 퀼(뉴욕 시장의 이름을 ‘린슬리’라고 항상 잘못 발음하며 ‘바보가 낫다’의 태도를 고수한 인물) 같은 사람들이 이런 비인격화된 추상적 개념에 관심을 가졌을까? 거대 도시 뉴욕은 한정된 사고방식으로 이해하기에는 너무 크다. 퀼의 입장에서는 대영 제국의 요청과 다를 바가 없었다.

한편, 데일리는 키도 작고 공 같은 몸매를 가진 사람이었다. 살이 빠졌을 때도 아무리 좋게 말해봐야 통통하다고밖에 묘사할 수 없었다. 그는 30년 동안 유행 지난 양복만 입고 다녔다. 그가 대중 앞에서 연설했을 때 그의 문법은 난도질을 당한 것 같았다.

어느 날 그는 새로 문을 연 학교 개원식에서 리본 커팅을 하면서 이 학교를 "숭고한 배움의 진부함"에 헌정한다고 말했다. 그 후, 그는 기소된 한 친구를 "평생 불알친구였다"고 말하며 옹호했다. 그러고 나서 베트남 전쟁 반대 시위에 대해서는 "남북 전쟁 당시보다 심각한 분열은 아니다"라고 언급했다. 그는 기업체 이사진들에게 이렇게 충고하기도 했다. "오늘의 진짜 문제는 미래다."

다음은 1968년 민주당 전당 대회에서 시위가 벌어지는 동안 경찰이 폭동을 일으켰다는 내용을 반박한 말이다.

"경찰은 무질서를 조장하려고 이곳에 온 게 아니다. **무질서를 보존하려고** 이곳에 온 것이다."

신문에서 그의 말을 인용하자 공보 담당 비서인 얼 부시는 언론을 비난했다.

그는 기자들이 모인 자리에서 말했다.

"정말 형편없는 보도입니다. 여러분은 시장의 말이 아니라 말 뜻을 인용했어야 합니다."(기자들은 어떻게든 그 말을 이해했다.)

'시장' 자신도 언론을 비난했다.

"당신들은 나를 비난하고, 비방하고, 비판했다."

데일리의 외모와 알아듣기 어려운 말투가 그의 결점이었을 까? 그 반대다. 그런 모습은 데일리를 인간적이고 친밀감 있고, 호소력 있게 만들었다. 그는 지금까지 시카고에서 존경받는 인 물로, 거의 성인으로 추앙받는다고 해도 과언이 아니다.

지난 늦가을에 나는 오헤어 공항에서 출발하는 비행기에 앉 아 있었다. 내 옆 사람이 내게 물었다.

"밖에 눈이 오나요?"

나는 창밖을 내다보고 그렇다고 대답해주었다. 옆 사람이 무 심하게 대답했다.

"데일리가 살아있을 때는 이렇게 일찍 눈이 내린 적이 없었 는데요!"

고인이 된 시장은 시카고의 작은 공동묘지, 특별할 것도 없는 무덤에 안장되었다. 하지만 매년 수만 명이 데일리의 안식처에 찾아와 그를 기린다. 사실, 그 많은 사람의 무게 때문에 무덤 주 위만 땅이 가라앉았고 그가 누워 있는 자리의 흙더미는 위로 솟 아올랐다.

왜 이 많은 사람이 그를 찾아올까? 어쩌면 그들은 여전히 그에게 부탁을 하고 있는지도 모르겠다. 그리고 그는 여전히 사람들의 부탁을 들어주고 있는지도….

왜 지금까지도 시카고의 경영진과 사업가들은 그에 대해 이렇게 말할까?

"데일리는 우리의 친구였어. 그는 **정말** 사업을 이해하는 사람이었어."

왜 노동자들은 지금까지 이렇게 말할까?

"데일리는 노동자들과 그들의 요구를 **정말로** 이해해줬어."

데일리는 어떻게 양측 모두를 잘 다루고, 양측 모두에게 자신이 **그들의** 편에 서 있다고 설득할 수 있었을까?

린지와 다르게 데일리는 **개인적으로** 사람들과 협상을 했기 때문이다.

그는 절대로 민주당 전미 위원회나 민주당, 시카고시를 대표해 협상하지 않았다. 그는 그런 개념이 너무 추상적임을 직감적으로 알고 있었다. 대신 그는 개인으로, 사적으로, 일대일로 접근했고, 개인적으로 그들의 지지를 요청했다.

예를 들면 그는 이런 식으로 말했을 것이다.

"존… 이거 해주겠다고 말했잖아. 난 당신 **믿고** 있었다고. 아내한테도 당신이 약속했다고 얘기했어. 날 물 먹이지 말라고! 묵주 기도 바치며 당신을 위해 기도도 했다니까? 오늘 아침엔 촛불까지 켰어! 봐, 손가락에 촛농 묻은 거!"

그게 바로 '개인화의 힘'이다!

이제 우리는 동그라미 하나를 완성했다. 이 여정의 끝은 당신 삶에서 보상과 해방의 단계가 시작되는 순간이리라 믿는다.

당신은 이 세상에서 맡은 역할이 있다. 당신이 존재하는 이유이기도 하다. 하지만 당신의 역할을 발견하고 미래를 향해 나아가는 것은 자신에게 달려 있다.

운명은 자기만의 노력으로 자기 혼자서 결정하는 것이다. 이 책임을 받아들여라. 자기 자신을 위해서만이 아니라 우리 모두를 위해서다.

당신에게는 당신뿐만 아니라 다른 이들의 삶까지 바꿀 힘이 있다. 거대한 힘 앞에서 물러서지 마라. 다른 누군가가 행동에 나서길 기다리지 마라. 물론 당신은 당신이 원하는 것을 얻을 수 있다. 하지만 당신이 원하는 것의 일부에는 타인을 돕는 일도 포함되어야 한다.

좋은 삶이란 그저 너와 내가 자기 방식대로 살아가며 수동적으로 존재하는 삶이 아니다. 좋은 삶은 나도 살고 너도 도울 수 있도록 참여하는 삶이다.

이 책을 마무리하며 윌리엄 스타이런의 《소피의 선택》을 인용해보려고 한다.

아우슈비츠에 관해 나온 가장 심오한 진술은 진술이 아니라 답변이었다.

질문 : "말해보라. 아우슈비츠에서 신은 어디에 있었는가?"

답변 : "인간은 어디에 있었나?"

You Can Negotiate Anything